日本語能力試験対策
これ一冊
N1

アスク編集部［編］

ask

はじめに

　この本は日本語能力試験 N1の合格を目指す日本語学習者のための試験対策本です。「文字・語彙」「文法」「読解」「聴解」の全ての分野の内容を1冊にまとめました。仕事などで忙しい人でも勉強できるように、N1合格のために解いたほうがいい問題を約300問厳選して載せています。2か月で試験対策を完了できることを目指した本になっているので、試験まで時間がない、という人もあきらめずにがんばってください。

　さらに、各分野の最初に「ポイントと例題」があります。これらは長い間日本語能力試験の対策授業をしている先生が、これまでの経験をもとに解く際のポイントを分かりやすくまとめたものです。一人で勉強している人はもちろん、学校で勉強している人にも役立つ内容になっています。

　また、試験前に自分の実力を確認するために、模擬試験の問題も1回分付いています。時間を計って解いてみてください。

　この本を使って勉強する皆さんが試験に合格できることを心よりお祈りしています。

2024年3月25日

アスク 編集部一同

目次

日本語能力試験（JLPT）N1について

Q. 日本語能力試験（JLPT）ってどんな試験？

日本語を母語としない人の日本語力を測定する試験だよ。
レベルはN5からN1まで5段階あるんだ。

Q. N1はどんなレベル？

N1は日本語能力試験の中で一番難しく、「幅広い場面で使われる日本語を理解することができる」レベルと言われているよ。
N1合格者は企業で優遇されることも多く、日本の国家試験を受ける時にN1の合格を条件としている場合もあるよ。

Q. N1はどんな問題が出るの？

試験科目は、①言語知識（文字・語彙・文法）・読解、②聴解の2科目だよ。
全部マークシートに記入する方式になっているんだ。

Q. 得点は？

試験科目と違って、得点は、①言語知識（文字・語彙・文法）、②読解、③聴解の3つに分かれているよ。
各項目は0〜60点で、総合得点は0〜180点、合格点は100点だよ。
でも、3つの得点区分で19点に達していないものが1つでもあると、不合格になるから気を付けてね！

Q. どうやって申し込むの？

日本で受験する場合は、日本国際教育支援協会のウェブサイト（info.jees-jlpt.jp）から申し込めるよ。
海外で受験する場合は、自分の国の実施機関に問い合わせてね。
実施機関は公式サイトで確認できるよ。

詳しくは公式サイトで確認しよう！
https://www.jlpt.jp

この本の使い方

本書は、ドリル形式の「練習問題」と「模擬試験1回分」という構成になっています。
「練習問題」で練習をしたあとに、時間を計って模擬試験を解くようにしてください。

■練習問題

各分野の最初に「ポイントと例題」があります。
「ポイントと例題」には、解く時の方法や注目したほうがいいポイントなどが書いてあるので
しっかり読みましょう。
例題の答えはすぐ下にあります。

「ポイントと例題」を確認したら、「練習問題」を解きましょう。
練習問題の数は分野によって違います。
2か月で試験対策ができるように、たくさん練習すると高得点が取りやすい分野の問題を
多くしています。
一度にまとめて解く必要はないので、計画的に各分野を解くようにするといいでしょう。

「練習問題」の答えは別冊にあります。

■模擬試験

模擬試験は実際のテストと全く同じ構成になっています。
マークシートを使って、本番と同じように挑戦しましょう。
マークシートは本冊の最後にあります。

「模擬試験」の答えは別冊にあります。

■音声

音声は下記のサイトからダウンロードできます。

https://www.ask-books.com/jp/koreissatsu/96682_audio/

ダウンロードする時にはパスワードが必要です。
下記のパスワードを入れてください。

パスワード

966820222

言語知識
（文字・語彙・文法）

文字・語彙・文法の練習問題を解く時のポイント

POINT 1 正答以外の選択肢のことばも、合わせて確認しよう！

この本の問題は、正答以外の選択肢も実際に使われることばや表現を中心に作られているんだ。特に、漢字の訓読み問題、文脈規定や言い換え類義問題などに出てくることばや表現は試験にも出やすいから、ぜひチェックしてね。
覚えるときには、自分がいちばん覚えやすい短文で覚えると記憶に残りやすいよ。
そして、そのことばに似た別の言い方も覚えておくと、言い換え類義問題の練習になるからおすすめだよ。

POINT 2 間違いは上達のための材料！

間違った問題は上達のための大切な材料だよ。
間違った原因がわかれば、次に同じような問題が出ても、間違えることは少なくなるからね。
例えば文法形式の判断問題では「意味」「接続の形」「文の制限」のどの部分を間違えたかを考えてみてね！

POINT 3 言語知識の問題で読解、聴解の練習もできる！

言語知識は読解、聴解の土台なんだ。
答え合わせが終わったら、文を声に出して読んでみよう。
目で覚えたことばを耳でも覚えると、記憶にも残りやすいし、聴解力のアップにつながるよ。

試験の時のポイント

時間配分に気を付けよう。
言語知識と読解で110分なので、言語知識はだいたい30～40分が目安だよ。

文字・語彙・文法

漢字読み Kanji reading

ポイントと例題

💡 難しい訓読みを覚えよう！
音読みが2種類以上ある漢字の読み方に気をつけてね。
伸ばす音「い」「う」「お」や点々「゛」、小さい「っ」にも気をつけて解こう。

---

1 段ボールはひもで<u>縛って</u>、リサイクルごみの日に出してください。

   1　しぼって　　　　2　せまって　　　　3　しばって　　　　4　つのって

- -

2 風邪でもひいたのだろうか。ひどい<u>悪寒</u>がする。

   1　あくかん　　　　2　あっかん　　　　3　おかん　　　　4　おうかん

答え　1 3　2 3

練習問題　（答え：別冊p.2）

____の言葉の読み方として最もよいものを、1・2・3・4から一つ選びなさい。

1 暖かかった昨日にひきかえ、今日は<u>凍える</u>ような寒さだ。

   1　きたえる　　　　2　ふるえる　　　　3　こごえる　　　　4　ひかえる

2 少しでも注意を<u>怠る</u>と、大きな事故が起こりかねない。

   1　なまける　　　　2　おとる　　　　3　せまる　　　　4　おこたる

3 布を染料の入った水に<u>浸す</u>。

   1　もよおす　　　　2　おかす　　　　3　ほどこす　　　　4　ひたす

4 あまりの<u>怒り</u>に理性を失った。

   1　いかり　　　　2　さとり　　　　3　いきどおり　　　　4　ほこり

5 深い森が行く手を遮っている。

1 しばって　　　　2 さえぎって　　　　3 おちいって　　　　4 かたよって

6 子どもの頃は川に行っては、網で魚をとって遊んだものだ。

1 くさり　　　　2 なわ　　　　3 あみ　　　　4 つな

7 多数決で決めるのではなく、少数意見も尊重して検討するべきだ。

1 そんじゅう　　　　2 そんちょう　　　　3 とうじゅう　　　　4 とうちょう

8 みなさまのますますのご活躍をお祈りし、乾杯をいたしたく存じます。

1 かったく　　　　2 かつやく　　　　3 かつよう　　　　4 かつよく

9 私が軽率な判断を行ったせいで、みんなに迷惑をかけた。

1 けいそつ　　　　2 けいりつ　　　　3 けんそつ　　　　4 けんりつ

10 あの歌手は生涯現役でありたいとインタビューに答えた。

1 げんい　　　　2 げんえき　　　　3 げんやく　　　　4 げんよく

11 肝心な部分をうっかり聞き逃した。

1 かんしん　　　　2 かんじん　　　　3 ひっしん　　　　4 ひじん

12 予選を突破して、決勝に進んだ。

1 とうは　　　　2 とっぱ　　　　3 とっぴ　　　　4 とんび

13 名簿の順に名前を呼ばれた。

1 めいはく　　　　2 めいばく　　　　3 めいぼ　　　　4 めいぼう

14 商売が繁盛するよう、神様に祈った。

1 はんせい　　　　2 びんじょ　　　　3 はんじょう　　　　4 びんせい

15 心臓の<u>発作</u>で倒れ、救急車で運ばれた。

1 はっさく 　　　2 ほっさく 　　　3 はっさ 　　　4 ほっさ

16 ごめんなさい。<u>悪気</u>はなかったんです。

1 あっき 　　　2 あっけ 　　　3 わるぎ 　　　4 わるげ

文脈規定 Contextually-defined expressions

ポイントと例題

💡 ことばの意味の微妙な違いに注意しよう。
よく使われる語の組み合わせを覚えるといいよ！

---

1 梅雨の季節は湿度が高く、かびが（　　　）やすい。

    1　はえ　　　　　2　つみ　　　　　3　かわし　　　　　4　そえ

- -

2 彼の欠点は時間に（　　　）なところだ。

    1　リスク　　　　2　ルーズ　　　　3　タイト　　　　4　フリー

- -

3 みんなで話し合ったら、問題は（　　　）解決した。

    1　てっきり　　　2　うんざり　　　3　さっぱり　　　4　すんなり

答え　1 1　2 2　3 4

練習問題　(答え：別冊p.2～3)

（　　　）に入れるのに最もよいものを、1・2・3・4から一つ選びなさい。

1 仕事と育児を（　　　）させるためには、家族みんなの協力が必要だ。

    1　放棄　　　　　2　共存　　　　　3　両立　　　　　4　分配

2 解説者の不用意な一言によって、テレビ局には苦情が（　　　）した。

    1　干渉　　　　　2　推移　　　　　3　停滞　　　　　4　殺到

3 仏教が（　　　）したのは、6世紀半ばごろと言われている。

    1　渡日　　　　　2　流通　　　　　3　伝来　　　　　4　侵入

4 蛇口を（　　　）も、水が出ない。

　　1　ねじって　　　　2　ひねって　　　　3　つなげて　　　　4　しめて

5 この部屋は湿気が（　　　）やすいので、こまめに換気が必要だ。

　　1　こもり　　　　　2　だまり　　　　　3　うるおい　　　　4　はまり

6 この肉、口の中で（　　　）ようなやわらかさだ。

　　1　からむ　　　　　2　よみがえる　　　3　ぼやける　　　　4　とろける

7 先生に急に意見を求められ、（　　　）してしまった。

　　1　あくせく　　　　2　あたふた　　　　3　やきもき　　　　4　ちやほや

8 （　　　）店員さんだと思って声をかけたら、ただのお客さんだった。

　　1　げっそり　　　　2　びっしり　　　　3　さっぱり　　　　4　てっきり

9 酪農家が減っているらしい。（　　　）近所のスーパーでも乳製品が値上がりしている。

　　1　現に　　　　　　2　実に　　　　　　3　真に　　　　　　4　直に

10 食べ物の好き嫌いはないけど、（　　　）言えば、すっぱいものは苦手かな。

　　1　かろうじて　　　2　つとめて　　　　3　とかく　　　　　4　しいて

11 部下に残業を命じたら、（　　　）に嫌な顔をされた。

　　1　切実　　　　　　2　ぞんざい　　　　3　露骨　　　　　　4　大幅

12 （　　　）な新技術によって、我が社は急成長を遂げた。

　　1　強制的　　　　　2　画期的　　　　　3　客観的　　　　　4　自発的

13 係員の（　　　）対応によって、大惨事を免れることができた。

　　1　すばやい　　　　2　すばしっこい　　3　あっけない　　　4　たやすい

14 花火大会は台風の影響で（　　　）になった。

　　1　順延　　　　　2　延長　　　　　3　遅延　　　　　4　保留

15 2人の目撃者の証言には大きな（　　　）が見られる。

　　1　互い違い　　　2　すれ違い　　　3　食い違い　　　4　行き違い

16 社会の（　　　）が乱されないように、法律の整備が進められた。

　　1　方針　　　　　2　作法　　　　　3　秩序　　　　　4　貢献

17 輸送（　　　）がかかることが、商品の値段を上げる原因となっている。

　　1　ハンデ　　　　2　リスク　　　　3　コスト　　　　4　ギャラ

18 話し合いは（　　　）に進んだ。

　　1　ルーズ　　　　2　スムーズ　　　3　ネック　　　　4　シャープ

言い換え類義 Paraphrases synosyms

ポイントと例題

💡 似ていることばを覚えよう。
別のことばで言い換えるとどうなるかを考えるといいよ。

---

1 彼は私を見て、はっとしたような表情を浮かべた。

1 安心した　　　2 驚いた　　　3 心配している　　4 緊張した

---

2 久しぶりに会った子どもの頃の友人は、すっかりしとやかな女性へと成長していた。

1 大柄な　　　2 有能な　　　3 上品な　　　4 誠実な

---

3 このプロジェクトを仕切っていたのは彼女だ。

1 最初から最後まで参加していた　　2 中心となって動かしていた
3 中止に追い込んだ　　　　　　　　4 資金を提供していた

答え　1 2　　2 3　　3 2

練習問題　（答え：別冊p.4〜5）

____に意味が最も近いものを、1・2・3・4から一つ選びなさい。

1 この件については、早急に対応していく必要がある。

1 すみやかに　　　2 おちついて　　　3 ていねいに　　　4 十分に

2 祖父はおだやかな性格の人だったそうだ。

1 几帳面な　　　2 温和な　　　3 勤勉な　　　4 活発な

3 首相はデリケートな質問に、慎重に答えた。

1　非常に個人的な　　　　　　　　2　非常に攻撃的な

3　細心の注意を要する　　　　　　4　相手を見下した無礼な

4 その店の店員は客に対してとてもそっけない態度だった。

1　無愛想な　　　　2　正直な　　　　3　無邪気な　　　　4　気さくな

5 彼の何気なく言ったことばに、私は傷ついた。

1　親切ぶって　　　　　　　　　　2　強い悪意があって

3　特に深い意味はなく　　　　　　4　人の気持ちを考えないで

6 あれこれ指図するのはやめてほしい。

1　命令する　　　　2　文句を言う　　　3　批判する　　　　4　からかう

7 あなたが悪いのだから、弁解しても無駄だ。

1　言い訳して　　　　2　謝って　　　3　反省して　　　4　とぼけて

8 展覧会の会場はがらんとしていた。

1　にぎやかだった　　　　　　　　2　人が少なかった

3　広かった　　　　　　　　　　　4　古かった

9 彼の発言によって、会議がかき回された。

1　早く終わった　　　2　混乱した　　　3　中断した　　　4　活性化した

10 開店と同時に、客が押し寄せた。

1　こっそり入ってきた　　　　　　2　そっと入ってきた

3　どっと入ってきた　　　　　　　4　そこそこ入ってきた

11 ああ、くたびれた。このまま寝ちゃおうかな。

1　おなかがいっぱい　　　　　　　2　楽しかった

3　疲れた　　　　　　　　　　　　4　眠くなった

12 今日はやけに道がこんでいる。

　　1　ますます　　　　2　なんだか　　　　3　いやに　　　　4　やや

13 あの2人はしょっちゅうけんかしている。

　　1　ひんぱんに　　　2　時折　　　　　　3　たまに　　　　4　まれに

14 案の定、彼は遅刻してきた。

　　1　あいにく　　　　2　珍しく　　　　　3　思ったとおり　4　実際に

15 会議中、彼女はずっと上の空だった。

　　1　熱心に聞いていた　　　　　　　2　ぼんやりとしていた
　　3　強く意見を主張した　　　　　　4　すやすや眠っていた

16 明日は会議でクリスマス企画についてのプレゼンをしなければならない。

　　1　贈り物　　　　　2　発表　　　　　　3　司会　　　　　4　打ち合わせ

17 先のことはわからない。

　　1　過去の　　　　　2　将来の　　　　　3　前方の　　　　4　相手の

18 彼は多くの負債を抱えている。

　　1　借金　　　　　　2　ストレス　　　　3　悩み　　　　　4　財産

19 マーケットのニーズを調べて、商品開発の参考にする。

　　1　お客様　　　　　2　海外　　　　　　3　市場　　　　　4　小売店

20 そのプロジェクトは打ち切りになった。

　　1　開始した　　　　2　終了した　　　　3　成功した　　　4　延期された

21 しきたりに従って、結婚式を挙げた。

　　1　法律　　　　　　2　命令　　　　　　3　慣例　　　　　4　意向

22 我々を納得させるような、きちんとした<u>根拠</u>を述べてください。

　　1　意見　　　　　　2　理由　　　　　3　謝罪　　　　4　詳細

用法 Usage

ポイントと例題

💡 形が似ていることばや、意味が似ていることばの使い分けに気を付けよう。
よく使われる語の組み合わせを覚えるといいよ。

---

1 行儀

1 彼は遅刻が多く、勤務の行儀に問題があったため、リストラの対象となった。
2 食べ物をいっぱい口に入れたまま、しゃべるのは行儀が悪いですよ。
3 人に助けてもらったら、お礼を言うのが行儀です。
4 この地域では、12月31日にうどんを食べる行儀がある。

---

2 果たす

1 目的を果たすまで、私は絶対にあきらめないつもりだ。
2 来年、私たちはハワイで結婚式を果たす予定だ。
3 何度も挑戦したが、結局、失敗を果たした。
4 彼は大学卒業までの4年間、新聞配達のアルバイトを果たした。

答え 1 2　2 1

練習問題　(答え：別冊p.5 ～ 8)

次の言葉の使い方として最もよいものを、1・2・3・4から一つ選びなさい。

1 勝手

1 鳥のように勝手に空を飛びたい。
2 夫は引っ越し先を勝手に決めてしまった。
3 各国にはその国なりの勝手な政府の形態がある。
4 彼女は勝手に、様々な困難を乗り越えてきた。

2 絶大

1 彼がそのような罪を犯すなんて、絶大にありえない。

2 海底にトンネルを掘るという、絶大な計画が立てられた。

3 田中さんは社長から絶大な信頼を得ている。

4 絶大な量のデータを1か月で分析しなければならない。

3 心苦しい

1 いくつもの問題が同時に起こって、ストレスで心苦しい日々が続いている。

2 こんなことを君に頼むのも心苦しいんだけど、ちょっと手伝ってくれないかな。

3 人の失敗を笑うなんて、彼はなんと心苦しい人なんだろう。

4 貧しく、心苦しい少年時代を送ってきたことを、彼は涙ながらに語った。

4 安静

1 しばらく安静にしていれば元気になるだろうと医者に言われた。

2 彼女はどんなときでも安静な判断力を失わない人だ。

3 郊外の安静な住宅街に引っ越すことが決まった。

4 この車はエンジン音も小さく、安静な乗り心地だ。

5 雑

1 この雑誌には政治の話から芸能の話まで、雑な記事が載っている。

2 僕と彼女は一言では説明できないほど雑な関係なんです。

3 商品を雑に扱って壊してしまったので、店長に弁償させられた。

4 週末の商店街は、晴天に恵まれたこともあって、とても雑だった。

6 紛らわしい

1 あの2人の関係は紛らわしくて、すれ違ってもあいさつもしない。

2 難しい問題を抱えているので、最近は紛らわしい気分だ。

3 人間関係が紛らわしくて、前の会社をやめました。

4 紛らわしい言い方は誤解されるかもしれないから、やめたほうがいい。

⑦ 分別

1 遭難している間、私たちは少ない食料を分別し合って食べた。

2 高校の頃から10年も付き合ってきた彼と分別した。

3 桜の花は昨夜の雨で、すっかり分別してしまった。

4 日本ではごみを細かく分別し、多くの資源をリサイクルしている。

⑧ 根回し

1 両親と根回しした上で、どこの大学を受験するかを決めた。

2 先方と正式に根回しした後、契約書の作成にとりかかった。

3 「お父さん、いつもありがとう」と根回しして、お小遣いを上げてもらった。

4 会議でもめないように、あらかじめ各部署に根回ししておく必要がある。

⑨ 発散

1 カラオケは日々のストレスを発散するための最良の方法だ。

2 課題が終わった人から、自由に発散していただいてけっこうです。

3 仕事から帰ったら、庭の草木に水を発散するのが習慣だ。

4 台風で、収穫前のりんごが発散してしまい、大きな被害を受けた。

⑩ 進出

1 研究は順調に進出している。

2 この町はIT産業の中心地として大きく進出した。

3 解決したと思いきや、また新たな問題が進出した。

4 我が社は来年より海外に進出する計画だ。

⑪ 告白

1 受験番号と名前を告白してください。

2 医者は患者に病名を告白した。

3 彼女に自分の本当の気持ちを告白した。

4 政府は新たな方針を打ち出したことを告白した。

12 見合わせる

1 台風の影響を考慮し、明日の午前中は新幹線の運転を見合わせるとのことだ。

2 きのうから熱っぽいので、学校へ行くのを見合わせることにした。

3 もうすぐ受験で、勉強に集中したいので、今のアルバイトを見合わせようと思う。

4 彼は無断で会社を見合わせることが多いので、クビになった。

13 取り戻す

1 店頭では品切れだったので、インターネットで商品を取り戻した。

2 一度なくした信頼を取り戻すのは、とても大変だ。

3 使い終わったら、きちんと元の所に取り戻しておいてくださいね。

4 台風で飛行機が飛ばなかったので、チケット料金を取り戻した。

14 和む

1 嵐が過ぎ去り、海は和んだ。

2 そんなに感情的にならずに、和んで話し合いましょう。

3 戦争がなくなり、世界が和みますように。

4 美しい景色を見ていると、心が和む。

15 かみ合う

1 世代が違うからか、彼女とは話がかみ合わないと思うことが多い。

2 祖母は入れ歯なので、硬いものがかみ合わない。

3 僕みたいな平凡な男は、君みたいな美人とはかみ合わないよ。

4 弟は負けず嫌いな性格で、何でも僕とかみ合おうとする。

16 ねたむ

1 幼いころに私を捨てて出て行った母をねたんでいる。

2 うちの母は私がどんなにねたんでも、絶対にお菓子を買ってくれなかった。

3 最後まであきらめないで、ねたんだ結果、試合は逆転勝利を収めた。

4 同僚の昇進を喜ぶ一方で、ねたむ気持ちもないとは言えない。

17 うぬぼれる

1 娘が学校で成績優秀者として表彰され、私も親としてうぬぼれた。

2 若いころ、自分は仕事の才能があるとうぬぼれていた。

3 彼女はどんな困難があっても、決してあきらめないうぬぼれた人だ。

4 結局失敗したが、私はこの挑戦をうぬぼれたいと思う。

18 きっぱり

1 彼女が何を言いたいのかきっぱりわからなかった。

2 彼女を食事に誘ったが、きっぱり断られてしまった。

3 彼の主張が正しいことはきっぱりしている。

4 日本ではほとんどの電車が時間きっぱりに到着する。

19 ことごとく

1 本日いらしたお客様にはことごとく景品を差し上げます。

2 こちらに並んでいる商品はことごとく100円です。

3 彼はクラスでもことごとく背が高い人だ。

4 私達からの提案はことごとく却下された。

20 一向に

1 明日は9時に出発ですから、一向に遅れないでください。

2 薬を飲んだが、一向に熱が下がらない。

3 日本に来てから、まだ一向に国へ帰っていない。

4 今からどんなに急いでも、一向に間に合わないだろう。

21 目先

1 その件については、目先に調査中でございます。

2 彼は目先の人には丁寧に話すのに、目下の人にはとても偉そうだ。

3 完成目先のところで、思わぬミスが発覚した。

4 目先のことばかりでなく、将来のこともきちんと考えたほうがいい。

22 心当たり

1 彼女はとても温かい心当たりがあるので、後輩たちに慕われている。

2 かぎの落し物が届いています。心当たりがある方は事務所までお越しください。

3 彼の話が本当なのか、それともうそなのか、まったく心当たりがない。

4 あの白い帽子の女性、心当たりがあるけど、だれだったかなあ。

23 風習

1 私は毎日寝る前に日記を書く風習がある。

2 我が家では子どもは夜9時に寝なければならないという風習がある。

3 この地域ではお葬式の時、白い服を着るという風習がある。

4 ひとりひとりが運転の風習を守れば、交通事故は減るだろう。

24 表向き

1 この果物は表向きは甘そうだが、食べてみるととてもすっぱい。

2 表向きばかり言っていないで、きちんと本当の気持ちを話してください。

3 表向きは価値観の不一致だが、実際は金銭問題が離婚の原因だったらしい。

4 成人式や卒業式のような表向きの日に着物を着る女性が多い。

25 間柄

1 彼女の間柄のよさは、社内でも評判だ。

2 彼女とは何でも話せる親しい間柄だ。

3 市場と消費者の間柄について調査を行った。

4 妻は私の妹ととても間柄がいい。

文法形式の判断 Selecting grammar form

ポイントと例題

💡 事実だけなのか気持ちが入っているのか、自分に使うか他者に使うか、プラスイメージかマイナスイメージか、肯定の意味か否定の意味かなど、文法の性質を考えよう。接続の形を考えながら解いてね。

1 失敗（　　　）成功だ。

　　1　とあって　　　2　にあって　　　3　あっての　　　4　あっても

2 まだしばらく、雨はやみ（　　　　）。

　　1　そうだ　　　2　かねる　　　3　そうにない　　　4　かねない

3 （　　　　）がてら、買い物に行ってきます。

　　1　散歩　　　2　散歩の　　　3　散歩する　　　4　散歩して

答え　1 3　2 3　3 1

練習問題　（答え：別冊p.8〜10）

次の文の（　　　　）に入れるのに最もよいものを、1・2・3・4から一つ選びなさい。

1 一度や二度（　　　　）、こう何度もミスを繰り返すのなら、減給も考えさせてもらうよ。

　　1　ならまだしも　　　2　たりとも　　　3　なりとも　　　4　といえども

2 たった一度の失敗であきらめちゃだめだよ。失敗（　　　　）成功だって言うでしょう？

　　1　あっての　　　2　こそすれ　　　3　はさておき　　　4　ゆえに

3 もっと効率のいい方法がある（　　　　）、なぜそんな手間のかかるやり方で無駄な時間を使うのか、理解できない。

　　1　ばかりに　　　2　ばかりか　　　3　だろうに　　　4　だろうと

4 その事件（　　　）、制度の見直しが行われることになった。

　　1　を限りに　　　　2　をこめて　　　　3　を抜きに　　　　4　を機に

5 台風の進路（　　　）、旅行の中止も考えなければならない。

　　1　に言わせれば　　2　ならでは　　　3　に先駆けて　　4　いかんでは

6 けがで休職中だが、少しでも早く職場に（　　　）、リハビリに励んでいる。

　　1　復帰せずとも　　2　復帰がてら　　　3　復帰してこそ　　4　復帰すべく

7 25日から行われるオペラ公演（　　　）、今週からキャストのインタビューがネット上
　に公開される。

　　1　に先立って　　　2　にもまして　　　3　に即して　　　4　にしたがって

8 アンケートの結果（　　　）、新商品の開発に乗り出した。

　　1　を境に　　　　　2　を踏まえて　　3　の折りに　　4　を兼ねて

9 お忙しい（　　　）、失礼いたします。

　　1　ところ　　　　　2　ことに　　　　3　ものの　　　　4　ほど

10 もう少しがんばればいいレポートが書けた（　　　）、どうして最後に手を抜いてし
　まったんですか。

　　1　ままに　　　　　2　ものを　　　　3　手前　　　　　4　が最後

11 成績も上がったし、いいアルバイトも見つかったし、今年に入ってからいいこと
　（　　　）だ。

　　1　かぎり　　　　　2　まみれ　　　　3　ずくめ　　　　4　ぐるみ

12 このプロジェクトが我が社にとって重要な意味をもつことは、（　　　）みなさんご存
　じのことと思います。

　　1　言うことはなく　　　　　　　　　2　言うまでもなく
　　3　言わないまでも　　　　　　　　　4　言わんばかりに

13 今度の日本語能力試験を（　　　　　　）、勉強はしておいたほうがいい。

1　受けるなり受けないなり　　　　　　2　受けるにせよ受けないにせよ

3　受けるだの受けないだの　　　　　　4　受けるのやら受けないのやら

14 大学の勉強は大量の本を読むこと（　　　　）行われるものだ。

1　を前提として　　2　のかたわら　　3　も兼ねて　　　　4　をものともせずに

15 彼女の天使のような歌声は、人々を（　　　　　）。

1　感動させずにはおかなかった　　　　2　感動せずにはいられなかった

3　感動を余儀なくされた　　　　　　　4　感動してたまらなかった

16 （　　　　　）、もう一度チャレンジするまでのことだ。

1　失敗したら失敗したで　　　　　　　2　失敗するなら失敗するなりに

3　失敗したと思いきや　　　　　　　　4　失敗するのもさることながら

17 このまま経営が悪化すれば、経費節減のために、リストラ（　　　　）得なくなるだろう。

1　しようにも　　　2　しては　　　　3　せずに　　　　4　せざるを

18 彼は私の顔を（　　　　）なり、文句を言い始めた。

1　見て　　　　　2　見る　　　　3　見た　　　　4　見ている

19 （　　　　）ともなく、「いい天気だなあ」と言った。

1　誰かに話そう　　2　誰に言う　　　3　どこへ行った　　4　何を見て

20 日本にいる間に富士山に登りたいと思っていたが、結局（　　　　）じまいだった。

1　登り　　　　　2　登らない　　　3　登らなかった　　4　登らず

21 車両故障で電車が止まってしまった。タクシーに（　　　　　）にも、タクシー乗り場には
長蛇の列ができており、いつ乗れるのやら見当もつかない。

1　乗りたい　　　2　乗った　　　　3　乗ろう　　　　4　乗れない

22 後ろから肩をたたいたら、彼女は（　　　　）ばかりに驚いた。

1　飛び上がろうと　　　　　　　　2　飛び上がらん
3　飛び上がっている　　　　　　　4　飛び上がりそう

23 先日の大雨によって被害を受けた道路の復旧が（　　　　）。

1　待たされている　　　　　　　　2　待たせている
3　待たれている　　　　　　　　　4　待っていられる

24 田中さんが（　　　　）りんご、とてもおいしかったです。どうもありがとうございました。

1　お送りになった　　　　　　　　2　送ってくださった
3　送らせていただいた　　　　　　4　お送り申し上げた

25 あの映画を見て、人生についていろいろ（　　　　）。

1　考えられた　　　　　　　　　　2　考えさせた
3　考えさせられた　　　　　　　　4　考えさせられてくれた

26 「必ず犯人を捕まえて（　　　　）」　と刑事たちは被害者に誓った。

1　くれます　　　　2　みせます　　　　3　もらえます　　　　4　います

27 私は海外旅行はおろか、（　　　　）。

1　国内を何度も旅行した　　　　　2　生まれた県から出たこともない
3　旅行にはあまり行かない　　　　4　年に何度も海外出張がある

28 ミュージカルの公演は、東京を皮切りに（　　　　）。

1　最後も東京で終わりました　　　2　大阪公演も見に行きました
3　チケットが売り切れるほどの好評だ　4　全国15か所で行われました

29 努力なくして（　　　　）。

1　成功しかねない　　　　　　　　2　成功はあり得ない
3　失敗するにすぎない　　　　　　4　失敗せざるを得ない

30 もう一歩も歩けないとばかりに、（　　　　　）。

1　私はタクシーに乗ることにした　　　2　妻に喫茶店に入ろうと言った

3　私はとても疲れた　　　　　　　　　4　子どもはその場に座り込んだ

文の組み立て Sentence composition

ポイントと例題

💡 ことばを並べかえて文を完成させよう。

---

1 練習する ＿＿＿ ★ ＿＿＿ ＿＿＿ はない。

　　1　方法　　　　　　2　上達する　　　　3　なしに　　　　4　こと

答え　1 3

解き方を知ろう!

STEP 1　文型を見つける

→ こと＋なしに

▼

STEP 2　助詞や接続の形に注目する

→ 名詞＋はない。

練習する ＿＿＿ ★ ＿＿＿ 方法 はない。

▼

STEP 3　名詞修飾に気を付けよう

→ 動詞＋名詞の可能性を考える → 上達する方法

練習する こと なしに 上達する 方法 はない。

30

練習問題 (答え：別冊p.10〜11)

次の文の ＿★＿ に入る最もよいものを、1・2・3・4から一つ選びなさい。

1 ＿＿ ＿＿ ＿★＿ ＿＿ と思わせるほどのすばらしい作品だった。

    1　どうしても　　　　2　どんなに　　　　3　手に入れたい　　4　高かろうが

2 本日は ＿＿ ＿＿ ＿★＿ ＿＿ です。

    1　こちらに伺った　2　かたがた　　　　3　次第　　　　　　4　お礼

3 犯人は ＿＿ ＿＿ ＿★＿ ＿＿ 大金を要求した。

    1　と　　　　　　　2　に　　　　　　　3　ひきかえ　　　4　人質

4 空が暗くなる ＿＿ ＿＿ ＿★＿ ＿＿ が降り出した。

    1　の　　　　　　　2　大粒　　　　　　3　や　　　　　　4　雨

5 この島は ＿＿ ＿★＿ ＿＿ ＿＿ 、動植物が独自の進化を遂げた。

    1　ゆえに　　　　　2　が　　　　　　　3　環境である　　4　隔離された

6 パスポートをいったい ＿＿ ＿★＿ ＿＿ ＿＿ 、まったく思い出せない。

    1　やら　　　　　　2　に　　　　　　　3　しまったの　　4　どこ

7 少子高齢化 ＿＿ ＿★＿ ＿＿ ＿＿ ことではない。

    1　に悩んでいる　　2　に限った　　　　3　のは　　　　　4　我が国

8 ＿＿ ＿★＿ ＿＿ ＿＿ 忘れてしまうので困っている。

    1　せいか　　　　　2　そばから　　　　3　聞いた　　　　4　年をとった

9 平日ですら ＿★＿ ＿＿ ＿＿ ＿＿ 客が来るという。

    1　500人からの　2　行列ができる　3　人気店とあって　4　連休ともなると

10 彼のレポートは何度も検討を重ねた ★ ___ ___ ___ 濃い内容のものだった。

    1　ほど　　　　　　　　　　　　2　他の学生のとは

    3　比べものにならない　　　　　4　だけあって

11 前もって ★ ___ ___ ___ すんだ。

    1　並ばずに　　　　　　　　　　2　予約しておいた

    3　長い時間　　　　　　　　　　4　おかげで

12 どんなに大変でも、必ず ★ ___ ___ ___ わけにはいかない。

    1　やる　　　　　　2　やらない　　　　3　手前　　　　4　と言った

13 独立の機会は ___ ___ ___ ★ 店長に打ち明けた。

    1　思い　　　　　　2　思い切って　　　3　ほかにないと　　4　今をおいて

14 ___ ___ ___ ★ からこそ、今の地位があるのだと思う。

    1　それでもあきらめなかった　　　2　失敗を繰り返してきた

    3　が　　　　　　　　　　　　　　4　数えればきりがないほど

15 あまりに疲れていたので、うちへ帰っても ___ ___ ___ ★ せずに、そのまま
ベッドに倒れこんだ。

    1　食事　　　　　　2　着替え　　　　　3　はおろか　　　　4　すら

文章の文法 Text grammar

ポイントと例題

💡 文末が肯定か否定かを考えよう。
文章と文章の関係から接続詞を判断するといいよ。

1　　　ニホンザルの子育てを見ていると、母親が子どもの行動能力に応じて親子関係を変化させていくのに感心する。ニホンザル　**1**　、すべての動物にとっては、成長してから独立して生活する能力を身につけることが、最も大切である。幼いときは、子どもは完全に母親に依存しなければならないから、母ザルは子
5　どもの保護に全力を傾ける。　**2**　、成長するにしたがって、母ザルから離れて自律的な行動を身につけさせねばならない。愛着と自律という一見相反したものを適当にブレンドして育てるこつを、サルの母親はじつによく知っているかのように、子育てを　**3**　。

（河合雅雄『子どもと自然』岩波書店による）

1　1　に限って　　　　　　　2　に限らず

　　　3　によって　　　　　　　4　によらず

2　1　だから　　　　　　　　2　しかし

　　　3　さらに　　　　　　　　4　ところで

3　1　上手にできそうもない　　　2　上手に行っている

　　　3　上手にできないのではないだろうか　4　上手に行うべきだろう

答え　1 2　2 2　3 2

練習問題 （答え：別冊p.11〜12）

次の文章を読んで、文章全体の内容を考えて、□□□□の中に入る最もよいものを、1・2・3・4から一つ選びなさい。

問題1

以下は、心理学者が書いた文章である。

1　　人は、どのような職業に就こうとするのだろうか。このトピックについて考えてみよう。

　　まず、どんな仕事をしたいのかという点が重要だろう。自分にとって　1　。魅力といっても人によって様々だろう。「好きだから」「得意だから」という理由かもしれないし、「給料が高い」とか、「きちんと定時に終わる」といった条件が魅力だという人もいるだろう。このようなその人を惹きつける要因を価値という。

5

　　われわれには「取り組むに値する行為　2　」という傾向性があり、価値（魅力、望ましさなど）を感じているほど、その実現や獲得に向かっていこうとするモチベーションが高まる一方で、価値を一切感じていなければモチベーションは生じな

10　い。　3　当たり前の話かもしれないが、真実に違いない。

　　ただ、価値だけではモチベーションを十分に説明することはできない。たとえば、「自分にとって価値ある仕事だから」という理由だけで、その仕事に就こうとするだろうか。子どもたちがなりたい仕事の調査結果を目にすることがあるが、いつの時代もスポーツ選手は人気である。しかし、大学生の就職先としてプロ野球選手が人気だ

15　という話を聞いたことはない。それはなぜだろう。

　　スポーツ選手になりたいという人は一定程度いるはずなのだが、より現実的に考えてみれば、「自分にはなれるはずがない」と端からあきらめているわけである。このような実現可能性に関わる知覚や認識を期待という。われわれは「できそうだ」「何とかなりそうだ」というように、うまくいくという見通しが持てるからこそ、やる気にな

20　る。逆に「絶対に無理」「　4　」と思っている場合、やる気は出ないし、実際にもやらないだろう。このように成功する見込みがあると感じたり、自分の成功を信じていたりするかどうか、　5　、「主観的に知覚された成功の見込み」が期待なのである。平たくいうなら「自信」を意味する。

（鹿毛雅治『モチベーションの心理学』中央公論新社による）

（注1）定時：一定の時刻

（注2）平たくいう：わかりやすく言う

1　1　魅力的な仕事であるわけにはいかない

　　2　魅力的な仕事であるに越したことはない

　　3　魅力的な仕事である必要があろうか

　　4　魅力的な仕事であるとは言いがたい

2　1　だからといってやる　　　　　2　だからこそやる

　　3　だといってもやる　　　　　　4　だと思いきややる

3　1　言われてみれば　　　　　　　2　言わせてみれば

　　3　言ったままに　　　　　　　　4　言わされたままに

4　1　やりかねない　　　　　　　　2　やることはない

　　3　できそうもない　　　　　　　4　できなくはない

5　1　あるいは　　　　2　したがって　　　3　そこで　　　　4　つまり

問題2

以下は、大学教授が書いたエッセイである。

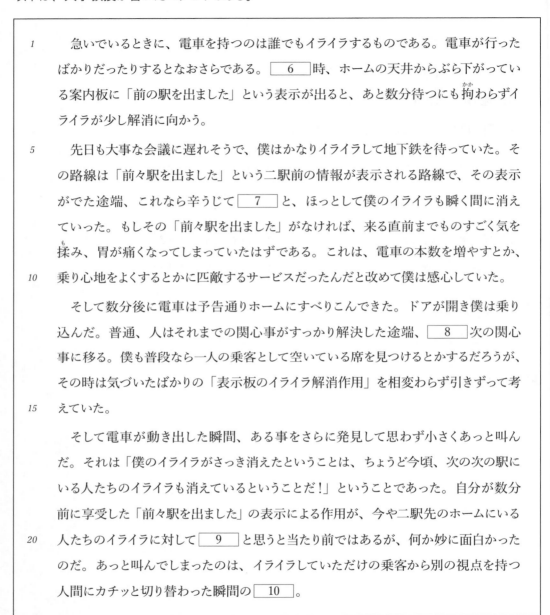

1　　急いでいるときに、電車を持つのは誰でもイライラするものである。電車が行った
ばかりだったりするとなおさらである。　6　時、ホームの天井からぶら下がってい
る案内板に「前の駅を出ました」という表示が出ると、あと数分待つにも拘わらずイ
ライラが少し解消に向かう。

5　　先日も大事な会議に遅れそうで、僕はかなりイライラして地下鉄を待っていた。そ
の路線は「前々駅を出ました」という二駅前の情報が表示される路線で、その表示
がでた途端、これなら辛うじて　7　と、ほっとして僕のイライラも瞬く間に消え
ていった。もしその「前々駅を出ました」がなければ、来る直前までものすごく気を
揉み、胃が痛くなってしまっていたはずである。これは、電車の本数を増やすとか、
10　乗り心地をよくするとかに匹敵するサービスだったんだと改めて僕は感心していた。

　　そして数分後に電車は予告通りホームにすべりこんできた。ドアが開き僕は乗り
込んだ。普通、人はそれまでの関心事がすっかり解決した途端、　8　次の関心
事に移る。僕も普段なら一人の乗客として空いている席を見つけるとかするだろうが、
その時は気づいたばかりの「表示板のイライラ解消作用」を相変わらず引きずって考
15　えていた。

　　そして電車が動き出した瞬間、ある事をさらに発見して思わず小さくあっと叫ん
だ。それは「僕のイライラがさっき消えたということは、ちょうど今頃、次の次の駅に
いる人たちのイライラも消えているということだ！」ということであった。自分が数分
前に享受した「前々駅を出ました」の表示による作用が、今や二駅先のホームにいる
20　人たちのイライラに対して　9　と思うと当たり前ではあるが、何か妙に面白かった
のだ。あっと叫んでしまったのは、イライラしていただけの乗客から別の視点を持つ
人間にカチッと切り替わった瞬間の　10　。

（佐藤雅彦『毎月新聞』中央公論新社による）

6　1　ある　　　　　　　2　なおさらの　　　　3　あの　　　　　　　4　そんな

7　1　間に合うな　　　　　　　　　　　2　間に合わないな
　　3　間に合うものか　　　　　　　　　4　間に合わないものか

8　1　何事があろうがあるまいが　　　　2　何事もなくはないかのごとく
　　3　何事もなかったかの様に　　　　　4　何事があったところで

9　1　及ばない　　　　　　　　　　　　2　及んでいない
　　3　及ぼしている　　　　　　　　　　4　及ぼされている

10　1　小さな驚きのせいであった　　　　2　小さな驚きでも何でもなかった
　　3　驚きようといったらなかった　　　4　驚きぐらいのものだった

問題3

以下は、脚本家が書いたエッセイである。

1　　十代の頃、地方へ出張に出掛ける父のカバン持ちをして、駅まで見送りに行かされたことがあった。

　　カバンといったところで三、四日分の着替えである。大の男なら、片手で軽いのだが、父は決して自分でカバンを持たなかった。自分は薄べったい書類カバンを持ち、
5　どんどん先に歩いてゆく。

　　母か私、ときには弟が、うしろからカバンを持ってお供につくのである。今では考えられない風景だが、戦前の私のうちでは、さほど不思議とも思わず、月に一度や二度はそうやっていた。　11　、お父さんは、威張っているくせにさびしがりだから、持っていって上げて頂戴よ、という。

10　　持ってゆくのはいいとして、何とも具合の悪いのはプラットフォームで汽車が出るまで待っているときであった。

　　父は座席に坐ると、フォームに立っている私には目もくれず、経済雑誌をひらいて読みふける。　12　。

　　はじめの頃、私はどうしていいか判らず、父の座席のガラス窓のところにぼんやり
15　立っていた。

　　父は、雑誌から顔を上げると、手を上げて、シッシッと、声は立てないが、ニワトリを追っぱらうようなしぐさをした。

　　もういいから帰れ、という合図と思い、私は帰ってきた。

　　　13　、出張から帰った父は、ことのほかご機嫌ななめで、母にこう言ったというのである。
20

　　「邦子は女の子のくせに薄情な奴だな。俺が帰ってもいい、といったら、さっさと帰りやがった」

　　そんなに　14　のなら、ニワトリみたいに人を追い立てることはないじゃないかと思ったが、口返答など思いもよらないので黙っていた。

25　　その次、出張のお供を言いつかったときは、私は父の窓からすこし離れたフォームの柱のかげで、そっぽを向いて立っていた。父も、ムッとした顔で、経済雑誌を読

38

みふけっていた。

　発車のベルが鳴った。

　父はますます怒ったような顔になり、私のほうを見た。

30　「なんだ、お前、まだそんなところにいたのか」

　という顔である。

　私も、ブスッとして父のほうを見た。戦前のことだから勿論手などは振らない。ただ、ちょっと見るだけである。現在、ホームドラマの一シーンとして、この場面を描いたら、この父と娘は何か確執があると　15　。

（向田邦子『向田邦子ベストエッセイ』筑摩書房による）

（注1）お供につく：ご主人の後ろについていく

（注2）ご機嫌ななめ：機嫌が悪い

11 　1　母が言うと　　　　　　　　　　2　母に言わせると

　　　3　母に言われると　　　　　　　　4　母が言わされると

12 　1　読みふけることになる　　　　　　2　読みふけるだけじゃすまない

　　　3　読みふけるかいがある　　　　　　4　読みふけるフリをする

13 　1　ところが　　　　2　しかも　　　　3　それゆえ　　　　4　また

14 　1　居たがっている　　　　　　　　　2　居ようとする

　　　3　居させてもらえる　　　　　　　　4　居てもらいたい

15 　1　思うおそれがある　　　　　　　　2　思わざるをえないだろう

　　　3　思われるに違いない　　　　　　　4　思われるにすぎない

読解

読解の練習問題を解く時のポイント

POINT 1 最初に問題と選択肢を読もう

最初から本文を読むと、何に注意して読めばいいのか分からないよね。
そうすると問題に関係のない部分も一生懸命読もうとしてしまい、
時間を無駄に使ってしまうんだ。
まず問題文と選択肢を読んで、本文から何を読み取らなければ
ならないのかをしっかり頭に入れてから、本文を読むようにしよう。

POINT 2 書き込みながら読もう

分からない漢字や言葉があった時は○や？をつけるといいよ。
そして、大事だと思った部分やキーワードには下線「＿＿＿＿」を引こう。
書き込んでおくと、もう一度読む時に読みやすくなるんだ。

POINT 3 分からないところは調べずに推測しよう

分からないところがあった時、すぐに辞書やネットで調べるのはだめだよ。
本番の試験の時に辞書やネットは使えないから、
推測する力をつけることが大事なんだ。

POINT 4 時間に気を付けよう

本番では時間が限られているから、時間を測って、なるべく早く解くように心がけよう。
本文のすべてを理解しようと思わなくていいから、
解き終わったらすぐ次の問題に移るといいよ。時間の目安は下記の表を見てね。

	文章の数	1つの文章あたりの問題の数	1つの文章あたりの時間	計
短文	4	1	2分30秒	10分
中文	3	3	6分	18分
長文	1	4	14分	
統合理解	1（A＋B）	2	8分	
主張理解	1	4	14分	
情報検索	1	2	6分	

読解

メールや掲示物 Emails and postings

ポイントと例題

例題

---

1   ご宿泊のお客様へ

外壁塗装工事につきまして

この度は、外壁塗装工事中にも関わらず当ホテルをご利用くださいまして誠に
ありがとうございます。

5   工事中につきまして、危険ですので、お部屋のベランダには絶対にお出にな
らないようお願い申し上げます。（窓は開けられますが、工事の都合上網戸は外
してあります。）工事に関しまして、何かお気づきの点がございましたら、お気軽
にフロント9番までお申し付けください。

温泉大浴場、レストランその他館内施設は通常通りご利用いただけます。

10   どうぞごゆっくりお過ごしくださいませ。

ホテルさくら

1 このお知らせが最も伝えたいことは何か。

1   部屋の窓を開けてはいけない。

2   部屋のベランダに出てはいけない。

3   部屋の網戸を外してはいけない。

4   温泉大浴場やレストランは利用できない。

答え 2

> お知らせやメール文は短文4問の中の1問としてよく出題されているね。
> そして、冒頭や末尾はあいさつや名前だから、あまり大事ではないよ。
> 大事なのは本題の部分なんだ。
> メール文でよく使われるあいさつの例を下記に載せるね。
> 大事ではないから、下記のような文章は読み飛ばそう！
> 冒頭：平素より格別のご高配を賜り厚く御礼申し上げます。
> 　　　平素より弊社サービスをご利用いただき誠にありがとうございます。
> 末尾：今後ともご愛顧いただきますよう、よろしくお願い申し上げます。
> 　　　ご査収のほど、よろしくお願いいたします。

POINT 2 確実に正解できるよう、ほかの選択肢にも目を向けよう！

> 答えが分かったあとは、
> ほかの選択肢が間違いだといえる理由を探そう。

✎ 解き方を知ろう！

まず問題文を読んでから本文の本題の部分を読みます。
「危険ですので、お部屋のベランダには絶対にお出にならないようお願い申し上げます。」と書いてあるので、2が答えかな？ と予想します。
そして、ほかの選択肢についても考えていきます。
1は「窓は開けられます」と書いてあるので×です。
3は「工事の都合上網戸は外してあります。」と書いてあるので、そもそも網戸はありません。
4は「温泉大浴場、レストランその他館内施設は通常通りご利用いただけます。」と書いてあるので×。
答えは2になります。

よく出る！ 質問のパターン

> Q.このお知らせ・メールの目的として最も適切なものはどれか。。
>
> Q.このお知らせ・メールで最も伝えたいことは何か。

練習問題 （答え：別冊p.14〜15）

❶

以下は、コミュニティセンター内のお知らせである。

₁　　　　　　　　　**さくらプラザ外壁塗装工事について**

　　7月27日（水）から8月10日（水）の期間（日曜を除く）で、外壁下地補修及び塗装工事が行なわれます。

　　期間中、換気口を通して塗装の匂いが室内に入り込む可能性がございます。

₅　ご迷惑おかけして申し訳ありませんが、ご理解のほど、よろしくお願いいたします。

日程（予定）	影響施設
7/27（水）〜 8/10（水）	多目的ルーム1〜3、第1〜4和室 ※和室をご利用時に換気スイッチをオンにすると匂いがお部屋に充満してしまいます。工事期間中は換気スイッチをオフにしていただくようお願いいたします。

　　※当日、お気づきの点などございましたら受付までご連絡ください。

　　　　　　　　　　　　　　　　　　　　　　　　　さくらプラザ管理事務室

---

1 工事について、この文章は何を知らせているか。

1　工事期間中に和室を使う人は、換気スイッチをオンにしてほしいこと

2　工事期間中は、多目的ルームや和室で塗装の匂いがする可能性があること

3　工事期間中に多目的ルームや和室を使いたい人は、受付で手続きをしてほしいこと

4　工事期間中に、多目的ルームや和室は天気の影響を受ける可能性があること

❷

以下は、会社内のお知らせである。

₁　　　　　　　　コピー関連費用の削減についてのお願い

総務部長　佐藤花子

　経費削減と環境への配慮から、本社ではコピー関連費用の削減に取り組むことに
いたしました。皆様のご理解とご協力をお願いいたします。

₅　　まず、紙媒体での出力が本当に必要か、電子媒体での回覧ができないかなど、
出力前に必ずチェックをお願いします。また、カラー印刷は原則禁止とさせていただ
きます。カラー印刷はモノクロ印刷の7倍ものコストがかかっております。客先提出
資料や、モノクロでは正しく情報が伝わらない場合を除き、ご使用はお控えくださ
い。片面印刷の必要性がない場合は両面印刷を徹底し、記載内容や書式を工夫し
₁₀てページ数を削減したり、文字の打ち間違いや印刷内容、用紙サイズやページ設定
のミスによるミスプリントを防止したりするよう日頃から心掛けてください。

以上

2　コピー関連費用の削減について、この文章は何を知らせているか。

1　今後、カラー印刷を使用することはできない。

2　片面印刷でなくてもよい場合は、両面印刷を使うようにするべきである。

3　ミスプリントをした場合は、総務に報告しなければならない。

4　客先提出資料は紙媒体より電子媒体にするほうが望ましい。

❸

以下は、旅行会社から届いたEメールである。

1 　　　　　　　　　　［さくら旅行予約センター］領収書の件

小林武　様

ご連絡いただきましてありがとうございます。

領収書についてご案内いたします。

5 インターネット上の発行ですと、システム上、支払金額合計が自動的に印字されてしまいます。

支払金額合計の印字されない領収書ですと、手書き発行であればお手続き可能です。

既にインターネット上で領収書を発行していらっしゃいますため、こちらは回収が必要となります。

10 お手数ではございますが、領収書を下記住所へご送付いただきますようお願いいたします。

・返送先

〒134-0092　東京都江戸川区川下町１－１－２　スカイタワー９階

　さくら旅行予約センター宛

よろしくお願いいたします。

15 さくら旅行予約センター　田村

※ご返信の際は予約番号・代表者名をご記載ください。

---

③ このメールで最も伝えたいことは何か。

1　支払金額の合計が書かれていない領収書は発行できない。

2　手書きの領収書を送れば、支払金額合計が書かれていない領収書を作ってもらえる。

3　すでに発行した領収書を送れば、手書きの領収書を作ってもらえる。

4　インターネットで領収書を発行してはいけない。

❹

以下は、ある温泉施設がホームページに掲載したお知らせである。

1　　　　　　　　**宿泊予約のオンライン事前決済について**

　2024年1月1日からのWeb予約はオンライン決済のみでのお支払いとなります。

　チェックイン時のお支払いがなくなり、スムーズなご案内ができるようになりますので、何卒ご理解くださいますようお願い申し上げます。

5　　　　　　　　　　　　**注意事項**

　オンライン決済の領収書は当施設での発行ができかねますので、オンライン上より印刷してご利用くださいますようお願い申し上げます。

　ご来館いただいてからのお食事代などにつきましては、従来通り、チェックアウト時に当施設受付カウンターにてお支払いとなります。

10　　　　　　　　　　　　　　　　　　　　　　　　　　　　　さくら温泉

---

4 2024年1月1日以降の宿泊予約について、この文章は何を知らせているか。

1　宿泊予約をする際は、インターネットで予約しなければいけない。

2　インターネットで宿泊予約した人は、チェックアウトする時に支払わなければいけない。

3　宿泊予約をした人は、インターネットか受付カウンターで支払うことができる。

4　インターネットで宿泊予約した場合の宿泊代は、インターネットで支払わなければいけない。

❺

以下は、あるフィットネスジムがホームページに掲載したお知らせである。

₁ **フィットネスさくら**

月会費の改定に関するお知らせ

平素よりフィットネスジムさくらをご利用いただきまして誠にありがとうございます。

₅ ご利用いただいているお客様には大変申し訳ありませんが、昨今のエネルギー価格の高騰などにより、2024年1月より月会費の改定をさせていただきたく、何卒ご理解の上、ご了承いただきますようお願い申し上げます。

1．改定月

2024年1月分（12月ご請求分）より、新月会費を頂戴いたします。

※クレジットカードの場合：12月15日請求、口座振替の場合：12月25日振替より

₁₀ 2．改定金額

現在お支払いいただいている月会費を300円（税別）値上げさせていただきます。

※キッズスクールの会費変更はございません。

3．手続きに関して

今回の改定に関してお手続きの必要はございません。

₁₅ 月会費改定前に、会員区分の変更や、その他お手続きを希望される場合は、2023年12月1日までに受付にてお手続きをお願いいたします。

---

5 月会費の改定について、この文章は何を知らせているか。

1 クレジットカードで支払っている場合、12月25日から、新月会費を請求される。

2 改定後の月会費を支払うために、2023年12月1日までに受付で手続きをしなければならない。

3 2023年12月から、キッズスクール以外の客は、月会費を300円分多く支払わなければならない。

4 2024年1月分から、口座振替の人はクレジットカードで支払う人より月会費が300円高くなる。

ポイントと例題

💡 内容理解（短文・中文・長文）では、評論や説明文、エッセイがよく出題される。

例題 （中文）

1　　幼児画の特徴である拡大表現を例に、幼児の造形表現の仕方と保育者の言葉かけとの関係をみてみよう。拡大表現とは、興味関心をもったものを実際の大きさよりはるかに大きく描く表現形式である。たとえば、「芋掘り」という題材で絵を描かせると、学級のなかには人より大きいさつまいもを描く子が必ずい

5　　る。保育者は、大学で学んだ拡大表現を思い出し、ここぞとばかりに「K君の描いたお芋さんは、大きくていいわね。すごいね」という。称揚しようと教育(注)的配慮のつもりで発した何気ないこの言葉の影響力は、学級全体に瞬時に及ぶだろう。子どもたちはみんな、先生に褒めてもらいたい。気がついた時には、学級のどの子もドラム缶のような芋を描いて先生の方を向いている。日常的に起こ

10　り得るこのような状態の何がいけなかったのだろうか。それは、この保育者がK君の「芋の大きさ」を褒めてしまったことである。それでは、何を褒めれば良かったのだろうか。それは、K君の「表現の独自性」である。このことを理解している保育者の言葉かけは、自ずと変わってくる。たとえば、「K君は、お芋さんをこんなに大きく描いていいわね。K君らしさがとても出ているわ。Yちゃん

15　は、小さなお芋さんをたくさん描いて、これもすばらしいわ。いくつ描けたのか数えてみようか。38個もあるね。こんなに細かい絵を根気強く描けるのは、Yちゃんらしいわ。みんなも、自分にしか描けない芋掘りの絵を描きましょうね」というようにである。

（名須川知子、高橋敏之『保育内容「表現」論』ミネルヴァ書房による）

（注）称揚：価値を認めてほめること

1 幼児の絵の一般的な特徴として書かれているのはどれか。

   1   ほかの子に負けないように大きく描く

   2   先生にほめられるように大きく描く

   3   おもしろいと思ったものを大きく描く

   4   自分らしい絵を描くために大きく描く

2 保育者が褒めるべき点について以下のうち、正しいものはどれか。

   1   子どもの描いた芋の大きさ

   2   子どもの表現のオリジナリティ

   3   子どもの描画の正確さ

   4   子どもの描画技術の成長

3 この文章を通して筆者が最も伝えたいことは何か。

   1   幼児画の特徴

   2   芋の描画における問題点

   3   幼児の造形表現の仕方

   4   保育者の言葉かけの重要性

答え　1 3　2 2　3 4

POINT 1　問題タイプに着目しよう！

短文・中文・長文には、大きく分けて2種類の問題があるよ。
①本文の細かい部分を的確に理解しているかどうかを問う問題
・本文に書かれている事実関係が理解できているか
・理由や原因が分かっているか
・その文脈ではどのような意味になるのか
②本文全体の内容を理解しているかどうかを問う問題
・この文章は何を伝えているのか
・筆者は何を言いたいのか

※あなたの意見を問う問題はないんだ。
　文章の内容か筆者の意見だけが問われるから注意してね。

言い換え表現に注意しよう!

選択肢に出てくることばや表現は、
本文の中のものを言い換えたものが多いんだ。
似ていることばや表現に注意して読もう。

読まなくても答えられる問題は一つもないよ。

ちゃんと本文を全部読むようにしよう。

筆者の主張や意見を読み取るために、下記の表現にも注目しよう!

下記の表現に注目してね。
・「確かに、Aである。しかし、B」「もちろん、Aだ。しかし、B」
　⇒筆者が言いたいことはAではなくB。
・「～はAだ。一方、Bもある。前者は～で、後者は～だ。」
　⇒前者はA、後者はBを意味する。
・「つまり」「要するに」「すなわち」「結局」のあと
　⇒それまで述べられてきたことの短い言い換えが来る。特に重要。

✎ 解き方を知ろう!

1

本文の細かい部分を的確に理解しているかどうかを問う問題です。
選択肢の「幼児の絵の一般的な特徴」に似ている表現を探すと、1行目に「幼児画の特徴」と書いてあるので、この文をまず読みます。すると、「拡大表現」が例として説明されていることが分かります。「拡大表現」の説明は、2文目に書かれていますね。そして、「興味関心をもったものを実際の大きさよりはるかに大きく描く表現形式である」と書かれています。つまり、これが「幼児の絵の一般的な特徴」です。したがって、選択肢の中でこれに一番意味が近いのは3です。

2

本文の細かい部分を的確に理解しているかどうかを問う問題です。

「保育者が褒めるべき点」に似ている表現を探すと、11、12行目に「それでは、何を褒めれば良かったのだろうか。」と書いてあるのが分かります。そのため、その次の文「それは、K君の「表現の独自性」である。」が答えです。選択肢の中でこれに一番意味が近いのは2です。

3

本文全体の内容を理解しているかどうかを問う問題です。

「この文章を通して筆者が最も伝えたいことは何か。」の答えはよく文章の最後に書いてありますが、この文章は具体例で終わっています。何の具体例かというと、12、13行目に「このことを理解している保育者の言葉かけは、自ずと変わってくる。」と書いてあるので、「保育者の言葉かけ」の例だということが分かります。もう一度本文をざっと見てみると、最初の文に「幼児の造形表現の仕方と保育者の言葉かけとの関係をみてみよう。」と書いてあるのが分かります。やはり「保育者の言葉かけ」が大事だとわかるので、答えは4です。

よく出る！
質問のパターン

Q.「それ」は何を指しているか。

Q.〜は誰か。／〜は何か。／〜はなぜか。

Q.筆者によると、＿＿＿＿＿とはどういう意味か。〜は何を指しているか。

Q.＿＿＿＿＿について、筆者はどのように述べているか。

Q.筆者の考えに合うのはどれか。

Q.筆者が最も言いたいことは何か。

Q.この文章の内容として適切なものはどれか。

（答え：別冊p.16 〜 17）

次の文章を読んで、後の問いに対する答えとして最もよいものを、1・2・3・4から一つ選びなさい。

❶

1　　　時代の流れを読んで未来を切り拓いていく力を身につけるためには、できるだけ既成の
　　羅針盤が利かないような状況に身を置くこと。常識や前例といった答えがない状況になれ
　　（注）
　　ば、強制的に自力で考えざるを得なくなる。それまでの自分の経験以外には、直感とも言
　　うべき自分自身の方位磁石を使わなければ何もできない場所に、あえて身を置いてみること
5　　が一番の方法ではないかと思う。

（羽生善治『瞬間を生きる』PHP研究所による）

（注）羅針盤：磁石を用いて方角を知る計器。船や飛行機などで用いる。

1　この文章で筆者が最も伝えたいことはどれか。

　　1　常識や前例が役に立つ場所に身を置くべきだ。

　　2　自力で考えなければならない場所に身を置くべきだ。

　　3　自分の直感が使えない場所に身を置くべきだ。

　　4　自分の経験だけが頼りになる場所に身を置くべきだ。

❷

1　諦めることは、失うことではない。負けを認めることでもない。

　　そのようなネガティブな判断ではなく、もう少し事前というか、手前の段階において、「わきまえる」ことではないか、と思う。

　　自分の能力や、周囲の環境などを客観的に知ることで、無駄な労力をかけるまえに退く

5　ことは、むしろ勝つための戦略ともいえるものだ。

（森博嗣『諦めの価値』朝日新聞出版による）

2　諦めることについて、筆者の考えに合うものはどれか。

　1　負けを認めることだ。

　2　場をわきまえて礼儀正しくすることだ。

　3　勝つために準備することだ。

　4　必要のないエネルギーを使わないようにすることだ。

❸

1　　自分を応援してくれる「知恵のある人」がどのくらいいるか。先の見えないこれからの時代、この点が人生の質を大きく左右するはずです。

　　今生きている人だけではありません。書物の中にいる先人たちも、強い味方になってくれます。

5　　偉人や聖人とされた先人たちの言葉に触れ、彼らも同じように悩み苦しみ、挫折したり失敗しながらも前進してきたことを知る。後に続く人たちにメッセージを送っていること、その受け手が今、まさに本に向かっている自分であることに気づく。

　　それがどんなに大きなエネルギーになることか。

（齋藤孝『何のために本を読むのか』青春出版社による）

3　それは何を指すか

　1　書物の中の先人が自分に対して何かを伝えてくれているということ

　2　自分も将来、書物の中の先人になることができるということ

　3　書物の中の先人も自分と同じように本を読んでいたということ

　4　書物の中の先人が伝えていることを自分が知りたいと思っているということ

❹

1　　人間は、他人に物を説明しようとするとき、相手に分からせようと努力します。その際、私たちが無意識に想定していることがあります。それは、目の前の「聞き手」の思考法が、自分の思考法と同じであろうという点です。ですから、ふだんから人の話を鵜呑みにしがち[注]

5　な人は、自分が話しかけている聞き手も自分と同程度に鵜呑みするタイプだろうと無意識に想定しがちです。「説得力のある人物」になるためには、まず、自分自身のこの習慣を改めなければなりません。

（藤沢晃治『「説得力」を強くする―必ず相手を納得させる14の作戦』講談社による）

(注) 鵜呑み：よく考えないで受け入れること

④　この文章で筆者が最も言いたいことは何か。

1　相手の反応を気にせずに自分が言いたいことだけ言うことはよくない。

2　相手の話をよく理解せずに、簡単に受け入れていてはいけない。

3　自分の話をよく聞いてくれそうな人にだけ説明することは避けるべきだ。

4　相手が自分と同じような考え方をしていると勘違いすることはよくない。

❺

1　　人間が自分の不自由さに気づくのは、自分の想像を超えて自由に生きている人に出会ったときです。「なんだ、これくらいのことはしてもいいんだ」と知ったときに人間は解放される。僕があえて過激な発言をするのは、若い人たちに対して「これくらいのことはしゃべっても大丈夫」ということを伝えるためでもあるのです。先に地雷原を歩いてゆく人が、歩いた道

5　筋にフラグを立てておけば、「あそこまでは行ける」とわかるでしょ。そういうかたちでリスクを引き受けることが年長者のつとめだろうと思っています。

（安田佳生『下を向いて生きよう。』サンマーク出版による）

⑤　筆者の考えに合うのはどれか。

1　年長者は、どの程度まで自由にできるか身をもって伝えるべきだ。

2　年長者は、危険を恐れず、若者の代わりに地雷原を歩くべきだ。

3　年長者は、若者を不自由な世界から解放させるために若者からの要望に応えるべきだ。

4　年長者は、若者に過激な発言をさせないために見本を見せるべきだ。

❻

1 　お皿の上の料理は「いただきます」と声を掛けて、ありがたく口へ運ぶのに、食べ残された料理はそのままゴミ箱へ入ってゴミとなる。唾も口の外に放出されると汚物になる。

　芥川賞作家の川上未映子さんの『世界クッキー』に所収の「境目が気になって」と題したエッセイにそんなことが書かれています。ふだん疑問にも思わない事柄を見事にえぐって物

5 　の本質について考えさせる話に仕立てています。

（近藤勝重『書く子は育つ―作文で＜考える力＞を伸ばす！』毎日新聞出版による）

（注）所収：作品などが、その本に収められていること

6　筆者によると、そんなことはどのような点で優れているか。

1　あいさつは重要であるという、普段その重要性に気づきにくい点に注目した点

2　汚いものがどう生まれるかという、単純だが実は複雑な点に注目した点

3　料理を無駄にしないためにどうすればよいかという、解決すべき深刻な問題に注目した点

4　同じ物でも状況によってその価値が変わるという、当たり前だが根本的な性質に注目した点

❼

1 　目的を考えながら仕事をすることは、上げるべき成果は何かということを常に考えながら仕事をすることと言い換えられます。企業に入って三年間で身につけることは、与えられた仕事の本分に懸命に取り組むと同時に、これからの仕事のやり方を自分で確立するということだと思います。

5 　どんなに努力をしても成果を出さなければ無に等しいことを肝に銘じ、何を要求されているかを必死に考える癖をつけ、成果を上げる努力をすることです。

（出口治明『「働き方」の教科書―人生と仕事とお金の基本』新潮社による）

7　仕事をする上で筆者は何が最も重要だと考えているか。

1　業務に必要なスキルや知識を身につけること

2　効率的な仕事の方法を他者から学び取ること

3　自分なりのやり方を見つけて一生懸命によい結果を出そうとすること

4　自分がしたい仕事よりも、自分が求められている仕事をすること

次の文章を読んで、後の問いに対する答えとして最もよいものを、1・2・3・4から一つ選びなさい。

❶

1 　　　自分たちがいま生きている社会が金魚鉢のように閉ざされた狭い空間であることに気づいて、生き延びる道を見つけること、人文学を学ぶ意味は、そこにあります。

　　　人文学というのは、扱う素材の時間軸が長く、空間も広い。考古学や歴史学なら何千年、何万年前のことを扱うし、民俗学や地域研究では、はるか遠い国の文化を学びます。

5 文学もそうです。遠い時代の、遠い国の、人種や信仰や性別や年齢が違う人の中に想像的に入り込んでいって、その人の心と身体を通じて世界を経験する。「いま、ここ、私」という基準では測り知れないことについて学び、理解するのが人文学です。

　　　学ぶことによって、自分たちが閉じ込められている「金魚鉢」のシステムや構造を知り、それがいつどんな歴史的条件下で形成されたものであるかを知り、金魚鉢の外側には広い

10 社会があり、見知らぬ世界があり、さらにそれを取り巻く宇宙があることを知る。金魚鉢も含めた世界はどこから来て、いまどんな状態にあって、これからどう変わっていこうとしているのか、それは金魚鉢の中にいながらでも学ぶことができます。これが人文学を学ぶということです。この混乱期を生き延びてゆくためには、できるだけ視野を広くとって、長い歴史

15 的展望の中でいまの自分を含む世界の風景を俯瞰することが必要です。
（注）

（内田樹『生きづらさについて考える』毎日新聞出版による）

（注）俯瞰する：ある事柄や状況に対して客観視すること

1 人文学の特徴として述べられているのはどれか。

1 　現代に生きている自分について学び、理解する学問である。

2 　想像力を鍛えるための学問である。

3 　世界の様々な国に行って経験することによって学ぶ学問である。

4 　昔のことや遠くのことについて学ぶ学問である。

2 筆者によると、人文学を学ぶとは何か。

1 「いま、ここ、私」について知ること

2 自分たちの社会と金魚鉢との関係を知ること

3 自分たちの社会の内外、過去未来を知ること

4 自分たちの社会がいかに混乱しているかを知ること

3 筆者は現代を生き抜くために何が必要だと考えているか。

1 いま生きている社会の外に出られる道を見つけること

2 いま生きている社会の中でよりよく生きる方法を見つけること

3 いま生きている社会をより広い視野で見ること

4 いま生きている社会を変えていく力を得ること

❷

1　人間は誰でも、自分が恥ずかしいことをしたと思ったら顔を赤らめる、という生理現象を持っています。生理現象ですから起源は非常に古い。しかしながら、人類に近い類人猿が顔を赤らめることはありませんから、進化の過程で人間だけが獲得した現象だと考えていい。

5　一方で、罪の意識は生理現象に表れません。加えて、文化による違いがあることを考えても、比較的新しく生まれたものだということが分かります。

　では、いったい人間はどのように罪の意識を持つようになったのかといえば、噂話のなかで「これは善いこと、これは悪いこと、これは褒められること、これは貶されること」と、さまざまな事象を内面化していくことで身に付けていったと考えられるというのです。

10　自分が実際に同じような場面に出くわしたとき、頭をよぎるわけです。自分はあんなふうに噂されるのは嫌だな、と。だからこそ、悪い噂を立てられるような行動を差し控えたり、反対に人から褒められそうな行動を積極的に取ったりする。ここにこそゴシップの重要性があります。

（山極寿一『京大総長、ゴリラから生き方を学ぶ』朝日新聞出版による）

（注）ゴシップ：噂話

4 新しく生まれたものだとあるが、何が新しく生まれたものなのか。

1 恥ずかしい時に顔を赤らめるという生理現象

2 文化による罪の意識の違い

3 人間が持つ罪の意識

4 人間のすべての生理現象

5 筆者によると、人間が罪の意識を持つ上で何が重要だったか。

1 噂話によって、他人の経験を疑似体験すること

2 噂話によって、感情を豊かにすること

3 噂話によって、人間関係を深めること

4 噂話によって、人の行為に対する他人の評価を知ること

6 ゴシップが重要な理由について、筆者はどのように考えているか。

1 噂話になることを意識して、悪いことよりいいことをするようになるから重要だ。

2 噂話をすることによって、仲間意識が強くなるから重要だ。

3 噂話から仲間の情報を知って、いい人かどうかの判断ができるようになるから重要だ。

4 噂話をすることによって、罪の意識が薄れていくから重要だ。

❸

1　文化というのは、人がつくり出すものである。

誰かが価値があると判断し、人生をかけて①そこにエネルギーをそそぎ込む。

その価値を他の人が理解し、さらにエネルギーが高まっていく。

そうした文化的価値を理解することは、人生を豊かにするためにはとても大事なことだ。

5　もちろんひとりの人間がすべての文化的価値を理解することはできない。私もオペラを観に行ったが、その価値は理解できなかった。でも、すべては無理だからこそ、理解できた文化を大切にしていくことが必要なのだと思う。

消費を「損」ととらえてしまう「②損を楽しめない人」は、別の言い方をすれば、お金を度外視した文化的価値を認められない人だということになる。彼らは、芸術作品を買ったとしても、その文化的価値ではなく、市場価値にお金を支払っているに過ぎない。

10　しかし、文化的価値を認めず、すべてを損得勘定で判断してしまうと、人生はドライな味気ないものになってしまう。

豊かな人生を送るためには「損」を楽しむ心のゆとりが必要なのだ。

（榎本博明『面倒くさい人のトリセツ』河出書房新社による）

7 ①そこが指すものは何か。

1 文化をつくり出した人

2 価値がある文化

3 価値があると判断した人

4 価値があると判断した人の人生

8 筆者によると、「②損を楽しめない人」とはどんな人か。

1 値段で価値を判断する人

2 芸術作品を買いたがらない人

3 市場価値より文化的価値を優先する人

4 損得勘定で判断しない人

9 筆者が最も伝えたいことは何か。

1 できるだけ多くの文化的価値を理解したほうがよい。

2 文化的価値を多くの人に広めたほうがよい。

3 文化の市場価値を高めたほうがよい。

4 文化的価値を認めて喜んで消費したほうがよい。

❹

1　人がものをつくりあげるということは、もともとゼロから始まるわけではなく、他者の仕事を「借りて」「盗んで」「返す」ということであるとすれば、そこに本来的なオリジナリティが存在するのではなく、①他者とのやりとりのプロセスにおいて、さまざまな刺激を受けつつ、それを自分のものにして、最終的には、自分のことばにして表現するということになります。

5　ですから、自分の中にはじめからオリジナリティがあり、それを発見することに夢中になっても、なかなか見つからないということになるわけです。②オリジナリティ幻想と呼ばれる所以（ゆえん）です。

　オリジナリティは、はじめから「私」の中にはっきりと見えるかたちで存在するものではなく、他者とのやりとりのプロセスの中で少しずつ姿を見せ始め、自分と環境の間に浮遊するものと
10　して把握されるからです。

　こうしたことは、表現という行為をすべて一つのプロセスとして捉えることから始まります。最終的に出来上がったかたちだけを対象としてきた従来の考え方の中で、オリジナリティが取り上げられにくかった一つの要因がここにあると考えられます。

（細川英雄『自分の＜ことば＞をつくる―あなたにしか語れないことを表現する技術』
ディスカヴァー・トゥエンティワンによる）

10　①他者とのやりとりについて、筆者の考えに合うものはどれか。

1　オリジナリティを阻む行為だ。

2　オリジナリティを生むためには必要な行為だ。

3　ゼロを一にする行為だ。

4　本来的なオリジナリティを確認する行為だ。

11　②オリジナリティ幻想について、筆者の考えに合うものはどれか。

1　自分がオリジナリティだと信じているものは、偽のオリジナリティである。

2　オリジナリティは独りよがりで、他人には理解されにくいものである。

3　オリジナリティがはじめから自分の内面に存在するというのは誤解である。

4　自分にとって理想のオリジナリティを手に入れることは到底不可能である。

12 筆者によると、従来、オリジナリティが取り上げられにくかった理由は何か。

　　1　過程より結果を重視してきたから。

　　2　結果より過程を重視してきたから。

　　3　表現という行為を無視してきたから。

　　4　成果物を軽視してきたから。

❺

1　　私が語る言葉は、一体どこから語られ始めたのか。私の内心の呟きが始まった時からだろうか。それどころではあるまい。言葉を発明しながら喋る者はいない。誰も人が喋るようにしか喋りはしない。赤ん坊の私に聞こえていた家族の言葉が、いつの間にか私の言葉になった。どんな言語も、辿っていけば太古の闇までつながっている。人の言葉は、人の命5　と同じように連続していて、現在のなかに在るものだ。

　　語る現在というものが、どの時点にあるのか、私ははっきり言うことができない。この文字を書き、この音を発する間にも、すでに時は流れている。そのうちのどの時点を現在と言うのか。誰にもそんなことは言えないだろう。はっきり言えるのは、私のこの言葉が、現在の内にすべての過去を含んで持続し、未来に向かっているということだけである。

10　　もちろん、このことは言葉と関係なしにも言える。〈私の現在〉は、私がこれからどんな行動を取ろうとしているかによって、いくらでも伸び縮みする。私は、今この文章を書いている。が、子供時代の友人から突然電話があって、今何をしているかと訊かれれば、二十何年来の自分の職業を言ったりする。別の友人から同じことを訊かれれば、去年から書いている本のことを言ったりもするだろう。こう考えれば、現在は在るものだと言うよりは、行動15　する時の注意の〈働き〉そのものだと言ったほうがいい。

（前田英樹『日本人の信仰心』筑摩書房による）

13 言葉について、この文章の内容と合うのはどれか。

　　1　言葉を発明することは非常に難しい。

　　2　言葉は非常に長い歴史を持っている。

　　3　子供は大人の言葉だけを真似して習得する。

　　4　世界中の言葉は互いに関連している。

14 はっきり言うことができないのはなぜか。

1 時間は常に過ぎていくものだから

2 語ることを常に意識しているわけではないから

3 話すだけではなく文字を書く場合もあるから

4 現在の時点は過去と未来を考慮しないと判断できないから

15 現在について、筆者の考えに合うものはどれか。

1 現在は、周りの人からの問いによって定義されるものである。

2 現在は、自分が未来に取ろうとする行動によって決まるものである。

3 現在は、過去の経験や職業などに基づいて決まるものである。

4 現在は、時計やカレンダーなどの物理的な時間に基づいて決まるものである。

❻

1 　　　決まりきったことをやれば成功できる時代であれば、当然ながらそれを大規模にシステム化できる組織力のほうが重要になるのですが、そんな原則が通用しない時代では、一人の人間が考えた新しいアイデアが世界を大きく変えてしまうことだってあります。不安を感じる人が多いほど、打開する「考える力」が求められるのです。

5 　　　人間がどんなに知識をもったとしても、やはりわからないことはわかりません。たとえば「死んだらどうなるんだろう」と考えたって、死んでないうちにそれがわかるわけがないのです。だから誰にだって、それを恐怖と感じることがあるのは当然のことです。

　　　けれども、「一体何が待っているんだろう？」とそこに知的好奇心がもてれば、少なくとも私たちは、その"わからない問題"に立ち向かうことができます。

10 　　　新しい会社への転職、新規事業の開発、独立開業……ビジネスのことをとってみたって、究極的には"やってみなければ、どうなるかわからないこと"ばかりです。しかしそれに踏み切って成功した人は、"わからないからできない"と立ち止まった人でなく、やはり"一体何が起こるんだろう"とワクワクして冒険に向かうことができた人なのでしょう。

（榊原英資『榊原式スピード思考力』幻冬舎による）

16 「考える力」が求められるのはなぜか。

  1 解決困難な状態の時に、解決の糸口を見つけるためには、「考える力」が必要だから

  2 他者と協力してクリエイティブに仕事をするためには「考える力」が必要だから

  3 世界を大きく変えるためには、「考える力」が必要だから

  4 決まったシステムの通りにいかに効率的にやるかを「考える力」が必要だから

17 この文章で筆者が述べていることは何か。

  1 知的好奇心があれば、わからないことはなくなる。

  2 わからないことに対して怖がることはよくない。

  3 わからないことがあることは当然だ。

  4 知識があれば、わからないことはなくなる。

18 成功する人について、筆者の考えに最も合うものはどれか。

  1 わからなくてもいろいろなことを試してみた人

  2 わからないことを楽しんで前に進んだ人

  3 わからなくても未来をきちんと予測した人

  4 わからないことを夢中になって分析した人

❼

1   悩みがない人はいません。

　　人が生きていくということは、人と関わっていくということに同じ。その中で幸せを感じることもあれば、うまくいかない事柄も起きます。

　　これまで多くの方と向き合ってきた中で出た結論の一つは、どんな人も、見た目の印象や
5 その姿からは想像できない悩みや苦しみを抱えているのだ、ということ。同時に、同じ悩みを抱えていても、幸せそうに見える人と、苦しみがにじみ出ている人がいます。

　　その違いは、問題の渦中の暗闇一点に立ち、そこから抜け出せないと思い込んでいるのか、問題は、人生の中にある一部分だと、切り離して解決のために向き合っているのかということです。

10 　問題の中に自分がいるのではなく、夢や希望、自由がある自分という世界の中の一点に、一つ問題が起きているだけ。俯瞰して自分と問題とを見つめることができれば、問題解決
　　　　　　　　　　　　(注)
の糸口は必ず顔を出します。

（湯川久子『ほどよく距離を置きなさい』サンマーク出版による）

(注) 俯瞰：広い視野で物事を見たり考えたりすること

19 悩みについて、筆者の考えに合うものはどれか。

　1　人生に悩みはつきものだ。
　2　見た目と悩みはつながっている。
　3　人と関わらない人は悩みが多い。
　4　悩みの一番の原因は人間関係である。

20 筆者によると、幸せそうに見える人はどのような人か。

　1　問題解決ができると信じている人
　2　問題の中に入り込んでいる人
　3　問題は人生の一部分にすぎないと思っている人
　4　問題からは到底抜け出せないと思っている人

21 筆者が最も伝えたいことは何か。

1 問題については考えず、夢や希望について考えるようにすることが重要だ。

2 問題の中にいる自分について深く考え抜くことが重要だ。

3 問題はたった一つであると軽く考えることが重要だ。

4 問題から距離を置き、自分と問題を客観視することが重要だ。

❽

1　社会という名の城塞の外にいるからこそ、芸術／芸能に生きる人たちは社会の中の人たちに夢を与えられる。日常の外の異界からの誘いほど蠱惑的なものはない。そして彼らはまた、社会を「外」の視点から見ることができるポジションにいる人たちでもある。「中」に生きるマジョリティの人々には見えなくなっていることが、彼らにはきっと見えるのだ。音楽を

5　含む芸術／芸能が単なる娯楽ではなく、しばしば時代と社会についての透徹した洞察にもなりうるとすると、それはまさに彼らがアウトサイダーだからなせることであろう。

　しかし彼らはまた、いざ何かことが起きたとき、真っ先にあおりを受ける弱き人々でもある。「まっとうな堅気」ではない「怪しい人」のレッテルを貼られるリスクが極めて高い位置にいる。門を閉じた城塞内の人々は「あいつ怪しいぞ！」と叫ぶ。今日の用語でいえばマイ

10　ノリティを血眼で見つけようとするのだ。しかしながらこの「怪しさ」もまた、芸術／芸能の抗えぬ魅力の源泉でもあるだろう。それはわたしたちを「今ここ」とは違う世界へ、異界へと誘ってくれる。また芸能に携わる人たちは往々にして、「よるべ」がないポジションにあるからこそ、同じようによるべなき人々への深い共感と想像力が働く。社会のあらゆる人々に何かを感じさせる力を及ぼすことができる。

15
　　　　　　　　　　　　　　　　　　　（岡田暁生『音楽の危機』中央公論新社による）

（注1）蠱惑：人の心を、あやしい魅力でまどわすこと

（注2）透徹：筋道が、はっきりと通っていること

（注3）血眼：他のすべてを忘れて一つのことに熱中すること

（注4）よるべ：頼みとして身を寄せるところや人

22 それとは何を指すか。

1 社会のアウトサイダーたちに対して夢を与えること

2 社会のマジョリティの人々に対して、外の世界に来るように誘うこと

3 社会の中に住む人々を楽しませること

4 社会を外側から見て、その本質を見抜くこと

23 芸術家や芸能人の怪しさについて、筆者はどのように考えているか。

1 怪しさは、マイノリティによって攻撃される対象となりうる。

2 怪しさは、我々を日常とは異なる世界に引き寄せてくれる。

3 怪しさが強いほど、よい芸術家・芸能人になれる。

4 怪しさがあると信じられているが、実際にはない。

24 芸能に携わる人々が社会のあらゆる人々に力を及ぼすことができるのはなぜか。

1 不安定な立場の人々の気持ちを理解することができるから

2 アウトサイダー同士で互いに協力しているから

3 マイノリティと闘う姿が共感を呼ぶから

4 理想の世界を思い描くことができるから

❾

1　誰でも考えに行き詰まることがあります。そんなときは視点を変えることが大切です。見方を変えると、これまでとは違う言葉にも触れるチャンスが増えます。

　私はこの話をするとき、「鳥の目になってみよう」と伝えています。

　鳥は世界をどのように見ているのか。

5　私たち人間が見ている世界とは違います。

　人間は三原色で世界を見ていますが、鳥は四原色です。どういうことか。

　目の中には特定の波長に反応する細胞があります。人間は３種類ですが、鳥は４種類。一つ多い波長とは、紫外線です。鳥は紫外線が見えるのです。

　人間が花を見ると、真ん中にめしべやおしべがあり、周りに花びらがあると見えています。

10　一方、鳥は、花びらに模様が入っているように見えます。紫外線でしか見えない模様なので、私たち人間には見えないのです。

　人間と鳥には、同じ花を見ているのに、全然違う見え方をしています。

　見える世界が違うと、考え方も変わってきます。自分の見え方だけで行き詰まってしまったら、他の人はどうやって見ているんだろうと視点を変えてみることで、視野が広がることが

15　あるのです。

　わかりやすく説明できる人を見たら、どういう工夫をしているんだろうと観察するのもよいでしょう。退屈な説明をする人を見たら、「自分だったらどうするか」を考えるのもよい。そうやって視点を変えることで、思考パターンも増えていきます。

（竹内薫『教養バカ―わかりやすく説明できる人だけが生き残る』SBクリエイティブによる）

25 なぜ鳥は人間とは異なる見え方をするのか。

1　鳥の目は人間の目よりも大きく、より多くの情報を受け取ることができるため

2　鳥の目には人間の目にはない、紫外線に反応する細胞が存在するため

3　鳥は高度な能力を持っており、花びらに反射する光を認識することができるため

4　鳥は目の色が人間よりも1色多くなっているため

26 なぜ視点を変えることが大切なのか。

1　他人の意見を理解するためには、自分の視点を変える必要があるから

2　視点を変えることで、違う角度から考えることができるから

3　自分の考え方を振り返るためには、違う視点で物事を見る必要があるから

4　視点を変えることで、より正確な情報を得ることができるから

27 筆者の考えと合うものはどれか。

1　考えに行き詰まった時は、説明が上手な人を観察すべきである。

2　説明が下手な人は、説明のパターンを増やしたほうがよい。

3　他人の思考パターンを真似してみることが大事である。

4　「鳥の目になってみる」経験は、視点を変えるのに役立つ。

❿

1 　周りからは成功者だと思われていても、本人的にはあまり面白い人生を生きていないと思っていることはよくある。それは人生に「創造性」がないからだ。小さいときからずっと「いい子」をやり続ける。「どうやったら儲かるか」をやり続ける。そのことに成功し、周囲からは何ひとつ不自由していないと見られても、自分の人生に「内的成長」や「創造性」を

5 欠いてしまっていれば、私たちはどこかで空しさを感じ、「これでいいのか?」と自問してしまうのだ。

　人生の「創造性」、それは、私たちが常に新しい「生きる意味」に開かれて生きていることを意味している。私たちが「生きる意味」の創造者であり、人生の節目節目で「生きる意味」の再創造を行うことができること、それが人生の創造性なのだ。

10 　それは「あなたがこの社会で創造性を発揮すれば、その分、あなたに報酬が得られるような、創造的な社会にしましょう」といった、一見「創造的」に見えながら「閉ざされた意味」へと駆り立てていくような、閉じた「創造性」とは違う。小さいときから、最大限効率的に生きることをたたき込み、一生自分が効率的かどうかチェックしながら生きるような社会は、実は創造性を欠き、「内的成長」をもたらさない社会なのだ。

15 　私たちの社会はもはや物質的には十分豊かだ。いま真に求められているのは、生きることの創造性、「内的成長」の豊かさなのである。

（上田紀行『生きる意味』岩波書店による）

28 あまり面白い人生を生きていないと思っているのはなぜか。

1 　儲けることに成功していないから

2 　周囲の期待に応えることができていないから

3 　能力不足を自覚しているから

4 　精神的に満足していないから

29 筆者によると、人生の「創造性」とはどのような意味か。

1 　人生で物質的な豊かさを追求すること

2 　社会に新しい価値を生み出せる生き方

3 　人生の意味を更新しながら生きること

4 　人生の目標を達成しようとすること

30 筆者の考えに合うものはどれか。

1 「内的成長」や「創造性」を欠いた社会は、空しく不満足な社会だ。

2 「内的成長」や「創造性」を欠いた社会は、自己実現できる社会だ。

3 「内的成長」や「創造性」を欠いた社会は、非効率的な社会だ。

4 「内的成長」や「創造性」を欠いた社会は、人々が互いに競争する社会だ。

練習問題 <ruby>練<rt>れん</rt></ruby><ruby>習<rt>しゅう</rt></ruby><ruby>問<rt>もん</rt></ruby><ruby>題<rt>だい</rt></ruby>

次の文章を読んで、後の問いに対する答えとして最もよいものを、1・2・3・4から一つ選びなさい。

❶

1　「百舌の速贄」という言葉があります。モズが捕らえた獲物を枝などに刺して保存しておく行為のことです。ところが、その獲物は放置されて、忘れ去られてしまうことがよくあります。晩秋の風物詩です。こうしたことからモズは古来、自分が取っておいたエサを忘れてしまうほど記憶力が悪いとされてきました。「鶏は三歩歩くと忘れる」などとも言われています。総じて「トリ頭」は「物事をすぐに忘れてしまう」ことを指します。

　脳の観点から言えば、実は、そんな事実はなく、トリの記憶力はびっくりするほど正確です。

　例えば、ヒトにほんの少し歪んだ正三角形を眺めてもらい、1ヶ月後に「あのとき見た図形」を思い出して描いてもらうと、歪みのないきれいな正三角形を描きます。多少の歪みの誤差は、ヒトにとってはどうでもいいレベルで気にも留めないのです。

　しかし、トリは、その微妙な差異を厳密に区別します。差があれば、別物として扱います。トリは写真に撮ったかのように風景を正確に覚えます。

　実は、記憶が正確だからこそ「百舌の速贄」は忘れられてしまうのです。この意味がわかるでしょうか。モズになったつもりで考えてみれば瞭然です。今、獲物を刺した枝とその周囲の風景を、写真を撮るように「パシャッ」と正確に覚えたとします。でも、枯れ葉や枯れ枝は風が吹けば飛んでいってしまいます。すると、それだけで写真の記憶とは照合できません。つまり、「このエサは自分が刺した獲物ではない」と判断してしまう。

　記憶は、正確すぎると実用性が低下します。いい加減で曖昧な記憶のほうが役に立つのです。

　例えば、ある人物を覚えたいとき、「写真」のように記憶すると、ほかの角度から眺めたら別人となります。記憶には適度な「ゆるさ」がないと、他人すら認識できません。記憶は、単に正確なだけであっては役に立ちません。ゆっくりと曖昧に覚える必要があります。

　この「ゆっくり」というのも、「曖昧」に加えて、もう1つの重要な記憶の要素です。最初にある角度から見た顔を「これがAさんだ」と覚えてしまうと、ほかの角度から見たときは

25 別人になってしまいます。そこで、「これこそがＡさんだったのか」と新たな角度からの顔を即座に上書き保存してしまうと、今度は初めの顔が別人になってしまいます。

　これを解決する唯一の方法は「保留」です。すぐに結論に飛びつくのではなく、特定の角度から見た顔を、「これはＡさんのようだ」と保留しておいて、また別の角度から見た顔も「これもＡさんなのか」と認知し、保留を重ねていく。その上で、時間をかけて「両者の

30 共通点は何か?」と、ゆっくり認知していかなければ「使える記憶」は形成されません。

（池谷裕二『パパは脳研究者―子どもを育てる脳科学』クレヨンハウスによる）

[1] トリの記憶力についてこの文章の内容と合うのはどれか。

1　非常に悪く、自分が獲ったエサを忘れることもある。

2　ヒトよりもよく、ヒトが気にしない小さいことも覚えている。

3　昔のトリは非常に悪かったが、近年のトリはよい。

4　差があるものはよく覚えるが、差がないものはすぐ忘れる。

[2] 筆者によると、エサを刺した時の風景と今の風景が全く同じでない場合、モズはどうなるか。

1　自分のエサだと認識できない。

2　エサの場所にたどり着けない。

3　エサへの興味を失う。

4　エサを刺したことを思い出せない。

[3] 筆者は、ある人物を覚えたい時、記憶が正確すぎるとどうなると述べているか。

1　様々な角度から見た顔を同じ人の顔だと判断できない。

2　顔を写真のように平面で捉えてしまい、立体的に認識できない。

3　ある角度の記憶だけ強く残り、別の角度の顔の情報をインプットできない。

4　様々な角度から見た顔の情報が次々に入ってきてゆっくり判断できない。

[4] 「使える記憶」を形成するには何が必要か。

1　新たな情報を上書き保存して、常に更新すること

2　新たな情報を得たら、それが正しい情報なのか疑うこと

3　新たな情報を次々に得ようとせず、ゆっくり情報を集めること

4　新たな情報を得ても、即座に判断せずに待つこと

❷

1 　次の中で仲間はずれのものを一つだけ探し出しなさい。

　　①アリ　②クモ　③チョウ　④トンボ

　　もちろん答えは「クモ」です。クモは足が八本ある節足動物で「クモ類」に属しますが、他の三つは同じ節足動物でも、足が六本ある「昆虫類」に属します。これは小学校の入学
5 試験などでは常識の類（たぐい）の問題のようです。

　　個人的な話で恐縮ですが、私の娘が幼稚園に通っていたころ、この問題に以下のように答えました。

　　「答えはアリ。その理由は、アリは私に踏まれるけれども、ほかの三つは私には踏まれないから」

10 　残念ながら、①この答えでは正解にはなりません。「踏まれるか踏まれないか」というのは、事実に基づくものであって、その判断基準が間違っているわけではないのですが、きわめて主観的な判断であるため正解とはなりません。

　　これらの四つの生物を分類する方法自体は無限に存在します。たとえば「飛ぶか飛ばないか」「複眼か単眼か」「三つの文字で構成されているか否か」などです。しかし、それら
15 の分類基準は、設問にある「一つだけ」という条件を満たしていないため不正解です。

　　しかし、「一つだけ」ということなら、たとえば「幼虫のころに水生である」というのは、実は「トンボ」のみに該当するものであり、その意味では「トンボ」を正解とすることもできます。また、②アリのみが「群居性」であるということから、「アリ」を選ぶことも可能です。

　　何かを分類するための基準は、実は無限に存在します。しかし私たちは、それらのうち
20 から恣意的（しい）（勝手）に、ある種の「基準」のみを選び出し、それによって「分類」を行います。そして、「正解とされる分類」というのは、それが「社会において一般的に用いられる基準である」、もしくは「社会において重要度が高いとされている基準である」ということによって裏打ちされているだけです。つまり、私たちが何かを学ぶということは、社会において重要とされている分類基準を自分のものとするということを意味しています。

25 　そしてこのとき私たちは、少しだけ「自分を殺す」ことになります。それが「大人になる」ということであり、「社会化する」ということです。

　　しかしこのとき忘れてはならないのは、「どのような分類基準であれ、本来は等しい価値しかもっていないはずだ」ということです。それらの重要度に差をつけるのは、社会の要請

74

によるものであって、「本来的な正しさ」はそこには存在しません。

30

（高田明典『「私」のための現代思想』光文社による）

5 ①この答えでは正解にはなりませんとあるが、筆者によるとその理由は何か。

1　「私」の基準で考えているから

2　いつも同じ結果になるとは限らないから

3　ほかの選択肢にも当てはまる可能性があるから

4　事実ではなく感情で答えているから

6 ②アリのみが「群居性」であるということから、「アリ」を選ぶことについて筆者はどのように考えているか。

1　一つだけに当てはまるので、正しい答えだ。

2　一つだけに当てはまらないので、正しい答えではない。

3　社会的な一般性や重要度が高い基準で判断しているので、正しい答えだ。

4　社会的な一般性や重要度が低い基準で判断しているので、正しい答えではない。

7 筆者によると、「社会化する」とはどういうことか。

1　社会の基準を自分の基準にしていくこと

2　大人の基準に疑問を持ち、変えようとすること

3　無限に存在する基準の中から重要な基準を選び出すこと

4　社会の基準と自分の基準を組み合わせること

8 筆者の考えを最もよく表しているものはどれか。

1　正しい分類基準を身に付けることは重要である。

2　ある分類基準が重要かどうかは社会が決めている。

3　ある分類基準が重要かどうかは自分なりに考えるべきだ。

4　分類基準の中には本質的に正しいものがあることを忘れてはいけない。

❸

1 　「百聞は一見にしかず」とはよく言ったもので、確かに絵は言葉より雄弁です。しかし雄弁
であるということは、雄弁すぎて困る場合もあるということです。つまり、創造の余地やさら
なる広がりを示したいにもかかわらず、その時点では言わなくてよいこと、言っては拙いこと
まで規定しかねません。ですから「何を言葉として使うのか」「何を絵として使うのか」につ
5 いて、あらかじめしっかりと、それぞれの特性を飲み込んだ上で決めなくてはなりません。

　　実のところ、よりイメージの広がりを持たせたい場合は、「文字」で、より具体性を持たせ
たいものは「写真」で表現することが望ましいわけです。

　　例えば文字で「青い空」と書いた場合、草原の青い空というシチュエーションなのか、た
だ単に青い空なのか、木陰から見える青い空なのか、海の風景と同化する青い空なのか、
10 雲はあるのか、太陽は……と、（　　①　　）。

　　しかし「青い空」の写真——例えば、真っ白な入道雲と太陽の輝く青い空——を見せら
れると、読み手はそこから「見たままの青い空」を「見る」ことになります。見せる側として
は、もしかするとそのつもりはないことまでもです。どれほどの言葉の代わりをビジュアルイ
メージは表現してしまうのでしょうか？　実際に一枚の写真を言葉で逐一描写する場合、完
15 璧な再現を望めば望むほど、言葉の数はどんどん増えてしまうでしょう。

　　（中略）

　　「最近の子供は、本を読まずにテレビばかり見ている。困ったものだ」という話の解釈は
色々あるでしょうが、言葉の持つある意味での曖昧さ、読み手にそのイメージをゆだねる懐
の広さが、子供の持つ想像力を伸ばしてくれるという意味も込められているでしょう。

20 　　雄弁であるビジュアル表現は、押し付けがましさと表裏一体です。しかし、雄弁である利
点は、相手に対してはっきりと物事を見せつけることができ、しっかりとした計画性の下に使
えば、より信頼度の高い表現になるということです。

　　問題は、それらを使う側が、このことをしっかりと認識しているかどうかということです。
素材の持つ性質をうまく使ってやれば、よりセンス良く表現できるでしょう。

25 　　　　　　　　　　（中川佳子『「情報を見せる技術」—ビジュアルセンスがすぐに身につく』光文社による）

9 （ ① ）に入るものはどれか。

1　受け手に必要以上のことを伝えてしまいます。

2　受け手に想像力をかき立てさせる余地を残します。

3　書き手が強調したい部分を受け手はきちんと受け取ることができます。

4　受け手に伝わるイメージをある程度狭めることができます。

10 筆者によると、言葉の数がどんどん増えてしまう理由は何か。

1　写真は多くの情報を伝えるから

2　写真は想像力をかき立てるから

3　写真は興味をかき立てるから

4　写真が伝えられる情報はわずかだから

11 子供が本を読むことについて、筆者の考えに合うものはどれか。

1　本は絵がついているので、イメージを固定化させやすい。

2　本は文字で書かれているので、イメージを固定化させやすい。

3　本は絵がついているので、イメージを広げやすい。

4　本は文章で構成されているので、イメージを広げやすい。

12 筆者の考えを最もよく表しているものはどれか。

1　絵は言葉と比べ、伝える情報量が多いため、計画をきちんと立ててから使うことが求められる。

2　絵は伝えたい内容をしっかりと伝えやすいため、言葉よりも積極的に使うべきである。

3　絵を使うと主張が強くなりすぎる恐れがあるため、言葉を使ったほうが信頼性が高くなる。

4　絵は言葉に比べ、使う人のセンスをより磨くことが求められる。

ポイントと例題

主に2つの文章を読み比べて、2つを比較したり統合したりしながら理解できるかを測る問題である。ひとつひとつの文章は300字程度の短いものになっている。

例題

A

1　仕事は人を自由にはしない。人生を楽しく豊かにする、とはベクトルが別物だと私は思う。仕事は自分に「制約」を課すし、「制限」をかけるし、肉体的にも、時間的にも、知的にも、「拘束」する。

　仕事は人を縛る。

5　自己実現と仕事が混線しがちな若者に、伝えなければいけないことのひとつは、基本、仕事が、厳しく苦しい「拘束」からはじまるということではないか。

（山田ズーニー『「働きたくない」というあなたへ』河出書房新社による）

B

1　自己実現という考え方で自分を優先してはいけない。仕事は義務、犠牲、我慢の上に成り立つものだ。そう考えている人は多いと思います。しかし、仕事というのは本来、自分の人生をより味わい深く有意義にしてくれるものであるべきです。自分と他者、会社、社会にとって望ましい成果を仕事で継続的に出し続

5　けられる人というのは、遊ぶように楽しみながら仕事をしている人です。自分のやりたいことをして、周囲の人に喜ばれ、なおかつお金をもらえるなんて、素晴らしいと思いませんか。このような人は、仕事を通して自己実現ができている人です。

1 仕事と自己実現について、AとBはどのように述べているか。

1　AもBも仕事で自己実現することには否定的である。

2　Aは仕事で自己実現することは難しく、Bは仕事で自己実現することは簡単だと考えている。

3　Aは仕事と自己実現は切り離すべきだと考え、Bは仕事で自己実現することに肯定的である。

4　Aは仕事で自己実現は考えるべきではなく、Bは仕事で自己実現しなければならないと述べている。

2 AとBの認識はどのような点で異なるか。

1　Aは仕事は人生を豊かにするわけではないと述べ、Bは仕事は人生を豊かにするものであるべきだと述べている。

2　Aは仕事は拘束であると述べ、Bは仕事は遊びだと述べている。

3　Aは仕事は自由を奪うと述べ、Bは仕事は自由と喜びをもたらすと述べている。

4　Aは仕事は苦しいものであると述べ、Bは仕事は苦しみを乗り越えれば楽しめると述べている。

答え　**1** 3　**2** 1

 POINT 1 それぞれの共通点や相違点に着目しよう！

> 同じ話題について違う立場から書かれた文章を読んで、
> 2つの文章の共通点や相違点が分かるかどうかを問う問題だよ。
> どこが同じでどこが違うか、どんな話題が出てくるか、
> 注意しながら読もう。

 POINT 2 事実を述べているのか、筆者の意見を述べているのかに注意しよう。

> 例えば、本文では「～する人が多い」「～されている」と書いてあったら、
> これは事実を述べているから、「筆者は～すべきだと述べている」
> 「筆者は～したほうがいいと考えている」という選択肢を選んじゃだめだよ。

✏️ 解き方を知ろう！

1

　問題文を読むと、「仕事」と「自己実現」がキーワードになっていますが、AもBも仕事についての文章なので、「自己実現」というキーワードがある箇所を探します。Aは5行目にあります。「基本、仕事が、厳しく苦しい「拘束」からはじまる」というのは、自己実現しにくいということをいっていますが、ここだけだと意味がはっきりしないので、第1段落も読みます。すると、1文目に「仕事は人を自由にはしない。人生を楽しく豊かにする、とはベクトルが別物だと私は思う。」と書いてあります。「人生を楽しく豊かにする」は「自己実現」に似ている表現ですので、「仕事」と「自己実現」は別物だ、という意味だと分かります。

　次にBを見ると、1行目に「自己実現」と書いてあるのが分かります。ここから読み進めていくと、2行目に「しかし」とありますから、「しかし」よりあとが筆者の言いたいことだというのが分かります。また、最後の文にも「自己実現」と書いてありますね。「このような人は、仕事を通して自己実現ができている人です。」と書いてあるので、自己実現ができている人がどのような人なのかは、これより前に説明されていると分かります。「遊ぶように楽しみながら仕事をしている人」「自分のやりたいことをして」いる人だということです。そして、「しかし、仕事というのは本来、自分の人生をより味わい深く有意義にしてくれるものであるべきです。」と書いてあるので、仕事で自己実現できることが望ましいと考えていることが分かります。

　ここでもう一度選択肢を読むと、3が一番近いかな？　と思います。が、まだ答えないでください。ほかの選択肢が本当に間違いなのかどうかよく確認しましょう。

　1はBが否定的ではないので×ですね。2は難しい・簡単という観点での意見は書かれていないので×です。4はAで「考えるべきではない」とは書かれていないし、Bも「自己実現しなければならない」とまで強くは言っていないので×です。これで、答えが3だということが確定します。

2

1　A「仕事は人生を豊かにするわけではない」は、1、2行目に「（仕事は）人生を楽しく豊かにする、とはベクトルが別物だ（＝方向性が違う）」と書いてあるので、○です。Bは2〜4行目に「仕事というのは本来、自分の人生をより味わい深く有意義にしてくれるものであるべきです。」と書いてあります。これは「仕事は人生を豊かにするものであるべきだ」と同じような意味なので、○です。1は正解だと分か

ります。

2 A 2〜4行目に「仕事は〜「拘束」する。仕事は人を縛る。」と書いてあるので、「仕事は拘束である」は○です。Bは5行目に「遊ぶように楽しみにながら仕事をしている人」と書いてありますが、仕事が遊びだとは書いていないので不正解です。

3 Aは、仕事は拘束だと書いてあるので、「自由を奪う」と似ています。Bでは周囲の人に喜ばれるとは書いてありますが、「自由と喜びをもたらす」とは書いていないので不正解です。

4 Aは6行目「仕事が、厳しく苦しい」と書いてあるので○ですが、Bは1〜4行目に、仕事は義務、犠牲、我慢の上に成り立つと考えている人は多いがそうではないと書いてあるので×、不正解です。

Q. ＿＿＿について、AとBはどのように述べているか。

Q.AとBで共通している点は何か。

次のAとBの文章を読んで、後の問いに対する答えとして最もよいものを、1・2・3・4から一つ選びなさい。

❶

A

1　面接では印象がいのちです。どんなに頭が良くても、どんなに経歴が素晴らしくても、印象がいまひとつの人を会社は採用しません。会社は複数の人間が集まり、協力して仕事をするところですから、あなたと会社との相性を見極め、あなたが会社のほかの人たちにいい影響を与えられるかどうかを面接の時に見ています。印象は、
5　本気になって変えようと思えば、いくらでも変わります。姿勢、歩き方、笑顔、声など、小さな所作を意識しましょう。印象を良くするための面接の練習は、社会に出てからも必ずあなたの役に立ちますから、時間を惜しまず、しっかりと練習しましょう。

B

1　面接で印象に残る人は、飾らずに自然体で話してくれる人です。自分をよく見せようとアピールする気持ちは分かりますが、明らかに嘘をついている場合は直感的に分かります。話が上手で印象が良くても、話を深堀りする過程でつじつまが合わず、しどろもどろになってしまう場合があります。本音で話せる相手かどうかは信頼関係
5　を築いていく上で重要です。欠点や苦手なことがあったとしても、素直に認めて包み隠さず伝えてほしいと思います。面接はテストと違って、80点以上の人が合格する、ということはなく、マッチングなので、会社との相性がかなり重要になります。あり(注)
のままの自分をさらけ出して、採用されなかったらただ合わなかったのだと思えばいいのではないでしょうか。

（注）マッチング：組み合わせ

1 面接で重要なことについて、AとBはどのように述べているか。

1 Aは印象が大事で、Bは本音で話すことが大事だと述べている。

2 Aは協調性が大事で、Bは素直さが大事だと述べている。

3 Aは頭の良さや経歴が大事で、Bは話の上手さが大事だと述べている。

4 Aは練習が大事で、Bは熱意が大事だと述べている。

2 AとBの認識で共通していることは何か。

1 面接ではアピール力を見られる。

2 面接では嘘をついていないかどうかを見られる。

3 面接では会社との相性を見られる。

4 面接では姿勢や歩き方などの所作を見られる。

❷

A

1　オノマトペというのは典型的な話しことばです。情感や気分に訴えかけるこのこと
ばは、赤ん坊や幼児に話しかけるときに好んで用いられます。伝わりやすいと考えら
れているからです。小説など書きことばではなるべく避けるほうがいいことばでもあり
ます。これを多用した文は完成度が低いとみなされる場合が多い。実際にオノマト
5　ペを使えば安直に文章を書きすすめることができます。もちろん意識的に文体の妙
として書く場合は別ですが、たいていの作家はオノマトペが頭に浮かんだら、それ
を別の表現に移しかえようとします。

（藤原智美『つながらない勇気―ネット断食3日間のススメ』文藝春秋による）

B

1　オノマトペは子育ての場面で使われることが多いため、幼児語だと思われがちです
が、実は大人にも様々なプラスの作用をもたらすことが分かっています。オノマトペ
は脳に直接働きかけ、感情やイメージを喚起させやすいため、プレゼンテーション
の際にオノマトペを適切に使うと、聞いている人の印象に残りやすくなります。また、
5　食品であれば「サクサク」「とろとろ」、掃除道具なら「ぴかぴか」「ツルツル」など、

上手にオノマトペを使用することで、広告の表現力が上がり、顧客の購買意欲を高めることにつながります。創作の世界、特に小説や漫画では、作品独自のオノマトペが読者により強い印象を与え、作品のオリジナリティを高めてくれます。

3 オノマトペについて、AとBはどのように述べているか。

1 Aは多用すると小説の質を下げる可能性があると述べ、Bは小説の独自性を高めると述べている。

2 Aは主に赤ん坊や幼児に対して使うと述べ、Bは主に大人に対して使うと述べている。

3 Aは書きことばでは避けたほうがいいと述べ、Bは多用したほうがいいと述べている。

4 Aはなるべく別の表現に変えるべきだと述べ、Bは適切に使用すべきだと述べている。

4 AとBの認識で共通していることは何か。

1 オノマトペを使う量には注意すべきである。

2 オノマトペは印象に残りやすい。

3 オノマトペは幼児語である。

4 オノマトペは感情に影響する。

❸

A

1　AIロボットや介護ロボットが、人に寄り添うように日常生活に入り込む可能性も考えはじめられている。もしそれが本当に実現するなら、高齢社会に対処する有力な策になり得る。しかし、現時点では、これも相当難しいことではないかと感じている。なぜかと言えば、人に寄り添うように日常生活に入り込むには、かなりクリエイ
5　ティブであることを要求されるからである。

　日常生活は一定のパタンの連続ではないか、と思う方もいるかもしれないが、そんなことはない。

（諏訪正樹『身体が生み出すクリエイティブ』筑摩書房による）

B

1　　　今後さらに進む高齢化に対応すべく、介護ロボットの実用化が進められています が、実際の介護現場での普及率はまだまだ低いのが現状です。その理由としては、 まず、コストが高いため、導入する予算がなく、維持や管理が大変だという点が挙 げられます。特に、大型のロボットはスペースの確保が難しいという声も聞かれます。

5　　　また、現在の介護ロボットはまだ複雑な作業が難しく、同じ作業でも人間のほうが 安全で速くできる場合が多いということも言われています。今後は介護ロボットの精 度を高めることで、高齢化社会への対応策になりうると期待されます。

⑤　AとBの介護ロボットに対する認識はどのような点で共通しているか。

1　管理するのが困難である。

2　まだ日常的には使われていない。

3　人間より効率的に作業できる。

4　介護現場の人々に好ましく思われていない。

⑥　介護ロボットの特徴について、AとBはどのように述べているか。

1　Aは高齢者にとって必要不可欠だと述べ、Bは必要経費が高いと述べている。

2　Aは創造性に欠け、Bは単純作業しかできないと述べている。

3　Aは人を落ち着かせられていないと述べ、Bは大型が主流だと述べている。

4　Aは使い方が難しい場合が多いと述べ、Bは難しい作業がまだできないと述べている。

❹

A

1   人の抱える障害には、永続的なものと一時的なもの、状況によるものがあります。また、年齢を重ねるにつれて、能力や心身の機能は変化します。「障害者」とそうでない人とは明確に切り分けられるものではなく、誰もが地続きのニーズを共有するグラデーションの中にいるといえます。

5   例えば、目が見えにくい人にとって見やすくデザインされた標識は、メガネを忘れた人、加齢により視力が低下している人、急いでいる人にも読みやすくなります。

誰かの「困った！」には、目の前のデザインをより良くするヒントが詰まっているのです。

(間嶋沙知『見えにくい、読みにくい「困った！」を解決するデザイン』マイナビ出版による)

B

1   近年、商品開発の現場で、障がい者や高齢者、外国人など多様な人々が一緒に企画や開発を行う会社が増えている。モノがあふれる現代において、商品開発の元となるニーズを見つけ出すことは困難である。しかし、障がい者などが持つ制約は、高齢者や妊婦、子供、外国人にも共通しうる問題であることが多く、制約のある

5   人々にとって使いやすい商品は何かを考えることにより、幅広い消費者の潜在的なニーズを見つけ出し、多様な人々にとって受け入れやすい商品を開発することができるのである。つまり、健康な成人男性を想定していた従来の商品開発では得られない柔軟な発想や創造力を得ることができるのである。

7 AとBの認識で共通していることは何か。

1 デザインや商品開発には、柔軟性が必要である。

2 障がい者を対象としたデザインや商品は他の人々にとっても受け入れやすい。

3 人は誰でも障がい者になりうるということを忘れてはならない。

4 障がい者と健常者は、デザインや商品開発をする際に協力すべきである。

8 障がい者について、AとBはどのように述べているか。

1 Aは、高齢者と同じだと述べ、Bは誰もが程度の違いはあれ障がい者であると述べている。

2 Aは、他の人々と似た部分があると述べ、Bは障がい者以外とはっきり区別できないと述べている。

3 Aは、誰もが程度の違いはあれ障がい者であり、Bは高齢者と同じだと述べている。

4 Aは、障がい者以外とはっきり区別できないと述べ、Bは他の人々と似た部分があると述べている。

ポイントと例題

💡 主張文では、細かい部分を理解しているかどうかではなく、この文章は何を伝えているのか、筆者は何を言いたいのかといった全体的なことを理解しているかどうかが問われる。

例題

1　　年をとると頭がかたくなる。柔軟な発想が難しい。若いときのように一気に集中できない。それは間違いだと私は思っている。子どもだから集中力がないというのも偏見である。

　　年をとって頭がかたくなることはないはずだ。世の中には年をとっても頭がか
5　たくない人がゴマンといる。六〇歳を過ぎて司法試験に合格する人もいる。もし
　　自分が最近頭がかたくなってきたと思うのなら、それは年齢のせいではなく、自分でかたくしているだけだ。自分の経験や先入観に勝手に縛られているのだろう。

　　年をとるということは、それだけ経験を積むことなので、経験則に縛られてし
10　まう傾向は出てくる。たとえば、自分の経験からしたらそれは無理だとか、いままでそんなことで成功した人はいないとか、過去の経験や知識に縛られてしまって、柔軟な発想ができないことはある。経験の枠を飛び越えた発想がしづらくなってしまうことはあるだろう。

　　もし年をとって頭がかたくなったと思うのなら、経験の枠に縛られないように
15　意識すればいい。自分を縛る枠や先入観を取っ払うことさえできれば、いつまでたっても柔軟に考えることはできるし、新しい発想を生み出すこともできる。

　　同じようなことは、環境についてもいえる。「落ち着いて考える場所がない」とか、「時間がない」とか、「周りがうるさくて気が散る」とか、いくらでも集中できない理由をあげて環境のせいにすることはできる。

20　　でも、集中できるかどうかと環境は、あまり関係ない気がする。もちろん自分が集中できる場所や時間帯などはあってもいいと思うが、それこそ「自分は朝し

か考えられない」とか「周りに人がいるところではダメだ」と決めつけてしまうと、もったいない。

25　たとえ細切れの時間しかなくても、自分にとってそれはベストの時間だと思えば集中できるはずだ。電車が遅れて、騒がしいホームで一時間待たされたとしても、そこでイライラするか、「しめた、考える時間ができた」と思うかで、集中のしかたも違ってくる。「こうでなければならない」と自分を縛る枠を持たずに、いつもそれが自分にとってベストだと考えればいいのだ。

集中力はいくらでも鍛えられる。「考える訓練」もいくらでもできるのだ。

(伊藤真『考える訓練』サンマーク出版による)

(注) ゴマンといる：非常にたくさんいる

1　筆者によると、年をとって頭がかたくなる人の原因は何か。

1　過去の経験や考え方にとらわれてしまうから

2　若いときと比べて、集中力が衰えるから

3　頭がかたくない人と交流する機会が減るから

4　年齢とともに認知機能が低下するから

2　年をとって頭がかたくなった人はどうすればいいか。

1　過去の経験をすべて忘れる。

2　過去の経験で学んだことを活かす。

3　過去の経験の影響を受けないように気を付ける。

4　過去の経験とは逆のことをする。

3　集中と環境について、筆者はどのように考えているか。

1　自分にとって集中しやすい環境を見つけるべきだ。

2　どんな環境でも、集中しようとすればできる。

3　集中力のない人は環境のせいにすることが多い。

4　集中できない環境で過ごす時間はもったいない。

4 筆者が最も伝えたいことは何か。

　1　集中力は年をとってからでも伸ばすことができる。

　2　決めつけないことによって、柔軟な考え方ができる。

　3　常に自分にとってのベストを尽くすべきだ。

　4　集中する時間を日常の中で作るべきだ。

答え　1 1　2 3　3 2　4 2

✏️ 解き方を知ろう！

1

　選択肢の「年をとって頭がかたくなる人の原因」に似ている表現を本文から探します。「頭がかたくなる」は1行目や3行目にありますが、「原因」は見つからないので、最初から丁寧に読んでいきます。第1段落は「年をとると頭がかたくなる」は間違いだという筆者の意見が書かれています。そして第2段落は、筆者が「年をとって頭がたくなることはない」と考える理由について書かれています。「もし自分が最近頭がかたくなってきたと思うのなら、それは年齢のせいではなく、自分でかたくしているだけだ。自分の経験や先入観に勝手に縛られているのだろう。」という部分は、「年をとって頭がかたくなる人の原因」である。したがって、答えは1だと分かります。

2

　14、15行目を読みましょう。頭がかたくなった人は、「経験の枠に縛られないように意識すればいい」「自分を縛る枠や先入観を取っ払うことさえできれば…」と書いてあります。「枠に縛られない」というのは制限を受けないという意味なので、一番近いのは、3「影響を受けない」です。

3

　集中と環境については第5段落〜第9段落に書いてあります。20、21行目には「もちろん自分が集中できる場所や時間帯などはあってもいいと思うが」と書いてあるので、集中しやすい環境はあってもなくてもいい、つまり1は間違いだと分かります。また、20行目「集中できるかどうかと環境は、あまり関係ない気がする。」や24、25行目「たとえ細切れの時間しかなくても、自分にとってそれはベストの時間だと思えば集中できるはずだ。」という部分から、どんな環境でも集中することはできる、つまり2が正解だと分かります。3は、17〜19行目に集中できない理由をあげて環境のせいにす

ることについて書いてありますが、集中力のない人がそのように環境のせいにするとは書いていないので不正解です。4については、21〜23行目「「自分は朝しか考えられない」とか「周りに人がいるところではダメだ」と決めつけてしまうと、もったいない。」を読みましょう。集中できない環境だと決めつけることがもったいないという意味なので、不正解だと分かります。

4

　文章全体を通して、柔軟な発想のためには、経験の枠に縛られないことや決めつけないことが大事だと書いてあるので、2が正解だと分かります。1は、第5段落以降の集中力について書いてある部分で年齢との関係については書いていないので不正解です。3は、24行目に「ベスト」という言葉が出てきますが、環境がベストだと思うべきだという意味で使っているので、自分にとってのベストを尽くすという意味ではありません。4については、第5〜9段落では集中しようとすればどこでもできるということが書いてあり、集中する時間を作ることが大事だとは書かれていないので、不正解です。

次の文章を読んで、後の問いに対する答えとして最もよいものを、1・2・3・4から一つ選びなさい。

❶

1　　子どもたちがゲームに興じ、そこにはまり込むことを、たいていの親は喜ばない。ゲームというバーチャルな世界にのめり込んで、学校の勉強がおろそかになってしまうというのが、親の心配の定番なのだが、問題はゲームの側にあるというより、むしろ学校の勉強が面白くないということにあると言った方がよい。ゲームをほどほどにして勉強したいと思えれば、子

5　どものゲームについて誰も文句は言うまい。しかし、現実には学校の勉強を面白がる子どもたちは少ない。

　　勉強は面白くないもの。面白くなくてもやらなければならないから、「勉強」なんだと言う人もいる。しかし、原則論から言えば、勉強が面白くないのに、面白いゲームをやめて勉強に励むということにはけっしてならない。

10　親からすると、ゲームはあくまでバーチャル、楽しくったって何の役にも立たない。しかし勉強は子どもの将来を決めるリアルそのもの。リアルな世界を放っておいて、バーチャルな世界にはまるなんてことになると、それこそ子どもの将来は危うい。そう親には思えてしまう。

　　ところが、子どもからすれば、ゲームがバーチャルだとすれば、学校の勉強も同じくらい

15　バーチャルである。たしかに、勉強の成績次第で自分の将来が左右されると言われれば、そのとおりかもしれないし、そのことには子どもなりに不安も恐怖もある。その意味ではリアルである。しかし、学校の勉強で知ったことも、身につけたことも、試験という場で使うだけで、子どもたちの日々の生活世界のなかに直接生きてはいない。そうだとすれば、そこに文字通りのリアリティを感じるはずもない。

20　親は、学校の勉強こそ将来に役立つ大事なものだと思い込んでいるが、遠い将来に実感を持てない子どもたちにとって、それはゲームと同等にバーチャルである。とすれば、面白いゲームにはまるのも当然。そのバーチャリティを追い落とすだけのリアリティがほかになければ、この嗜癖(注)のサイクルを断つ手立てはないということになる。

　　子どもたちは自ら自発的にゲームにはまっているように見える。しかし、じつは、そのこと

25　を強いている状況もまた確実にあると言わなければならない。

（浜田寿美男『〈子どもという自然〉と出会う―この時代と発達をめぐる折々の記―』ミネルヴァ書房による）

（注）嗜癖：あることを特に好きこのんでするくせ

1 子どもたちがゲームにはまり込むことについて、筆者は何が一番の問題であると考えているか。

　　1　学校の勉強を一生懸命にしなくなること

　　2　ゲームに比べて学校の勉強が魅力的ではないこと

　　3　ゲームの後勉強するという習慣ができていないこと

　　4　ゲームをしても学校の勉強に役立たないこと

2 筆者によると、親はゲームについてどのように考えているか。

　　1　ゲームは中毒性のある悪いものである。

　　2　ゲームはバーチャルなので、楽しくない。

　　3　ゲームばかりしていると、子どもが将来危険な目にあう。

　　4　ゲームが子どもの将来に役に立つことはありえない。

3 子どもたちにとって学校の勉強がバーチャルである理由は何か。

　　1　学んだことは試験で使うだけで、日常生活に役立っていないから。

　　2　試験が悪い結果の時の不安や恐怖は、その場限りのものだから。

　　3　学校の勉強は自分が将来成功するかどうかとは関係がないから。

　　4　学校の勉強にはゲームのようなリアリティがないから。

4 筆者の考えに最も合うものはどれか。

　　1　学校の勉強にゲームのような面白さを取り入れるべきだ。

　　2　子どもをゲームに熱中させている原因は学校や社会にある。

　　3　学校の勉強にリアリティを感じられない子どもは今後も増えるだろう。

　　4　子どもがゲームに夢中になることは、実は望ましいことだ。

❷

1　　障害を持つことは、必ずしも当人にとってハンディキャップとして作用するとは限らない。それどころか、正反対に、強みとして働くことも珍しくないのだ。それを、すぐに弱点ととらえてしまうのは、健常者の思いあがりというものである。

　　障害があるから能力の面で不足していると考えるのは、決してまっとうな発想ではない。

5　なるほど、通常の人間が個々に付与されている能力をフルに稼働させているのならば、そう考えても誤りはないかもしれない。だが、ふつう私たちは与えられたものの、ごくわずかしか活かしていないのではないか。だとすれば、あらかじめ付与されたものに少々の遜色があったとしても、活用に際して不利が生ずるとは限らなくなってくるはずである。

　　それどころか、劣っている面が存在するからこそ、それを代償しようと常になく他の能力

10　が発揮されることがある。ふつうならば眠っているものが、目を醒ますのだ。状況が常ではないことが良い方向へ作用して、①フル稼働が起きるのかもしれない。（中略）

　　健常者の生というのは、思いのほか画一的である。今日の日本の教育は、子どもに「がんばれば何でも望みはかなうんだよ」と、万能感を植えつけることに躍起となっているものの、育つ人材はどんぐりの背くらべである。しかし、障害者はそうではない。

15　障害というのは、個々人を比べてみて、その質と量において、誰ひとりとして他の人と同じということがない。だから、それを補おうとする働きもそれぞれで異なってくる。私たちの身体には、機能しない側面がある時、バランスを回復しようとする力がある。その働きがめいめい、量と質において違ってしまうため、障害者ならではの個性が生まれるのである。

　　その力は、健常者の思い及びもしないことをしでかすことがある。すると②障害者の方が、

20　人間生来の力を出していることになる。

（正高信男『天才はなぜ生まれるか』筑摩書房による）

（注1）フルに：十分に
（注2）遜色：劣っていること

5　この文章で筆者が述べていることは何か。

1　障害は短所ではなく長所として活かすべきだ。
2　障害は誰でも多かれ少なかれ持っている。
3　障害を欠点だと見なすのは健常者だけである。
4　障害はマイナスよりむしろプラスに働くことがある。

6　筆者によると、①フル稼働とはどのような意味か。

　　1　健常者が活かしていない能力を活かすこと

　　2　障害者が劣っている能力を伸ばすこと

　　3　眠っている時にも休まずに能力を使うこと

　　4　障害者が健常者と同じ程度の能力を発揮すること

7　健常者の個性について、筆者の考えに合うものはどれか。

　　1　教育の影響により、個性が伸ばせていない。

　　2　一般的に思われているよりも均等で個性がない。

　　3　障害がない分、個性を表しやすい。

　　4　障害者とは別の枠組みで個性を捉えるべきだ。

8　②障害者の方が、人間生来の力を出している理由は何か。

　　1　障害者は健常者のようになろうと必死に努力するから、人間生来の力が出せる。

　　2　障害者は障害をカバーしようとするから、人間生来の力が出せる。

　　3　障害者のほうが個性を深く追求するから、人間生来の力が出せる。

　　4　障害者のほうが自分の身体のことをよく考えているから、人間生来の力が出せる。

❸

1 幸福になるために、自分は何を選ぶのか。それができなければ、絶対に幸福にはなれない。なぜなら僕たちは仕事と同じで、人生という期間限定の制約の中を生きているからだ。

　幸福になるための条件を挙げていけばキリがない。お金も必要だし、時間も欲しい。パートナーも必要だ。（中略）これを並べていけば10でも20でも、要素は出てくる。その
5 中から何を選ぶのかが重要なのである。

　そして、極論すれば、そのときにあなたは何を選んでもよい。それはあなたの価値観だからである。もし、自ら選び取った人生を送れたのなら、それが幸福ということだ。

　仮に、家庭をまったく顧みず、仕事にすべての時間をかけてきた①人間が、家族に嫌われ、はたから見て幸福そうに見えなかったとしても、それはそれでよい。ただし、問題なの
10 はその人が定年退職したときに仕事を失い、もともと失われていた家族の元に帰ろうとして拒絶されてしまい、仮に「こんなはずではなかった」などと後悔するようなら、それは、その人物の優先順位にもともと大きな欠落があったということだ。

　人間には想像力がある。あらゆる動物の中で、唯一、未来を想定して行動することができるのは人間だけ。犬も猫も、今のこの一瞬の中でしか生きていない。あしたという概念
15 を持っていない。未来を想定して生きるということは、自分の死ぬときまでも想定するということにほかならない。優先順位を考えるというのは、死の瞬間までを想定して、順番をつけるということだ。

　先ほどのビジネスマンの例でいえば、当然訪れることがわかっている定年──優先順位の大変換──を想定もせず、そのときになって「ごめんなさい。何も考えていませんでした」
20 と言うのはいかにも愚かしいことである。夏休みの宿題を忘れて、登校する朝に「しまった、宿題やってないわ」と、不安になる子どもと②同じだ。

　要するに、優先順位を徹底しなかっただけのことだ。

　定年までは仕事一筋ということで生きてきたのであれば、定年時に妻から「あなたとはこの先、一緒に暮らしたくありません」と通告されても、「それは仕方ない」とあきらめるしか
25 ない。そこに優先順位を置かなかったのだし、そこまで覚悟を決めていたのであれば、寂しい老後が待っていたとしても③何の問題もない。

（押井守『ひとまず、信じない―情報氾濫時代の生き方』中央公論新社による）

9 この文章で筆者が述べていることは何か。

1　幸福に必要なこととは、人生には限りがあるということを意識して生きることだ。

2　幸福に必要なこととは、幸福になるための条件を最低限のものに絞ることだ。

3　幸福に必要なこととは、人生に必要なものや欲しいものを自分の意志で選ぶことだ。

4　幸福に必要なこととは、自分のためではなく他者のために生きることだ。

10 筆者によると、その①人間の最も大きな問題は何か。

1　家族を優先せず、家族に嫌われても気にしなかったこと

2　退職した後の再就職先を全く考えていなかったこと

3　退職後に仕事と家族の優先順位を急に変えようとしたこと

4　他者から見て幸福そうに見えるかを気にしすぎていたこと

11 このビジネスマンと子どもは何が②同じなのか。

1　優先順位を決める時に遠い未来のことを考慮しなかったこと

2　今という瞬間を大事にすることを忘れていたこと

3　優先順位について考えすぎたこと

4　自分のミスについて正直に言ってしまったこと

12 筆者が③何の問題もないと考える理由は何か。

1　仕事のみを優先して生きてきた人は罰を受けるべきだから

2　寂しい老後を想像していても、実際の老後は楽しいものになるはずだから

3　自分の価値観に基づいて決めた優先順位に従って生きてきたから

4　妻には妻の優先順位があり、それを邪魔してはいけないから

❹

1 　改めて「社会とは何か」と考えてみると、この「社会」は一つではないということに気づくだろう。一般に社会というと、「〜国・〜民族・〜語」といった枠組みを想定しがちだが、実際には、家族をはじめとして、地域の集まり、友好的な仲間たちとのサークル、その他、もろもろの無数のさまざまな社会や共同体（コミュニティ）に同時にわたしたちは属している

5 わけである。

　そして、その都度、その都度の状況によって、何らかの優先順位をつけながら、わたしたちは行動しているわけだが、それは実際には状況に応じてその順位が変更可能であるということであり、それはまた、それぞれの社会や共同体には優劣がないということでもある。むしろ、わたしたちはそうした社会や共同体の枠組みをいつのまにか限定的に捉え、

10 その自分のイメージのなかに自らを位置づけているにすぎない。世間の評価を気にしたり、他人の目を過剰に意識したりする現象は、このイメージに閉じこめられた自己から発生するものである。そのような意味では、実体としての社会のなかに所属しているのではなく、自分自身のなかに、社会や共同体のイメージを作りあげ、そのイメージそのものが実体としての社会・共同体だと思い込む反転現象が起きていると考えることができる。

15 　本来は、その社会自体が、（　①　）ということなのだ。自分と他者の対話によって、この社会そのもののイメージの作りかえられていく関係性こそが、個人と社会をつなぐ鍵だということができるだろう。

　このように、社会を固定的な実体として見る考え方から解放されること、社会が流動的であるという感覚を持つことによって、わたしたちはどれほど自由になることができるだろう

20 か。

　このことは、民族・国家・言語の境界を絶対視しないことともつながっている。たとえば、「日本人」「日本社会」「日本語」という自明的な括りを疑うことがその第一歩である。そこでは、「制度が決めたから」「昔からそうなっているから」「みんながそうだから」という理由は成立しない。それは、自己思考による判断の放棄、つまり思考の停止を示すものだから

25 だ。

（細川英雄「複数の言語で生き死にするということ – 人間性の回復をめざして」
山本冴里編『複数の言語で生きて死ぬ』くろしお出版による）

13 社会について、筆者の考えに合うものはどれか。

　　1　私たちは小さいものから大きいものまで、数多くの社会に属している。

　　2　私たちが属する社会には、いいものも悪いものもある。

　　3　私たちが属することのできる社会は限られている。

　　4　私たちは国、民族、言語による社会を最も優先している。

14 筆者によると、私たちはどのように行動しているか。

　　1　その都度社会のイメージを変えようと行動している。

　　2　実際の社会の要求に従って行動している。

　　3　実際の社会やイメージの社会から逸脱して行動している。

　　4　自分が想像している架空の社会に合わせて行動している。

15 （　①　）に入るものはどれか。

　　1　未熟で進化の過程にある

　　2　多様な文化や価値観の集合体だ

　　3　ダイナミックに変容する動態だ

　　4　過去から引き継がれた規範だ

16 筆者によると、思考の停止をしないために何をすればよいか。

　　1　思考の停止をしないために、社会の境界を自覚するべきだ。

　　2　思考の停止をしないために、社会の枠組みを問い直すべきだ。

　　3　思考の停止をしないために、社会の伝統を重んじるべきだ。

　　4　思考の停止をしないために、社会に合わせて行動するべきだ。

ポイントと例題

💡 広告やお知らせ、パンフレットなどから必要な情報を速く見つけられるかを測る問題である。テキストによるが、何かイベントなどの日時や参加の条件、金額、応募方法などを問うものが多く出る。

例題

右のページは、さくら市立図書館に関するお知らせである。下の問いに対する答えとして最もよいものを、1・2・3・4から一つ選びなさい。

1 さくら市に住むアレックスさんは、この図書館で自分のパソコンを使ってレポートを書きたい。この図書館を利用するのは今日が初めてである。現在、8:30 である。まずどこに行けばいいか。

　　1　図書館カウンター

　　2　エスカレーター横

　　3　学習支援室出入口横

　　4　3F レファレンスカウンター前

2 ワンさんは、11時から学習支援室を利用している。利用登録は12時までだが、すいているので同じ席で13時まで利用したい。どうすればいいか。

　　1　専用端末を使う。

　　2　手続きをせず、人が来たら退席する。

　　3　図書館カウンターに内線で電話する。

　　4　インターネット上の「さくら市公共施設予約システム」を使う。

＜さくら市立図書館ご利用案内＞
お席をご利用の場合は、以下をご覧ください。

学習支援室

基本情報 ／ 3階　120席

用途 ／ 持参したテキストや図書館の本等を使用した学習ほか（持込みパソコン、電卓などの電子機器は使用不可）

利用時間 ／ 9：00 〜 21：00　最終受付20:00（申込：60分単位／1回最長3時間まで）

申込 ／ 利用当日に専用端末から「図書館利用者カード」でお申し込みください。
専用端末設置場所：【1F】エスカレーター横（8:30 〜 20:00）
【3F】学習支援室出入口横（9:00 〜 20:00）

スタディーコーナー

基本情報 ／ 3階　19席

用途 ／ お持込みのパソコンの利用ほか。（各席にコンセントあり）

利用時間 ／ 9：00 〜 20：30　最終受付20:00（申込：30分単位／1回最長90分まで）

申込 ／ 利用当日に専用端末から「図書館利用者カード」でお申し込みください。
専用端末設置場所：【3F】レファレンスカウンター前（8:30 〜 20:00）

インターネットコーナー

基本情報 ／ 3F　4席

用途 ／ インターネット、データベースに接続できるパソコンをご用意しています。

利用時間 ／ 9：00 〜 20：30　最終受付20:00　（申込：30分単位／1回最長60分まで）

申込 ／ 利用当日に専用端末から「図書館利用者カード」でお申し込みください。
専用端末設置場所：【3F】レファレンスカウンター前（8:30 〜 20:00）

予約申込は、インターネット上の「さくら市公共施設予約システム」を使って行ってください。
施設の利用には事前の登録が必要です。図書館カウンター（施設利用案内）で登録できます。
（市内の他施設の登録をお持ちの方も別途登録する必要があります）

＜登録時に必要なもの＞
利用者登録申請書（図書館カウンター（施設利用案内）にあります／さくら市HPよりダウンロードもできます）
申請者の本人確認書類（登録手続される方の、運転免許証・住民票など）
市外在住で市内に通勤・通学の方は、在勤・在学であることが分かるもの（社員証・学生証など）

利用当日、次の時間帯が空いていれば延長利用することができます。利用終了10分前までに図書館カウンターまで内線してください。

POINT 1 先に問題文を読もう！

必ず問題文を読んでから、お知らせを読もう。
誰が何のために何をしたいのかをしっかりと把握してから、
必要な情報を探すことが大事だよ。細かいところまでよく注意して読もう。

POINT 2 間違いがないかしっかり確認しよう！

選ばなかった選択肢3つについても、お知らせのどの部分から
間違いだといえるのか、きちんと確認するといいよ。
計算が必要になる問題の時は、計算間違いがないことも確認しよう。

✏ 解き方を知ろう！

1
「自分のパソコンを使ってレポートを書きたい」という情報より、「この図書館を利用するのは今日が初めて」という情報のほうが大事です。

2
「延長」というキーワードを探します。

よく出る！質問のパターン

■ 情報検索（広告やパンフレットなどのテキスト、2問×1題）

Q. 参加したい人は何をしなければならないか。

Q. 結果はどうやって知ることができるか。

Q. 注意しなければならないことは何か。

練習問題 (答え：別冊p.38 ～ 39)

❶

次のページは、さくら市が主催する文化祭りの出展作品募集の案内である。ミンさんはさくら市内に住んでいる留学生で、今回作品を応募しようと思っている。下の問いに対する答えとして最もよいものを、1・2・3・4から一つ選びなさい。

1 ミンさんが制作した以下の作品のうち、応募できるものはどれか。

1　自分の国で撮影した写真

2　昨年別の市の展示会で展示した絵

3　前面がガラスになっている額に入れた絵

4　40kgの彫刻

2 ミンさんはどうやって応募すべきか。

1　事務局に電話する。

2　ホームページ上の申込書に必要なことを入力する。

3　申込書に必要なことを記入し、郵送する。

4　申込書と作品を持って行く。

第20回さくら市文化祭り
出展作品募集要項

主催 さくら市文化祭り実行委員会

日時 令和6年2月11日（祝）午前10時～午後4時

会場 さくらプラザ　ギャラリー（さくら市ふたば町1－2－1）

●目的

さくら市民の日頃の文化活動の発表の場を設けるとともに、地域の連帯を深める

●応募資格

さくら市内に在住、在勤、在学している個人及び団体

●募集内容

絵画、書、写真、彫刻、陶芸、工芸、盆栽などの作品

●募集期間

令和5年11月1日（水）～11月30日（木）

●応募方法

裏面の注意事項をご確認の上、申込書に必要事項を記入し、さくら市文化祭り実行委員会事務局までお申し込みください。（郵送・メール・FAX可）

※申込書はさくら市ホームページからダウンロードすることもできます。

●出展作品の決定

さくら市文化祭り実行委員会において出展作品を決定し、令和5年12月中に申込者全員に結果を通知します。

（具体的な搬入出方法、時間などについては、令和6年1月中旬に通知します。）

・搬入：令和6年2月9日（金）

・搬出：令和6年2月12日（月）

★申し込み・問い合わせ★

さくら市文化祭り実行委員会事務局（さくら市役所コミュニティ課内）

〒123-456　さくら市ふたば町1－2－1

TEL：010-123-1234 FAX: 010-123-1243

Eメール：sakurashi-community@city.sakura.lg.jp

●注意事項

・応募作品は下記のサイズの作品とします。

絵　画	：F30号（91cm×73cm）以内、ただし、縦型に限りF40号とF50号も可
書	：半切（縦）（約358mm×1363mm）以内
写　真	：写真（全紙以内）・組写真（1枚あたりA3or全紙ノビ以内で計4枚まで)
盆　栽	：縦×横×高さ30cm以内
上記以外の作品	：原則、横40cm×奥行き40cm×高さ70cm以内（重量30kg以内）

※写真の方は撮影地を、盆栽の方は樹種を、申込書に忘れずにご記入ください。

・額を使用した作品を展示する場合は、安全上、ガラス板の使用は不可とします。

・応募は原則として1種類につき1人1作品とします。

・既発表の作品は不可とします。

・出展作品は、保険に加入しますが、植物（盆栽）には保険が適用されないため、盆栽作品の破損などに対しては、主催者はその責を負いかねますので、ご了承ください。

❷

右のページは、さくら市の交流スタジオに関する案内である。下の問いに対する答えとして最も
よいものを、1・2・3・4から一つ選びなさい。

3 ロバートさんは隣の市に住んでいるが、さくら市の大学に通っている。大学のヨガサークル
の練習で交流スタジオを10:00から15:00まで使いたい。その時間ずっとプロジェクター1台
とパイプイス5脚も使いたい。使用料は全部でいくらになるか。

1　6,600円

2　7,700円

3　8,400円

4　9,500円

4 次の4人は全員、以下の目的で交流スタジオを使いたいと思っている。この中で申し込みで
きるのは誰か。

1　レイさん：いろいろな国の人が料理を持ち寄って食べる国際交流パーティ

2　マシューさん：家の中でいらなくなった物を売るバザー

3　ノラさん：音に合わせて踊るヒップホップダンスサークルの練習

4　ダリアさん：合唱コンクールのための高校生の自主練習

さくら市さくらプラザ
交流スタジオのご案内

さくらプラザの交流スタジオは、芸術文化と市民の交流がコンセプトとなっております。壁面2面がガラス張りになっており、開放的な空間の中でご利用になれます。ワークショップ、公開講座、勉強会、ヨガ、サークル活動など、様々な用途でご利用ください。

≪主な利用例≫

例　ワークショップを午前・午後区分で利用した場合	
施設使用料（午前）	2,500円
施設使用料（午後）	3,000円
机（中）5台（午前・午後）	1,000円
パイプイス3脚（午前）	300円
案内板1台（午前・午後）	400円
合計	7,200円

【利用に際しての注意事項】

・営利（商行為を目的とした催物など）を目的とした施設の利用は禁止しています。
・飲食は飲料のみ可能です。
・防音施設ではありませんので、ダンスでの利用や音響機器を使用する際は音量にご注意ください。
・高校生以下の方のみのご利用はできかねます。
・室内備品の移動やレイアウト変更は可能ですが、終了時に現状復帰を行ってください。
・利用時間（準備・片付けを含む）を守ってご利用ください。
・施設をご利用になる場合は利用者手続きが必要です。なお、利用者登録の際には身分証明書をご持参ください。

【施設使用料】

利用区分	午前	午後	夜間
	9:00-12:00	12:00-17:00	17:00-21:00
さくら市内在住の方	2,500円	3,000円	3,100円
さくら市外在住の方	3,300円	4,000円	4,900円

【付属設備】

名称	プロジェクター	移動式スクリーン	机（大）	机（中）	テーブル付きイス	ホワイトボード	案内板	パイプイス
数量（上限）	2台	1式	3台	5台	20脚	2台	1台	30脚
使用料（1つ、1利用区分につき）	600円	200円	300円	100円	100円	200円	200円	100円

❸

右のページは、大学からの履修取消に関するお知らせである。下の問いに対する答えとして最も
よいものを、1・2・3・4から一つ選びなさい。

5 さくら大学の学生のコビーさんは、履修を取り消したい授業がある。コビーさんが注意しな
   ければならないこととして合っているのは次のどれか。

   1   履修取消届を提出する前に写しをとっておく。

   2   4/28（金）17時までに履修取消届を受け取る。

   3   履修取消届を提出する前に学生支援課に相談する。

   4   取り消す代わりに新しい授業を追加する。

6 さくら大学の学生のマエルさんは、きのう指導教員に履修取消届への署名をもらったが、今
   日感染症にかかり、医者から外出を止められたため、履修取消届を提出できなくなった。ど
   うすればいいか。

   1   指導教員に相談する。

   2   学生支援課に履修取消届をメールで送る。

   3   学生支援課にメールで事情を説明する。

   4   学生支援課に電話で事情を説明する。

【履修取消の申請に関するお知らせ】

履修取消とは、授業の内容が学びたい内容と違う、授業内容が難しくてついていけないなど、受講目的が達成されない場合に利用できる制度です。申請受付期間内に所定の手続きを経て履修取消を行った科目は、成績証明書に記載されることはありません。

履修取消を希望する学生は、下記をよく読み、必ず期間内に手続きをしてください。

履修取消の注意

- ・必修科目の履修取消はできません。
- ・ご自身でもよく検討し、指導教員（1、2年はアドバイザー担当、3, 4年はゼミ担当）に相談してください。
- ・履修取消に伴う追加の履修登録はできません。

申請受付期間：4/24（月）〜4/28（金）17時まで　※時間厳守

申請手順

①学生支援課窓口（開室時間：9-17時）で履修取消届を受け取る。

②履修取消届に記入のうえ、指導教員に相談・提出。

③指導教員の署名・押印をもらい、学生支援課窓口に提出（提出前に必ずご自身用の控えをとってください）。

履修取消届の提出期限：4/28（金）17時まで

※提出期限までに署名・押印がもらえない可能性がある場合、指導教員に事前相談してください。

※やむを得ない事情で窓口での申請ができない場合は、必ず学生支援課（gakuseisien@sakura-univ.ac.jp）へ4/26（水）16時までにご連絡ください。

　オンラインでの対応を案内します。なお、提出期限当日や事前連絡なしでの対応はできません。

❹

右のページは、市のフォトコンテストに関するお知らせである。下の問いに対する答えとして最も
よいものを、1・2・3・4から一つ選びなさい。

7 次の4人は全員、作品を応募したいと思っている。この中で申し込みできるのは誰か。

1 SNSで人気を得た自分の顔の写真を応募したいビルさん

2 友だちの彫刻を写した297×420mmの写真を応募したいミシェルさん

3 自分の犬の写真を3種類応募したい18歳の高校生マリアさん

4 来年自分の大学のコンテストに出そうと思っている白黒の写真を応募したいヨンさん

8 コンテストの後、入賞作品はどうなるか。

1 ホームページで公表された後、応募者の家に届く。

2 さくらプラザで展示された後、カタログに掲載される。

3 さくらプラザで展示された後、ホームページで公表される。

4 カタログに掲載された後、応募者の家に届く。

2025年さくら市ユーモアフォトコンテスト

今年で20回目となるさくら市ユーモアフォトコンテストは、「ユーモア」をテーマとした写真コンテストです。見た人が思わず微笑んでしまう、みんなが楽しく元気になれるような写真をお待ちしています。

最優秀賞	1名	（賞状・賞金15万円・記念品）
優秀賞	2名	（賞状・賞金10万円・記念品）
入選	10名	（賞状・賞金5万円・記念品）
佳作	30名	（賞状・賞金1万円・記念品）

応募写真

- ・1人3点以内
- ・最小127×178mm 〜最大254×305mmのプリント
- ・白黒、カラーいずれも可
- ・デジタルカメラ、スマートフォンのカメラの使用はいずれも可
- ・応募者本人が撮影し、著作権を有する未発表・未公開のもの

※被写体（人物、建造物、アート作品など）の承諾を得てからご応募ください。

※被写体が人物の場合は、本人（未成年の場合は親権者）の承諾を得てからご応募ください。

※盗作、模写、自作でない作品、他のコンテストなどに応募中、応募予定の作品、印刷物やインターネットで掲載済みのものとみなされた場合は、入賞を取り消します。

※内容は偶然のものでも演出を加えたものでもかまいません。

発表

2025年11月下旬ごろ、入賞者のみに直接通知します。
後日、さくらプラザのホームページにも掲載します。

作品展示

2025年12月10日（水）から20日（土）まで、さくらプラザ1階ギャラリーに入賞作品を展示します。

入賞作品集の作成

展示終了後、入賞作品を収録したカタログを作成し、応募者全員に贈呈します。

応募規定

- ・どなたでも応募できます。
- ・応募費用は無料です（送料は応募者負担）
- ・チラシにある応募票（自作も可）に必要事項（画題・住所・氏名・年齢・電話番号・合成加工の有無）を記入し、すべての応募作品の裏面に、表面から画題が見えるように作品の天地を合わせて貼り付けてください。
- ・応募作品は、返却できません。
- ・審査及び入賞作品の展示に関しては、異議を申し立てることはできません。

応募先（持参も可）

〒111-111　東京都さくら市わかば町2-1-2　ユーモアフォトコンテスト係宛

聴解

練習する時のポイント

① 音声を聞きながら、問題を解きます。

② 答え合わせをします。

③ スクリプトを読んで、意味を確認します。

④ スクリプトを見ないで音声を聞きます。

⑤ 分からなかったところをスクリプトで確認します。

4と5を一緒にして、スクリプトを見ながら
音声を聞く人がいるけど、4が一番大事だよ。
聞き取る力を伸ばすためには、
耳だけで聞けるようにしないといけないんだ。

試験の時のポイント

問題1（課題理解）、問題2（ポイント理解）は、
音声を聞く前になるべく選択肢を読んでおくといいよ。
メモを取りながら聞くようにしよう。メモは母語や記号でもいいよ。

聴解

課題理解 Understanding the questions

ある場面で、指示や助言をしている会話を聞き取り、課題の解決のために適切な行動が選択できるかどうかを問う問題である。

例題

🔊 001

1　ロッカーで着替える	2　ロッカーに荷物を入れる
3　靴を借りる	4　飲み物を買う

（スクリプト）

1　ジムで受付の人と男の人が話しています。男の人はこのあとまず何をしますか。

2　Ｆ：こんにちは。

3　Ｍ：すみません、11時からのヨガ無料体験レッスンに申し込んでいるんです
4　　　が。

5　Ｆ：はい、林さまですね。お待ちしておりました。まずロッカーですが、こちら
6　　　を出て左に曲がっていただくとすぐロッカールームがありますので、そちら
7　　　でお着替えください。

8　Ｍ：はい、あの、着替えはしてきたので、必要ないんですが。

9　Ｆ：あ、そうですか。お荷物は。

10　Ｍ：この小さいカバンだけなので、ロッカーに入れなくても大丈夫です。

11　Ｆ：あの、盗難などのトラブル防止のために念のためお荷物はすべてロッカー
12　　　にお預けいただくことになっているんです。

13　Ｍ：はい、分かりました。

14　Ｆ：室内用のお靴はお持ちですね？

15　Ｍ：はい、こちらです。

16　Ｆ：あの、それって、もしかして、お外でお履きになったものでしょうか。

17　Ｍ：はい、1、2回履いただけですが。

18　Ｆ：申し訳ありませんが、室内用のお靴は室内専用のお靴という意味でして。

19　Ｍ：そうですか、きれいな靴ならいいんだと勘違いしていました。

20　F：いえいえ、無料でお貸ししますので大丈夫ですよ。サイズは何センチです

21　　　か。

22　M：26センチです。

23　F：ではただ今探してきますので、お先にロッカールームの方へ行かれてから、

24　　　戻ってきていただければと思います。ロッカールームのカギはこちらです。

25　M：あ、ちなみに自動販売機はありますか。

26　F：はい、靴箱の隣にございます。

27　M：あ、あそこですね。今のうちに飲み物買っとこうっと。

28　男の人はこのあとまず何をしますか。

答え **4**

POINT 1 解き方を意識しよう

とにかく集中して聞くことが大事だよ。
分からないことばを気にしたり、
ほかのことを考えたりしないで、選択肢を見ながらよく聞こう。

POINT 2 表現に着目しよう

ここで出てくる「今のうちに」のように、
いつするかに関係する表現が大事なんだ。
例えば、以下のような表現があるよ。
（例）すぐ、そろそろ、とりあえず、ひとまず、
　　　とにかく、至急、終わり次第

✏ 解き方を知ろう！

「男の人はこのあとまず何をしますか。」という質問なので、「男の人」が「このあとすぐ何をするか」に注意しながら聞きましょう。

1　×　「着替えはしてきたので、必要ない」と言っているので×です。

2　×　「お先にロッカールームの方へ行かれてから、戻ってきていただければと思います。」と言っているので、○を付けておきます。

3　×　「ただ今探してきますので、お先にロッカールームの方へ行かれてから、戻ってきていただければと思います。」と言っているので、2より後です。

4　○　「今のうちに飲み物買っとこうっと」と言っているので、◎です。2より先になるので、4が正解です。
　　　買っとこうっと＝買っておこうと思う

聴解

（答え：別冊p.40～51）

この問題では、まず質問を聞いてください。それから話を聞いて、問題用紙の1から4の中から、最もよいものを一つ選んでください。

1 🔊 002
1　サイトの利用者登録をする
2　期限を過ぎた本を返す
3　ほかの人が本を返すのを待つ
4　ホームページ上でえんちょう手続きを行う

2 🔊 003
1　録音ファイルを聞く
2　ようやく部分を書き直す
3　今後の予定を立てる
4　メールを送る

3 🔊 004
1　ハンコを買う
2　さくら銀行の口座を作る
3　メモ帳を買う
4　メールに返信する

4 🔊 005
1　授業内容を思い出す
2　本をもう一度読む
3　授業を選んだ理由を考える
4　自分が書いた文章を読み返す

5 🔊 006
1　家に帰る
2　もんしんひょうに記入する
3　けつあつを測る
4　番号ふだを返す

6 🔊 007
1　石川さんに確認する
2　講師と打ち合わせする
3　はいふ資料を印刷する
4　きざいを確認する

7 🔊 008
1 トイレに行く
2 ねんどをこねる
3 ねんどを叩く
4 お金を払う

8 🔊 009
1 新入社員にメールする
2 プレゼン関連の仕事をする
3 池田さんに聞く
4 参加者リストを作る

9 🔊 010
1 トッピングの上に線を入れる
2 店のマークを大きくする
3 全体のこうずをちょうせいする
4 杉田さんに写真について確認する

10 🔊 011
1 １０１教室
2 ３０３教室
3 ４０１教室
4 ５０３教室

11 🔊 012
1 原稿を書く
2 事務の人にメールする
3 大学のホームページを見る
4 写真を選ぶ

12 🔊 013
1 メーカーに電話する
2 本社に電話する
3 発注の情報をメモする
4 システム上でていせいする

💡 話し手の気持ちや出来事の理由など、質問されたことにポイントを絞って聞くことができるかどうかを問う問題である。

例題

🔊 014

1 新しい部品を作るところ	2 直し方を考えるところ
3 子どもと一緒に直すところ	4 難しいパズルを解くところ

（スクリプト）

1　男の人がインタビューに答えています。男の人はこの活動のどんなところが楽し
2　いと言っていますか。

3　F：今日はおもちゃ病院のお医者さんにお話をうかがいます。まずおもちゃ病
4　　　院の活動について教えていただけますでしょうか。

5　M：はい、私たちは壊れたおもちゃを無償で修理するボランティア団体です。
6　　　現在約1,000人の会員が医者として活動しています。

7　F：おもちゃの直し方はどうやって学ばれたんですか。

8　M：えー、初めは養成講座を受講しました。それから、データベースにはあら
9　　　ゆるおもちゃの直し方の情報が蓄積されていますから、そちらを見て学ん
10　　　だりしています。完治率は95%ぐらいですかね。

11　F：そんなに高いんですか。

12　M：はい、私たちもプロ意識を持ってやっていますから、何とかして直してやろ
13　　　うと全力で取り組んでいます。それが楽しいんです。もはや趣味ですね。

14　F：その楽しさについてもう少し教えていただけますか。

15　M：おもちゃってほとんどが海外製でしょう。だから部品が手に入らなくて、修
16　　　理に手こずるんですよ。それで、手元にある部品を応用したり、新たに部
17　　　品を作ったり。破損状態がひどいほど、どうやって直そうかなってワクワク
18　　　するんです。ぴったりハマった時はうれしいですよ。パズルを解いているよ
19　　　うな感覚なんです。

20　男の人はこの活動のどんなところが楽しいと言っていますか。

答え 2

解き方を意識しよう

質問のあと20秒してから話が始まるから、
その20秒の間に選択肢を読んで、
どんな会話なのかイメージしておこう。
話を聞き終わるまで質問が分からないから、
できるだけメモを取りながら聞くといいよ。

解き方を知ろう！

「男の人はこの活動のどんなところが楽しいと言っていますか。」という質問なので、この活動の内容の説明よりも、男の人がこの活動に対してどう思っているかという点に注意して聞きましょう。「はい、私たちもプロ意識を持ってやっていますから」よりあとが一番大事な部分です。

1　×　「手元にある部品を応用したり、新たに部品を作ったり」と言っていて、「新しい部品を作る」だけではないので×です。

2　○　「何とかして直してやろうと全力で取り組んでいます。それが楽しいんです。」「どうやって直そうかなってワクワクするんです。」と言っているので、これが正解です。

3　×　子どもと一緒に直すとは言っていないので×です。

4　×　おもちゃを直すのは「パズルを解いているような感覚」だと例えて言っているので、本当にパズルを解いているのではありません。

よく出る！
質問の
パターン

Q. ～したい理由は何ですか。

Q. ～の目的は何だと言っていますか。

Q. 以前の～と比べてどう変わったと言っていますか。

この問題では、まず質問を聞いてください。そのあと、問題用紙のせんたくしを読んでください。読む時間があります。それから話を聞いて、問題用紙の1から4の中から、最もよいものを一つ選んでください。

1

◀)) 015

1 健康にいいから
2 町がきれいになるから
3 参加者同士で交流できるから
4 自分が成長できるから

2

◀)) 016

1 印象に残る話し方をする
2 イントロで数字について質問する
3 主体的に考える重要性を説明する
4 開始30秒の時点で数字を見せる

3

◀)) 017

1 花の状況によって料金を変えたから
2 花の種類を毎日変えたから
3 料金をインターネットに載せたから
4 お土産を買えるようにしたから

4

◀)) 018

1 地方に住んでいるから
2 既にまんしつだから
3 東京の近くに住んでいるから
4 ぜんぱくは禁止しているから

5

◀)) 019

1 見ている人がつらくなるから
2 食べ物を残すことはよくないから
3 料理人や生産者に感謝すべきだから
4 食べられる量で競争させるのはよくないから

6　1　演劇の発声練習

🔊 020　2　水泳のいきつぎ

　　　3　水泳のバタフライ

　　　4　車椅子バスケ

7　1　会員カードを紛失した

🔊 021　2　ハガキを紛失した

　　　3　会員カードの名前と銀行口座の名前が違う

　　　4　申込用紙の名前と銀行口座の名前が違う

8　1　使い方が単純で簡単

🔊 022　2　軽くて持ち運びやすい

　　　3　動画用画面がついている

　　　4　初級者から上級者まで使える

9　1　自分の声に合った歌を選ぶこと

🔊 023　2　歌い出しを上手に歌うこと

　　　3　感情を込めて歌うこと

　　　4　聞く人の心に届くように歌うこと

10　1　旅行の予約名を間違えたから

🔊 024　2　マイレージの登録名を間違えたから

　　　3　マイレージの登録をしたいから

　　　4　旅行会社の予約システムに問題があるから

11　1　高齢者をスーパーに連れて行くため

🔊 025　2　高齢者に日用品を売るため

　　　3　買い物難民の高齢者を助けるため

　　　4　高齢者の日々の状況を把握するため

12
026
1　短時間で卒業できるから
2　お笑い芸人を辞めたかったから
3　卒業後海外で働ける可能性があるから
4　広い世代に受け入れられているから

13
027
1　様々な新商品を生み出すこと
2　一生懸命商品を開発すること
3　あんこの味を変えないこと
4　魂を込めて和菓子を売ること

14
028
1　100%を目指して常に必死に取り組むこと
2　完璧を求めずに成果を出すこと
3　時間の80%を研究に費やすこと
4　プロとしての意識を持つこと

15
029
1　満員電車を避けられるから
2　集中して勉強できるから
3　睡眠時間を確保できるから
4　時間を有効に使えるから

16
030
1　ランチタイムの営業時間が短すぎる
2　健康的なメニューが少ない
3　料理の提供に時間がかかりすぎる
4　客がメニューに飽きた

17
031
1　当日来られない人の分を考慮しなかったから
2　かんじが急に変わったから
3　女のかんじが電話するのを忘れたから
4　前日にキャンセルの人が出たから

18
032
1　そくせんりょくのあるシニアが多く登録している
2　シニアの採用にかかるコストが安い
3　シニアへの差別をなくす取り組みをしている
4　有能な人材コーディネーターがいる

概要理解 Understanding the overview

概要理解

💡 一部ではなく全体としてのメッセージを理解して、話し手の意図や主張を理解できるかどうかを問う問題である。

例題

🔊 033

（この問題は、問題用紙に何も書かれていません）

（スクリプト）

1　講演会でビジネスコンサルタントが話しています。

2　脱サラしてラーメン屋を開業したい。すばらしい夢ですね。ぜひ応援したい。
3　でも全く経験のない業界ですぐに独立してもうまくいきません。実際にラーメン
4　屋や飲食店での業務経験があるのかという点が非常に重要になってきます。も
5　ちろん、本を読んで経営知識を身に付けることも必要ですが、座学では身に
6　つきにくい経営ノウハウが数多くありますので、予め現場を経験しておくことで、
7　事業の失敗のリスクを減らすことができるんです。

8　ビジネスコンサルタントは主に何について話していますか。
9　1　事業の失敗例
10　2　開業のための準備の手順
11　3　経営知識の身に付け方
12　4　業務経験の重要性

答え **4**

POINT 1 　場面をイメージしよう

最初に「講演会でビジネスコンサルタントが話しています。」
というのを聞いたら、誰がどんな場面で話しているのかをイメージしよう。

POINT 2 　意見の言い方に注目しよう

この例の「もちろんAですが、Bです。」のようなパターンの時、
話し手の意見は「AではなくB」だよね。
このように、「一般論やほかの人の考え」＋
「しかし・とはいえ・本当にそうでしょうか」＋「話し手の意見」
というパターンはよく出題されるんだ。

よく出る！ 質問のパターン

Q. 男の人／女の人は　〜についてどう思っていますか。

Q. 〜は主に何について話していますか。

Q. セミナー講師が言いたいことは何ですか。

Q. レポーターは何について伝えていますか。

✏ 解き方を知ろう！

1　×　失敗の具体的な例については言っていないので×です。

2　×　開業のための準備に必要なことについては言っていますが、手順については
言っていないので×です。

3　×　「経営知識を身に付けることも必要」だが、予め現場を経験しておくことのほう
が大事だと言っているので×です。

4　○　「実際にラーメン屋や飲食店での業務経験があるのかという点が非常に重要に
なってきます。」「予め現場を経験しておくことで、事業の失敗のリスクを減らす
ことができるんです。」と言っているので○です。

この問題では、問題用紙に何も印刷されていません。この問題は、全体としてどんな内容かを聞く問題です。話の前に質問はありません。まず話を聞いてください。それから、質問とせんたくしを聞いて、1から4の中から、最もよいものを一つ選んでください。

1 🔊 034

2 🔊 035

3 🔊 036

4 🔊 037

5 🔊 038

6 🔊 039

7 🔊 040

8 🔊 041

9 🔊 042

10 🔊 043

11 🔊 044

12 🔊 045

聴解

即時応答

💡 短い発話を聞いて、場面にふさわしい応答をすぐに判断できるかどうかを問う問題である。

例題

🔊 046

> （この問題は、問題用紙に何も書かれていません）

（スクリプト）

1　会社出たとたんに土砂降りで散々だったよ。

2　1　傘持ってなかったの？

3　2　朝からずっとこんな調子だよね。

4　3　もうすぐ帰るよって言っとけばよかったのに。

答え **1**

POINT 1　解き方を意識しよう

誰が何をする／したのか、どう思っているか、
どんな出来事が起こったのかなどを想像しながら聞こう。

POINT 2　メモをとろう

短くて速いので、選択肢を1つ聞いたら
その都度〇△×?をメモすることが大切だよ。
分からないことばや表現があっても気にせず、
1つの問題が終わったら、気持ちを切り替えて、次の問題に集中しよう。

✏️ 解き方を知ろう！

「会社出たとたんに」＝会社を出たらすぐ、「土砂降り」＝雨が激しく降るようす、「散々だった」＝ひどかった

1 ○ 傘を持っていなかったから散々だったのかと考えてこのように言っていると想像できるので○。

2 × 会社を出る前までは土砂降りではなかったので×。

3 × 「もうすぐ帰るよ」と言っても土砂降りは止められないので×。

内容の傾向

・会話で使われる表現がよく出題される。

　　例　〜じゃあるまいし、ぱっとしなかったよ、〜て何よりだったね、
　　　　〜どころじゃないね、〜するまでもないか

・「誰がするか」の判断が重要になる問題がよく出題さる。

　　例　お考えをお聞かせ願えますか。（相手が考えを言う）

この<ruby>問題<rt>もんだい</rt></ruby>では、<ruby>問題用紙<rt>もんだいようし</rt></ruby>に<ruby>何<rt>なに</rt></ruby>も<ruby>印刷<rt>いんさつ</rt></ruby>されていません。まず<ruby>文<rt>ぶん</rt></ruby>を<ruby>聞<rt>き</rt></ruby>いてください。それから、それに<ruby>対<rt>たい</rt></ruby>する<ruby>返事<rt>へんじ</rt></ruby>を<ruby>聞<rt>き</rt></ruby>いて、1から3の<ruby>中<rt>なか</rt></ruby>から、<ruby>最<rt>もっと</rt></ruby>もよいものを<ruby>一<rt>ひと</rt></ruby>つ<ruby>選<rt>えら</rt></ruby>んでください。

1 🔊 047	12 🔊 058	23 🔊 069
2 🔊 048	13 🔊 059	24 🔊 070
3 🔊 049	14 🔊 060	25 🔊 071
4 🔊 050	15 🔊 061	26 🔊 072
5 🔊 051	16 🔊 062	27 🔊 073
6 🔊 052	17 🔊 063	28 🔊 074
7 🔊 053	18 🔊 064	29 🔊 075
8 🔊 054	19 🔊 065	30 🔊 076
9 🔊 055	20 🔊 066	31 🔊 077
10 🔊 056	21 🔊 067	32 🔊 078
11 🔊 057	22 🔊 068	33 🔊 079

統合理解 Integrated understanding

💡 複雑で情報量が多い内容を聞いて、内容を理解しているかどうかを問う問題である。
3人の会話や、2種類の音声（ニュース＋それについて話し合う2人の会話）などが
ある。

問題は3問ある。そのうち最初の2問は、選択肢が問題用紙に書かれていない。最
後の1問は、選択肢が問題用紙に書かれているが、1つの話を聞いて、2つの質問
に答えなければいけない。

例題

🔊 080

> （この問題は、問題用紙に何も書かれていません）

（スクリプト）

1　家電量販店の冷蔵庫売り場で女の人と店員が話しています。

2　F：あのう、冷凍室が大きめの冷蔵庫を探してるんですけど。

3　M：はい、お買い替えということですね。ご家族は何人ですか。

4　F：4人です。

5　M：そうしますと、4、5人用の大型冷蔵庫になりますね。こちら、4タイプあ
6　　　ります。2023年夏モデルは一番冷凍室が大きいもので、買い物かご3つ
7　　　分の広さになっています。

8　F：わー、確かに広いですね。こういうのを探してたんですよ。

9　M：2024年冬モデルも広いんですが、こちらは急速冷凍モードやエコモードへ
10　　　の切り替えができるようになっています。

11　F：なるほど。そういう機能って全然使いこなせないんですよ。シンプルなのが
12　　　いいです。

13　M：シンプルなものですと、こちらの2023年冬モデルは冷凍室が2つに分かれ
14　　　ているので使い勝手がいいかと思います。

15　F：2つもいるかなぁ。

16　M：冷凍室って、広すぎると、使いたい時に取り出しにくくなりますよね。こち
17　　　らですと、例えば冷凍食品は上、作り置きは下、というふうに分けられて
18　　　便利なんです。

19　F：あ、そういうことか。確かに、取り出しやすいのはいいですね。あ、しか

20　　　も今使ってるメーカーと同じだ。

21　M：あ、こちらのメーカーをお使いなんですね。こちらの2024年夏モデルも同

22　　　じメーカーですよ。

23　F：あれ、なんか小さいですね。

24　M：これは実は冷凍庫だけのタイプなんです。冷蔵庫を買い替えるとなると結

25　　　構なお値段になりますけど、冷凍庫だけを買い足すなら安く済みますの

26　　　で、最近冷凍庫だけ買われる方、多いんですよ。

27　F：なるほど。それは選択肢になかったな。迷うなぁ。でもうち狭いから、2

28　　　台なんて置く場所ないか。とすると、取り出しやすいこれが一番いいか

29　　　な。

30　女の人はどれを選びましたか。

31　1　2023年夏モデル

32　2　2024年冬モデル

33　3　2023年冬モデル

34　4　2024年夏モデル

答え 3

意見の可否やメリット・デメリットに注意しよう

質問は最初には読まれないよ。
どれに決めたかを問う問題が多いから、
出てくる意見が肯定的なものか否定的なものか、メリット・デメリット
に注意して聞こう。

解き方を知ろう!

1　×　「確かに広いですね。こういうのを探してたんですよ。」と言っている以外は何も言っていないので×。

2　×　「そういう機能って全然使いこなせないんですよ。シンプルなのがいいです。」と言っているので、×。

3　○　「確かに、取り出しやすいのはいいですね。あ、しかも今使ってるメーカーと同じだ。」と言っていて、最後に「取り出しやすいこれが一番いいかな。」と言っているので、これが正解。

4　×　「でもうち狭いから、2台なんて置く場所ないか。」と言っているので×。

例題2

🔊 081

質問1
1　嫌われてなんぼ　　　　　　　2　5つの習慣
3　メモをとろう　　　　　　　　4　20代のうちにしておきたい10のこと

質問2
1　嫌われてなんぼ　　　　　　　2　5つの習慣
3　メモをとろう　　　　　　　　4　20代のうちにしておきたい10のこと

（スクリプト）

1　大学で教授が話しています。

2　F1：みなさんは授業にサークルにアルバイトと忙しくて、普段なかなか本を読
3　　　む機会がないかもしれません。どんな本を読めばいいか分からないという
4　　　方も多いと思いますので、今日は私のお勧めの本を4冊ご紹介したいと
5　　　思います。お手元の資料をご覧ください。1つ目は『嫌われてなんぼ』で
6　　　す。「人間の悩みはすべて人間関係の悩みである」という言葉を残した有
7　　　名な心理学者の考え方を分かりやすく解説しながら、どうすれば人は幸
8　　　せに生きることができるのかという問いに答える一冊です。SNS疲れを感
9　　　じている人や他人の目を気にしすぎる人にお勧めです。2つ目は『5つの
10　　習慣』です。1990年代に出版されてから全世界でベストセラーとして読み

継がれてきた、20世紀を代表する名著です。著者が失敗を経て5つの習
慣にたどり着いた具体的なエピソードが描かれていて、親しみやすく読み
やすい文章だと思います。3つ目は『メモをとろう』です。今最も注目され
ている起業家の一人、山田氏のメモの技がまとめられた一冊です。メモに
よって事実から本質を抽出して応用する力は、就職活動にもきっと役立
つはずです。4つ目は『20代のうちにしておきたい10のこと』です。勉強や
仕事だけでなく恋愛についても言及されているので、楽しみながら読める
でしょう。自分は何をするべきだろうかと悩んでいる方にお勧めです。

F2：本なんて今まで全然読んでこなかったけど、これを機にちょっと読んでみよ
　　うかな。

M：うん、俺も。読みやすい本もあるみたいだし。この4冊だったらどれがい
　　いと思う？

F2：私はやっぱり就職活動に役に立つやつがいいかな。就職活動って人生か
　　かってるから、絶対失敗したくないし。

M：あーあれね。山田っていう人、最近よくテレビ出てるよね。

F2：そうそう。あ、でも、世界中で有名だっていうこの本も捨てがたいなぁ。

M：あぁ、この本、うちにあったからちらっと見たことあるんだけど、結構分厚
　　かったよ。

F2：え、そうなの？途中で脱落しそうだな。りょうくんはどれがいいと思った？

M：俺は楽しく読めるやつがいいな。分厚いのは勘弁だから、こっち。恋愛に
　　ついても学びたいし。あれ？ちょっと待って。最初のってどんな本だって
　　言ってたっけ？

F2：あー、これはSNS疲れの人にいいって言ってたやつだよ。

M：あ、そうだそうだ。俺は他人の目とか気にしないタイプだから、やっぱ楽
　　しく読めるこれがいいや。

F2：うん。私はやっぱり就職活動に役立つこれにしようっと。

質問1　女の人はどの本を選びましたか。
質問2　男の人はどの本を選びましたか。

質問1の答え **3**　　質問2の答え **4**

✏️ 解き方を知ろう！

質問1

1　×　「これはSNS疲れの人にいいって言ってたやつだよ」としか言っていないので×。

2　×　「あ、でも、世界中で有名だっていうこの本も捨てがたいなぁ。」と言っていたが、男の人に「結構分厚かったよ。」と言われ、「途中で脱落しそうだな。」と言っているので×。

3　○　「私はやっぱり就職活動に役立つこれにしようっと」と言っているので正解。

4　×　特に何も言っていないので×。

質問2

1　×　「俺は他人の目とか気にしないタイプだから」と言っているので×。

2　×　「分厚いのは勘弁」と言っているので×。

3　×　「山田っていう人、最近よくテレビ出てるよね。」と言っているだけなので×。

4　○　「恋愛についても学びたいし」と言っているので正解。

1

1番・2番

問題用紙に何も印刷されていません。まず話を聞いてください。それから、質問とせんたくしを聞いて、1から4の中から、最もよいものを一つ選んでください。

1番 ◀)) 082

2番 ◀)) 083

3番 ◀)) 084

まず話を聞いてください。それから、二つの質問を聞いて、それぞれ問題用紙の1から4の中から、最もよいものを一つ選んでください。

質問1

1　淡い恋
2　ミッションファイブ
3　戦い
4　ろくろ首

質問2

1　淡い恋
2　ミッションファイブ
3　戦い
4　ろくろ首

2

1番・2番

問題用紙に何も印刷されていません。まず話を聞いてください。それから、質問とせんたくしを聞いて、1から4の中から、最もよいものを一つ選んでください。

1番　🔊 085

2番　🔊 086

3番　🔊 087

まず話を聞いてください。それから、二つの質問を聞いて、それぞれ問題用紙の1から4の中から、最もよいものを一つ選んでください。

質問1

1　どんぐり山
2　虹の吊り橋
3　県立美術館
4　ひょっとこ岬

質問2

1　どんぐり山
2　虹の吊り橋
3　県立美術館
4　ひょっとこ岬

1番・2番

問題用紙に何も印刷されていません。まず話を聞いてください。それから、質問とせんたくしを聞いて、1から4の中から、最もよいものを一つ選んでください。

1番　🔊 088

2番　🔊 089

3番　🔊 090

まず話を聞いてください。それから、二つの質問を聞いて、それぞれ問題用紙の1から4の中から、最もよいものを一つ選んでください。

質問1
1　丸山さん
2　林さん
3　早川さん
4　吉川さん

質問2
1　丸山さん
2　林さん
3　早川さん
4　吉川さん

N1
言語知識（文字・語彙・文法）・読解
（110分）

注意
Notes

1. 試験が始まるまで、この問題用紙を開けないでください。

   Do not open this question booklet until the test begins.

2. この問題用紙を持って帰ることはできません。

   Do not take this question with you after the test.

3. 受験番号と名前を下の欄に、受験票と同じように書いてください。

   Write your examinee registration number and name clearly in each box below as written on your test voucher.

4. この問題用紙は、全部で15ページあります。

   This question booklet has 5 pages.

5. 問題には解答番号の　1 、　2 、　3 … が付いています。

   解答は、解答用紙にある同じ番号のところにマークしてください。

   One of the row numbers 　1 , 　2 , 　3 … is given for each question. Mark your answer in the same row of the answer sheet.

受験番号　Examinee Registration Number	

名前　Name	

問題1 ＿＿＿＿の言葉の読み方として最もよいものを、1・2・3・4から一つ選びなさい。

---

① 滑らかに英語を話す。
　　1　なめらか　　　　2　ほがらか　　　3　きよらか　　　4　なだらか

② 予想を覆す結果となった。
　　1　うらがえす　　　2　くつがえす　　　3　くりかえす　　　4　こころざす

③ 死体を解剖した結果、死因が判明した。
　　1　かいばい　　　　2　かいぶ　　　　3　かいべ　　　　4　かいぼう

④ その会社を相手取って、訴訟を起こした。
　　1　せっこう　　　　2　せっしょう　　　3　そこう　　　　4　そしょう

⑤ 秘書が社長の秘密を暴露した。
　　1　ばくろ　　　　　2　ばくろう　　　　3　ぼうろ　　　　4　ぼうろう

⑥ 銀行で預金の残高を確かめる。
　　1　ざんたか　　　　2　ざんだか　　　　3　ざんこう　　　4　ざんごう

問題2（　　　）に入れるのに最もよいものを、1・2・3・4から一つ選びなさい。

7 人手不足で、優秀な人材を（　　　）するのが難しい。
　　1　確保　　　　　　2　応募　　　　　3　求人　　　　4　要請

8 このボランティア団体が（　　　）してから、10年がたった。
　　1　発足　　　　　　2　創業　　　　　3　出生　　　　4　存続

9 飛行機が太平洋上で消息を（　　　）。
　　1　失した　　　　　2　絶った　　　　3　尽きた　　　4　廃れた

10 ああ、また、失敗しちゃった。（　　　）自分が情けない。
　　1　ほどほど　　　　2　さんざん　　　3　つくづく　　4　くよくよ

11 彼の顔を見る限りでは、（　　　）面接はうまくいったようだ。
　　1　どうやら　　　　2　さぞ　　　　　3　あえて　　　4　かりに

12 これ以上値段を下げると、（　　　）が取れなくなる。
　　1　通貨　　　　　　2　黒字　　　　　3　収支　　　　4　採算

13 彼は（　　　）でこの会社に入ったとうわさされている。
　　1　フェア　　　　　2　ラフ　　　　　3　エゴ　　　　4　コネ

問題3 ＿＿＿に意味が最も近いものを、１・２・３・４から一つ選びなさい。

14 彼は<u>ユニークな</u>考え方の持ち主だ。
　　1　情熱的な　　　　　2　冷静な　　　　　3　平凡な　　　　4　独特な

15 彼の話は<u>誇張して</u>伝えられた。
　　1　手短に　　　　　　2　細かく　　　　　3　大げさに　　　4　誤って

16 彼は自分の仕事を<u>投げ出して</u>、うちへ帰ってしまった。
　　1　放棄して　　　　　2　やり遂げて　　　3　引き継いで　　4　準備して

17 約束の時間には<u>ゆうゆう</u>間に合うだろう。
　　1　なんとか　　　　　2　ぎりぎり　　　　3　十分　　　　　4　ぴったり

18 彼女とは<u>気兼ね</u>がいらない仲だ。
　　1　挨拶　　　　　　　2　配慮　　　　　　3　礼儀　　　　　4　遠慮

19 なかなか<u>見込み</u>のある新人が入ってきた。
　　1　技術　　　　　　　2　独創性　　　　　3　知識　　　　　4　将来性

問題4　次の言葉の使い方として最もよいものを、1・2・3・4から一つ選びなさい。

20 おろそか

1　2人の結婚式はおろそかな雰囲気のなかで行われた。

2　これ以上おろそかな失敗を繰り返さないように気を付けなければ。

3　アルバイトに夢中で、勉強がおろそかになってしまったことを反省している。

4　彼はおろそかな人なので、特にお金の貸し借りには注意したほうがいい。

21 出社

1　来年から貿易会社に出社することが決まった。

2　一身上の都合により今月末で出社することになった。

3　私の会社は午前10時までに出社すればよいことになっている。

4　海外に出社したお土産に、チョコレートを買ってきた。

22 解釈

1　何度も先生に説明してもらったが、ちっとも解釈できなかった。

2　彼は規則を自分の都合のいいように解釈するきらいがある。

3　両親を何度も解釈して、ようやく留学を許してもらった。

4　なぜ私が責任をとらなければならないのか、解釈できる説明がほしい。

23 割り込む

1　どろぼうは窓ガラスを割って、部屋に割り込んだらしい。

2　彼女は人の心に割り込んでくるデリカシーの無い人だ。

3　いきなり列に割り込んでくる人がいたので、文句を言った。

4　彼女はなかなか新しいクラスに割り込むことができない。

24 いまだに

1　このまま不況が続けば、いまだに会社の縮小も考えなければなるまい。

2　いまだにだけど、明日の試験の範囲、どこからどこまでだっけ？

3　入学して3か月になるのに、いまだにクラスメートの名前が覚えられない。

4　彼はいまだに泣き出しそうな表情で話し始めた。

25 意図

1 最後まで読んで、ようやく作者の<u>意図</u>が理解できた。

2 <u>意図</u>が弱いので、何をやっても続かない。

3 手術は成功したのに、なかなか意図が戻らない。

4 辞書でわからないことばの<u>意図</u>を調べる。

問題5　次の文の（　　　）に入れるのに最もよいものを、1・2・3・4から一つ選び
なさい。

26　あと1問（　　　）、試験終了のチャイムが鳴った。
　　1　というところで　　　2　ということで　　　3　というわけで　　4　というもので

27　私（　　　）そのような大役を任せていただき、光栄の至りです。
　　1　をおいて　　　　　　2　のことだから　　3　ごときに　　　　4　ときたら

28　そのコメントがSNSにアップされる（　　　）、非難が殺到し大炎上となった。
　　1　次第　　　　　　　　2　や否や　　　　　3　とたん　　　　　4　うちに

29　こんなに遅刻や欠席が（　　　）、奨学金の審査に通るのは難しいだろう。
　　1　多かろうが　　　　　2　多いと見えて　　3　多くては　　　　4　多いとして

30　難しそうな課題だが、時間さえかければ（　　　）だろう。
　　1　できそうもない　　　　　　　　　　2　できることになる
　　3　できたことにする　　　　　　　　　4　できないものでもない

31　データを自分の都合のいいように書き換えて発表するなんて、（　　　）行為だ。
　　1　大学教授としてあるまじき　　　　　2　大学教授たる
　　3　大学教授になくてはならない　　　　4　大学教授には及ばない

32　彼の人を見下すような言動は（　　　）極まる。
　　1　不愉快　　　　　2　不愉快で　　　3　不愉快な　　　4　不愉快の

33　プロジェクトの成功はチームが（　　　）ことなしにはあり得なかっただろう。
　　1　団結　　　　　　2　団結する　　　3　団結した　　　4　団結させる

34　「ゆうべはゆっくり、（　　　）」
　　「ええ、ぐっすり。」
　　1　お休みになれましたか　　　　　　2　お休みいたしましたか
　　3　お休み願えましたか　　　　　　　4　休んでいらっしゃいましたか

35 きのう、どうして先に帰っちゃったの？ すぐ終わるって言ったでしょ？ あと5分（　　　）いっしょに帰れたのに。

1　待ちもしないで　　　　　　　　2　待ってもらおうが

3　待っててくれれば　　　　　　　4　待とうとすれば

問題6　次の文の　　★　　に入る最もよいものを、1・2・3・4から一つ選びなさい。

（問題例）

　　　練習する　＿＿＿＿　＿★＿＿　＿＿＿＿　＿＿＿＿　はない。
　　　　1　方法　　2　上達する　　3　なしに　　4　こと

（解答のしかた）

1.　正しい答えはこうです。

```
練習する　＿＿＿＿　＿★＿＿　＿＿＿＿　＿＿＿＿　はない。
　　　　4　こと　　3　なしに　　2　上達する　1　方法
```

2.　　★　　に入る番号を解答用紙にマークします。

　　　　　　　（解答用紙）　　（例）　①　②　●　④

36　SNSでは　＿＿＿＿　＿＿＿＿　＿★＿＿　＿＿＿＿　コメントを書き込む人もいる。
　　1　いいことに　　　　　　　　　　2　顔が見えない
　　3　失礼極まりない　　　　　　　　4　のを

37　今後、二度とこのような　＿＿＿＿　＿★＿＿　＿＿＿＿　＿＿＿＿　べきだ。
　　1　ことのない　　　　　　　　　　2　事故が起こる
　　3　安全管理を徹底する　　　　　　4　ように

38　次の仕事を見つけるのにこんなに　＿＿＿＿　＿＿＿＿　＿★＿＿　＿＿＿＿　。
　　1　くらいなら　　　　　　　　　　2　んじゃなかった
　　3　苦労する　　　　　　　　　　　4　前の仕事をやめる

39 熱烈なサッカーファンの彼は、日本チームが優勝したというニュースを聞いて、相当うれしかった ___ ★ ___ ___ ___ ___ なかった。

  1　よう　　　　　　　2　らしく　　　　3　と言ったら　　4　その喜び

40 10年 ___ ___ ___ ___ ★ ___ 事件解明の糸口をつかんだ。

  1　捜査　　　　　　　2　にわたる　　　3　の末　　　　4　ようやく

問題7 次の文章を読んで、文章全体の趣旨を踏まえて、| 41 |から| 45 |の中に入る最もよいものを、1・2・3・4から一つ選びなさい。

以下は、小説家が書いたエッセイである。

> これまでで最も印象に残っている食事は何かと訊かれたら、| 41 |。モンゴルの大草原で、遊牧民の男たちに料理してもらって食べた「ヤギ肉のシチュー」だ。
>
> あの旅から日本へ帰ると、私は会う人ごとにクイズを出した。
>
> 「何日もかけて真夏の草原を馬で旅するのに、ヤギの肉を腐らせずに運ぶにはどうすればいいでしょう」
>
> たいていの人は、さんざん首をひねったあげく降参だと言った。
>
> 答えは——「生きたヤギを連れていく」である。知ってしまえばいかにも簡単な答えだ。
>
> | 42 |思いつけない人が多かったということは、私たちがふだん、どれだけ家畜の生き死にに対して鈍感になっているかのあらわれなのだろう。「いのち」が「肉」になる現場はなかなか私たちの目には触れないから、私たちはつい都合よく| 43 |。
>
> とはいえあの夜、遊牧民たちが無言のまま生きたヤギを肉にしていく一部始終をそばで見ていても、私は気持ち悪いとも残酷だとも感じなかった。肉はスーパーで買うものと思っていた私にとっては脳みそが二重にブレるくらいの衝撃だったにもかかわらず、神聖な宗教的儀式を見ているようで体じゅうがかたかた震えるほどの| 44 |。
>
> | 45 |、皮も、臓物も、血も、何ひとつとして無駄にしない人々の知恵。鮮やかな手さばき。
>
> 冷たい夜気の中、立ち働く男たちの背中からも、ヤギのおなかからも、白い湯気がほかほかと立ちのぼっていた。

（村山由佳『食べること　作家の口福』朝日新聞出版による）

（注）ブレる：あるべき場所から振れ動く

41
1 迷わず答えられる
2 すぐには答えかねる
3 必ずしも答えられるとは限らない
4 簡単に答えられるべくもない

42
1 ただし
2 そういえば
3 にもかかわらず
4 それはさておき

43
1 忘れ去ることはできまい
2 忘れ去ってもかまわない
3 忘れ去ってしまうのだ
4 忘れ去らずにはいられない

44
1 感動すらなかった
2 感動に打たれていた
3 感動を余儀なくされた
4 感動に打たれようがなかった

45
1 肉ばかりか
2 肉はともかく
3 肉であれ
4 肉といえども

模擬試験

問題8 次の(1)から(4)の文章を読んで、後の問いに対する答えとして最もよいものを、1・2・3・4から一つ選びなさい。

(1)

健全な社会では、大人は子どもに「悪はいけない」と教える。それを教えておかないと、社会が成り立たないからである。しかし、またその「悪を否定する」という原理を、そのまま極端に守るということをしていたら、人間は生きてはいかれない。そこで人間は大人になるにしたがって、悪を否定するという原理を少しずつゆるめていくことになる。

（林道義『母性の復権』中央公論新社による）

46 原理を少しずつゆるめていくのはなぜか。
　1　生きるために悪を肯定しなければならない場合が出てくるから
　2　悪を否定しないと、社会の秩序が乱れるから
　3　生きるためにはむしろ積極的に悪を行うべきだから
　4　悪を肯定しないと、よりよい大人になれないから

(2)

以下は、大学から届いたメールである。

【ロッカー更新について】

　ロッカー更新についてリマインドいたします。

　継続を希望する学生は必ず10月30日までに更新手続きを3階事務にて行ってください。継続更新を行わない学生は速やかに鍵の返却を行ってください。

※もし期日までに更新手続きへ来られなかった学生には別途ご連絡いたしますが、再三の忠告を無視し続ければ無断での使用とみなし、利用の停止や中身の処分も検討しますのでご留意ください。

　前期に通年利用の手続きを行った学生は更新の必要はありませんが、自分が更新すべきかどうか分からないという学生はお教えいたしますので学生支援課までご連絡くださいませ。

　また、新規の利用は随時受け付けておりますが、空きが無くなり次第貸与終了になりますので、利用を検討している学生はお早めに手続きへお越しください。

　ご確認の程よろしくお願いいたします。

学生支援課 gakuseisien@sakura-univ.ac.jp

47　ロッカー更新について、このメールは何を知らせているか。

1　ロッカーを使い始めたい人は、なるべく早く3階事務で手続きをしなければならない。

2　前期にロッカーを1年間使う手続きをした人は、一度3階事務で鍵を返さなければならない。

3　10月30日までにロッカーの更新手続きをしなかった人は、その次の日から利用できなくなる。

4　ロッカーを借りるのをやめたい人は、3階事務で申請書に記入しなければならない。

(3)

　私たちは、自分の住み暮らす世界を自分の見たいように見ているだけのこと。つまり、見たいように見ているならば、自分がどのように「見たがっている」のかを可能な限り検証していく必要があるのです。そうやって、自分の勘違いと思い込みを丹念に解きほぐしていく必要があるのです。それは、もちろん、どこまで行っても同じことの繰り返しに終始することかもしれない。けれど、その過程において、あなたの視点が変化していくことは確かなこと。

（やましたひでこ、おのころ心平『大切なことはすべて日常のなかにある』かんき出版による）

48 その過程とはどのような意味か。

　1　見たい世界を追求して遠くまで行く過程

　2　世界について誤解していることを確認する過程

　3　同じことをあきらめずに何度も繰り返す過程

　4　自分の世界の見方を意識化する過程

(4)

　よく「あの人は経済に明るい」とか「彼は歴史に明るい」などという言葉を使います。その分野のことをよく知っている人に対して、「明るい」という言葉を使います。新しいことを学ぶときは、私たちは暗い部屋の中に入って周囲を見るのと同じです。最初はよく見えない状態でも、目が慣れてくることによって、だんだんと物事が見えるようになってきます。物事に明るくなってくるのです。

　文章を読むときには、初めからあまり焦らないことです。「まだ、目が慣れていないんだ」と思いながら、しばらくは書類などの全体を、ボーッと眺めているだけでもいいのです。そのうちに、目がなじんできます。

(藤沢晃治『理解する技術—情報の本質が分かる』PHP研究所による)

49 筆者によると、文章を読むときは、どのような姿勢が望ましいか。

1　全体をぼんやりとただ見るだけでもよい。

2　一語一語を丁寧に読むことが必要。

3　読むスピードが遅ければ遅いほどよい。

4　早く効率的に読むことが望ましい。

模擬試験

次の(1)から(3)の文章を読んで、後の問いに対する答えとして最もよいものを、
1・2・3・4から一つ選びなさい。

(1)

　学問という言葉はいささか堅苦しく響くかもしれません。しかし、どのような学問も、あなた
自身とあなたを取り巻く世界を対象とするものであり、その意味であなたの興味や関心に何かし
ら結びついているはずです。細かく分かれた学問分野のいずれも、アプローチや方法論は
様々に異なるものの、人間とは何か、人間の営みとはどういうものか、人間を取り巻く広大な自
然界はどのような仕組みで成り立っているかを極めようとする探求心を出発点としています。学
問とは知への欲求に取りつかれた幾多の先人の仕事の積み重ねの大きな実りであり、皆さんを
そのような知的探求へとさし招くものなのです。
（注1）

　そもそも学びとは、何かの役に立てるという目的のためではなく、それ自体に意味や意義が
あるから行なうものだと私は考えます。新たな知識を得ること、あることについてじっくり考え
ることの楽しさと面白さ、そのことを通して自分自身がわずかずつでも階梯を上り、一段高い
認識の地平に立つことの歓びとでも言えばよいでしょうか。
（注2）

（上田紀行『新・大学でなにを学ぶか』岩波書店による）

（注1）さし招く：手招きする

（注2）階梯 ：階段

50 学問について、筆者の考えに合うものはどれか。

　　1　すべての学問は、人間やその周囲のことについて知りたいという気持ちから始まってい
　　　る。

　　2　学問の中には、自分の興味や関心につながるものとそうでないものが存在する。

　　3　すべての学問には共通する研究のやり方がある。

　　4　学問は、知りたいという欲求がなければ取り組むことが難しいものである。

51 筆者によると、そのような知的探求とは何か。

1 過去の研究者たちを満足させてきたような知的欲求

2 過去の研究者たちを成長させてきたような知的欲求

3 過去の研究者たちを困らせてきたような知的欲求

4 過去の研究者たちを夢中にさせてきたような知的欲求

52 筆者の考えとして最も適切なものはどれか。

1 学びの歓びとは、人より上の地位に立つことができる歓びである。

2 学びの歓びとは、より広い視野から物事を見ることができる歓びである。

3 学びの歓びとは、将来の選択肢や可能性が広がる歓びである。

4 学びの歓びとは、人間についてより深く考えることができる歓びである。

模擬試験

(2)

　「死」が無でも 終 焉でもないためには、死後の生命がなければならない。そして死後の世
　　　　　　（注1）
界がなければならない。そんなものは誰一人見たことも感じたこともないはずなのに、「論理」
によってあたかも現実であるかのように組み上げることができる。エジプトをはじめ多くの文化
が、死後の生のためにさまざまなしつらえをした。死んだのち何かに生まれ変わるという輪廻
　　　　　　　　　　（注2）　　　　　　　　　　　　　　　　　　　　　　　　　　　　（注3）
の思想もきわめて古くから信じられている。

　しかし今日では、こういうのはいささか「古くさい」考えで、それを乗り越えた美学が一般的
になっているのかもしれない。

　それは「人生の意味」という美学である。「生きる意味」、「生きがい」、「生きるに値する生
活」。ことばはいろいろあるけれど、その内容は同じであるようにみえる。しかし、意味のある
一生を送ったら、死んで無になってしまってもよいのか？　いや、それではやはり情けない。自
分が死ぬのは仕方ないが、何かは後世に残ってほしい。これはまさに人間の美学であり、他の
動物には到底あるとは思えないものである。

（日高敏隆『日高敏隆　ネコの時間』平凡社による）

（注1）終焉：生命が終わること

（注2）しつらえ：準備

（注3）輪廻：魂は何度も生まれ変わることを意味する仏教用語

53 「古くさい」考えとはどのような考えか。

　　1　死後に生まれ変わるという思想を信じるべきだという考え

　　2　死後の世界は誰も体験したことがないという考え

　　3　死後の生命や世界は存在するという考え

　　4　「死」の後は何もないという考え

54 筆者によると、<u>それを乗り越えた美学</u>とはどのような考えか。

1 死後に生まれ変わる必要はないという考え

2 いろいろなことばで自分の人生を意味づけるべきだという考え

3 死後、無になるべきではないという考え

4 一生を意味のあるものにすべきだという考え

55 筆者の考えとして最も適切なものはどれか。

1 人生の意味を考えながら生きるのは、人間だけである。

2 死ぬことからは逃れられないが、人間は死後、完全に無になるわけではない。

3 意味のある人生を送るだけでなく、自分の死後に残るものを残すことも重要だ。

4 人間は、人それぞれの自分らしい人生の意味を追求するべきだ。

(3)

　若い人に話していることがあります。「何に対しても、<u>好き嫌いを言わないのが大事</u>だ」と。色にもカタチにも素材にも、もちろん人にも、好き嫌いを言わないように、と。

　またわたしはいつも、「不都合を受け入れよ」とも言っています。これは「好き嫌いを言わない」に通じる言葉です。仕事の中では、自分が嫌いだと思っているモノでも、使わないといけない場合がしょっちゅうです。それは「不都合」なのでしょうが、こうした「不都合」を引き受けることによって、自分のデザインの幅は広がっていきます。だから、「好き嫌いを言わず、来た仕事はきちんとこなしなさい」と言うのです。最近よく、「自分流」などと言われます。しかし「自分流」では結局、人は伸びていきません。それはわたしの体験からも、周囲の人たちを観察していても、間違いなく言えることです。

　まずは好き嫌いなく、先人がやっている流儀を身につける。そこに自分の流儀を見つけて成長していくのです。それにはなにより、相手のことを素直に受け入れる姿勢が大切であり、これが客観性を生むことになります。はじめから主観的であっては、意味がありません。いつも「自分とは違う他者がいる」ことを認識しながら生きていく。その態度が豊かな感性を生み、「正しいデザイン」を生むことができるのだと、わたしは考えています。

（水戸岡鋭治『カラー版　電車のデザイン』中央公論新社による）

56　好き嫌いを言わないのが大事な理由は何か。
　　1　好きでも嫌いでも、常に来た仕事は引き受けなければならないから
　　2　嫌いな仕事を引き受ければ、より多様なデザインができるようになるから
　　3　好き嫌いを言っていたら、仕事を依頼されなくなるから
　　4　自分が嫌いだと思っていても、実は勘違いであることが多いから

57　「自分流」について、筆者の考えに合うものはどれか。
　　1　好き嫌いをはっきりさせることが、「自分流」の追求につながる。
　　2　最初から最後まで「自分流」を貫くことが重要だ。
　　3　「自分流」を追求することによって、成長することができる。
　　4　先人のやり方を習得してから、「自分流」を探すべきだ。

58 筆者の考えとして最も適切なものはどれか。

1 「正しいデザイン」を生むためには他者を意識する姿勢を持つべきだ。

2 「正しいデザイン」を生むためには自分が望むデザインを客観的に見つめるべきだ。

3 「正しいデザイン」を生むためには他者からのアドバイスに従順に従うべきだ。

4 「正しいデザイン」を生むためには他者に譲歩しない態度を取るべきだ。

模擬試験

問題10 次の文章を読んで、後の問いに対する答えとして最もよいものを、1・2・3・4から一つ選びなさい。

「どうぞ」といって人に先を譲り、譲られたら、「お先に」といって先に行く。このような譲り合いの場面は、見知らぬ者同士の間ではあまり見られなくなった。膨大な量の情報が個人の上に覆いかぶさってくるので、その流れに翻弄されて、皆が忙しく走り回るようになった。予定を立て、それをこなそうとして一所懸命になる。人にどうぞといって先を譲っていたら、自分は前に一歩も進めなくなるのではないかという危惧がある。

しかし、忙中自ずから閑あり。忙しい忙しいといっていても、ときには時間に余裕のある場合がある。そのような場合に、人に先を譲る機会があったらそうしてみる。特に相手が切羽詰まった状況におかれて、一分一秒を争っている気配が見てとれるときに先を譲れば、必ずその人の心を温かくするはずだ。

それは、自分が持っている「余裕」を相手に贈呈したかたちになっている。相手は受け取った「余裕」をそのまま捨てることはない。どこかで誰かに「転贈呈」をする。殺伐とした傾向のある世の中に対して、多少の潤いにはなるのではないだろうか。

例えば、走っているタクシーを拾う場面である。雨が急に降り出したときなど、濡れたくないので、競ってタクシーを拾おうとする。そんなとき、自分が傘を持っていたとしたら、自分のほうに優先権があるような場合であっても、傘がない人に対しては先を譲るのである。それに対して感謝の言葉が発せられたら、自分は十分な報いを受けたも同然だ。先方も気分がよいだろうし、自分の気分も爽快である。

朝の始業時間寸前の場合にも、似たような状況が見られる。明らかに遅刻しそうなので急いでいる人がいる。目を血走らせてタクシーを探しているので、前から近くに立って待っている人も目には入らない。ないしは、目に入っていても、後先を考える余裕がない。そんなときは争わない。しかし、その人がタクシーに乗って走り始めるとき、先に乗せてくれた人を認めて会釈をするときがある。その会釈の中に、（　①　）感情を見るときは、救われた思いがする。

常に人に先を譲る、というのは教訓であって、特に最近の都会生活の中にあっては、現実には実行不可能である。完全主義を人間関係に関して貫こうとするのは、不可能であると同時に、逆に人間関係にとってマイナスの結果となる。無理は長続きしないからである。自分に余裕があるとき、人に先を譲ることを心掛ければ、それで十分だ。

（山﨑武也『「気の使い方」がうまい人』三笠書房による）

（注）忙中自ずから閑あり：忙しい中にも、わずかなひまはあるものである。

59 見知らぬ者同士の譲り合いの場面があまり見られなくなった理由は何か。

1　忙しくて自分のことで精一杯になったから

2　情報量が増えて他人をあまり信用できなくなったから

3　譲ったら相手より立場が下になると思う人が増えたから

4　一度譲ったら、毎回譲らなければ気が済まなくなるから

60 筆者は、人に先を譲ると、譲られた人は何をすると考えているか。

1　どこかで誰かにプレゼントをする。

2　譲ってくれた人にお返しをする。

3　どこかで誰かに余裕のある行動をする。

4　社会貢献しようとする。

61 （　①　）に入るものはどれか。

1　腹立たしさを通り越してあきれたような

2　悔しさがあふれんばかりの

3　恥ずかしさともふがいなさともいえる

4　申し訳なさと感謝の入り交じった

62 筆者の考えを最もよく表しているものはどれか。

1　人に先を譲ったからといって、人間関係がよくなるわけではない。

2　都会では、今後も人に先を譲る人はあまり増えないだろう。

3　いつでも人に先を譲るよう心掛けるべきだ。

4　無理してまで人に先を譲ろうとする必要はない。

問題11 次のAとBの文章を読んで、後の問いに対する答えとして最もよいものを、1・2・3・4から一つ選びなさい。

A

　「病院ではなく美容院に行くと健康になる」と言う人がいます。美容院は病気やけがを治すところではありませんが、髪を切ってもらうと、心地よく、笑顔になれます。私は、健康とは豊かな毎日を送るための源であって、心地よく眠れているか、たくさん笑っているか、いい人生を歩んでいるかなど、様々な尺度から考えるべき、奥深いものだと考えています。その点で、幸福感と近い概念かもしれません。だから、健康は、病院だけではなく、日常生活の様々な場で作られるものなのです。

B

　健康を単に「病気がないこと」だとすると、先天的に病気や障害のある人や人生の過程で病気や障害がある状態になった人を排除する「不健康」な社会になる危険性が高まる。かつて、詩人で彫刻家の高村光太郎は、精神病棟で切り絵を一心不乱に作り続けていた妻智恵子のことを健康であると形容していた。健康は、あくまで個人の幸福という主観的な観点から考えるべきものである。国家による健康づくりの取り組みは意義深いが、国家が一律に健康、不健康を判断する弊害は認識される必要がある。

63 健康について、AとBはどのように述べているか。

1　Aは個人的に考えるべきで、Bは国家という観点で考えるべきだと述べている。

2　Aは客観的に考えるべきで、Bは主観的に考えるべきだと述べている。

3　Aは多面的に考えるべきで、Bは個々の観点で考えるべきだと述べている。

4　Aは心身の観点で考えるべきで、Bは社会の観点で考えるべきだと述べている。

64 AとBの認識で共通していることは何か。

1　健康は日常の様々なところで作られるものである。

2　健康は病気があるかどうかとは全く関係ない。

3　健康は幸せと関連するものである。

4　個人の健康は社会全体の健康と関連するものである。

問題12 次の文章を読んで、後の問いに対する答えとして最もよいものを、1・2・3・4から一つ選びなさい。

　ものをつくる姿勢には、二つの道があると思う。

　一つは、自分の思いを主体にして、つくりたいものをつくる生き方。自分の価値観、自分の信念にしたがって、自分自身が満足のいくものを追い求める。人が理解できないものを生み出すこともあるし、一つの作品を仕上げるまでに、果てしなく長い時間を費やすこともある。必然的に、採算や生産性といったことは度外視することになる。

　①芸術家とは、この道を往く人だ。

　もう一つの在り方は、自分を社会の一員として位置付けてものづくりをしていく在り方。需要と供給を意識し、今自分は何を求められているかを見据えた中に身を置く。自ずと商業ベースで考えることになる。世の中の大多数の職業というものは、こちらだといっていいだろう。

　僕の音楽家としての現在のスタンスは、後者である。だからといって作曲をビジネスライクに考えているわけではない。もちろん創造性ということを一番大切にしている。

　芸術家になるのは②難しいことではない。内容を別にすれば、世間的には自分が決めればいいだけのことだ。誰からも認めてもらえなくても、己さえ納得していればいいのだから話は早い。「私は芸術家です」と規定したら、その瞬間からその人は芸術家である。極端な話、まだ何一つ作品をつくっていなくたっていい。

　一方、商業ベースでものをつくっていくには、自分がどんなに「その道の専門家です」「プロとしての自信があります」といったところで、仕事を発注してもらい、力量を認めてもらえなければ成り立たない。「こいつ、面白いな。やらせてみよう」とか「なかなかできるぞ、よし、任せてみるか」と思ってもらい、実際に引き受けた仕事で成果を見せなければならない。それがいい仕事であるかどうかの評価を下すのは決して自分自身ではなく、発注主であり、世の中の需要である。多くの人の気持ちを引き寄せることを目指してつくるわけではないが、絶えずそれを意識していかなければならない。つねに創造性と需要の狭間で揺れながら、どれだけクリエイティブなものができるかに心を砕く。

　どちらも、いいものをつくりたいという気持ちは同じだ。要は、何に価値と意義を感じて生きるかの違いだと思う。

（久石譲『感動をつくれますか?』角川書店による）

65 筆者によると、①芸術家とは何を重視する人か。

1 時間的効率性があるか

2 多くの利益を生むか

3 自分が満足感を得られるか

4 他人からの承認を得られるか

66 筆者の音楽家としての立場は以下のどれか。

1 自分が何を作りたいかよりも自分が何を求められているかを最優先する。

2 作曲はビジネスだと割り切って、利益を最優先する。

3 社会の一員として、社会への貢献を最優先する。

4 需要と供給のバランスを意識しながら、独創性を最優先する。

67 筆者が②難しいことではないと考えているのはなぜか。

1 人は生まれながらにしてみな芸術家だから

2 芸術家かどうかを決めるのは自分自身だから

3 作品を一つでも作れば世間は芸術家だと認めてくれるから

4 芸術家になるためには作品の数より質のほうが重要だから

68 筆者の考えとして最も合うものはどれか。

1 芸術家タイプの人も商業ベースの人も、創造性に富むものを作るべきだ。

2 芸術家タイプの人も商業ベースの人も、価値観が違うだけで、どちらのほうがよいとはいえない。

3 芸術家タイプの人は、商業ベースの人のように、社会の需要に応えることを意識すべきだ。

4 商業ベースの人は、芸術家タイプの人のように、プロとしての自信を持つべきだ。

問題13 右のページは、大学からの奨学金に関するお知らせである。下の問いに対する
　　　答えとして最もよいものを、1・2・3・4から一つ選びなさい。

69 次の4人は、全員「留学生一人暮らし支援奨学金」に応募しようと思っている。
この中で「留学生一人暮らし支援奨学金」に応募できるのは誰か。

名前	学年	前年度の取得単位	その他
ウェルサさん	2年生	35単位	成績優秀者奨学金を受けている
ルナさん	3年生	68単位	1年生の時に留年した
ハズビさん	1年生	15単位	インドネシアの大学からの交換留学生
ゼウスさん	4年生	107単位 （卒業見込みあり）	体調を崩し、1カ月間自宅でオンラインで授業を受けている

1　ウェルサさん

2　ルナさん

3　ハズビさん

4　ゼウスさん

70 「留学生一人暮らし支援奨学金」に応募する人が、7月14日までに提出しなければならない
ものは何か。

1　申込書、学生証のコピー、誓約書、電気料金支払の領収書、銀行通帳のコピー

2　申込書、学生証のコピー、賃貸契約書のコピー、キャッシュカードのコピー

3　申込書、誓約書、電気料金支払の領収書、キャッシュカードのコピー

4　学生証のコピー、誓約書、住民票、親の銀行通帳のコピー

留学生一人暮らし支援奨学金

支援額　：　25万円
募集人数：　10名
対　象　：　以下の条件をすべて満たす者
    1　本学に在籍する留学生
    2　アパート・下宿等（学生寮含む）に一人で居住する者
    3　下記の学業成績基準を満たすもの
    ・1年生：履修登録を完了していること
    ・2年生（1年終了時）：35単位以上であること
    ・3年生（2年終了時）：70単位以上であること
    ・4年生（3年終了時）：105単位以上で卒業見込があること

    4　下記ｱ〜ｵに該当しない者
     ｱ．当該年度に退学した者
     ｲ．休学、または引き続き1カ月以上欠席している者
     ｳ．前年度に留年している者
     ｴ．交換留学生、科目等履修生、聴講生
     ｵ．他の奨学金を受けている者

■申し込み方法
本奨学金を希望する学生は、下記の書類を期日内に提出してください。
【提出書類】
(1) 申込書、学生証のコピー及び誓約書
(2) 下記のいずれか
 ・学生本人または保護者名義の賃貸契約書（コピー可）
 ・前年4月から申し込み月までの賃料の領収書または振込・自動引落の履歴が確認できる
  通帳等（コピー可）
 ・住民票等自宅の所在地および居住歴を証明できる書類（公共料金の領収書等）
(3) 口座番号等が分かる通帳/キャッシュカードのコピー

【申込期間】　2024年7月1日〜7月14日17:00
【申込場所】　学生支援課
■選考結果発表　11月4日
■支給
申し込み時に記入いただいた指定口座に11月末までに振込支給します。
■奨学金に関する問い合わせ先
さくらキャンパス
学生支援課：03-3342-5232
メール：shogakukin@sakura-univ.ac.jp

模擬試験

N1
聴解
（55分）

注　意
Notes

1. 試験が始まるまで、この問題用紙を開けないでください。
   Do not open this question booklet until the test begins.

2. この問題用紙を持って帰ることはできません。
   Do not take this question with you after the test.

3. 受験番号と名前を下の欄に、受験票と同じように書いてください。
   Write your examinee registration number and name clearly in each box below as written on your test voucher.

4. この問題用紙は、全部で13ページあります。
   This question booklet has 5 pages.

5. この問題用紙にメモをとってもいいです。
   You may make notes in this question booklet.

受験番号　Examinee Registration Number	

名前　Name	

問題1 🔊 091

問題1では、まず質問を聞いてください。それから話を聞いて、問題用紙の1から4の中から、最もよいものを一つ選んでください。

例 🔊 092

1　ロッカーで着替える
2　ロッカーに荷物を入れる
3　靴を借りる
4　飲み物を買う

模擬試験

1番 🔊093

1 準備のスケジュールを考える
2 予算を計算する
3 タイムテーブルを作る
4 山下さんに連絡する

2番 🔊094

1 講師の先生に連絡する
2 前回のアンケートを確認する
3 はいふ資料をえつらんする
4 会場を予約する

3番　🔊095

1　本屋でPOP広告を見る
2　図書館かっせいかのためのアイデアを練る
3　図書館の利用者がかんばしくない理由を考える
4　ネット上のけいじばんに書き込む

4番　🔊096

1　思い出の場所に行ってみる
2　日常生活で不便なことを見つける
3　ゆっくり自分のことについて考える
4　先行研究を調べる

模擬試験

5番　🔊 097

1　文字の色を濃くする
2　文字を大きくする
3　花を文字の下に動かす
4　丸の位置を動かす

問題2　◀》098

　問題2では、まず質問を聞いてください。そのあと、問題用紙のせんたくしを読んでください。読む時間があります。それから話を聞いて、問題用紙の1から4の中から、最もよいものを一つ選んでください。

例　◀》099

1　新しい部品を作るところ
2　直し方を考えるところ
3　子どもと一緒に直すところ
4　難しいパズルを解くところ

1番 🔊 100

1 玄米茶の原点を調べたこと
2 お茶を楽しむ時間を持ったこと
3 炒り餅の香りの強さを知ったこと
4 鏡餅のかけらを見たこと

2番 🔊 101

1 難しい言葉の使用を避ける
2 新たな言葉の定義を書く
3 読み手の気持ちを想定する
4 丁寧な言葉遣いで書く

3番 🔊 102

1 ほかの受講者と交流できなかったこと
2 自己紹介シートを使われなかったこと
3 値段が高すぎたこと
4 個人情報を根掘り葉掘り聞かれたこと

4番 🔊 103

1 プロは世間の要求に応えるものだと思ったから
2 本当の自分を見せようと思ったから
3 先輩と同じようになろうと思ったから
4 その役を好きになろうと思ったから

5番　🔊 104

1　薄いのに丈夫だから

2　弱アルカリ性だから

3　展示しやすいから

4　保存状態をよく保てるから

6番　🔊 105

1　同僚に身勝手だと思われること

2　海外転勤制度がなくなること

3　部長を失望させるかもしれないこと

4　会社が人手不足になること

もんだい
問題3　🔊 106

　問題3では、問題用紙に何も印刷されていません。この問題は、全体としてどんな内容かを聞く問題です。話の前に質問はありません。まず話を聞いてください。それから、質問とせんたくしを聞いて、1から4の中から、最もよいものを一つ選んでください。

―メモ―

1番　🔊 107

2番　🔊 108

3番　🔊 109

4番　🔊 110

5番　🔊 111

問題4 🔊112

　問題4では、問題用紙に何も印刷されていません。まず文を聞いてください。それから、それに対する返事を聞いて、1から3の中から、最もよいものを一つ選んでください。

―メモ―

1番　🔊113

2番　🔊114

3番　🔊115

4番　🔊116

5番　🔊117

6番　🔊118

7番　🔊119

8番　🔊120

9番　🔊121

10番　🔊122

11番　🔊123

問題5　🔊124

　問題5では、長めの話を聞きます。この問題には練習はありません。
問題用紙にメモをとってもかまいません。

1番・2番

　問題用紙に何も印刷されていません。まず話を聞いてください。それから、質問と
せんたくしを聞いて、1から4の中から、最もよいものを一つ選んでください。

—メモ—

1番　🔊125

2番　🔊126

まず話を聞いてください。それから、二つの質問を聞いて、それぞれ問題用紙の1から4の中から、最もよいものを一つ選んでください。

質問1

1　高橋ゼミ
2　川上ゼミ
3　堀ゼミ
4　佐久間ゼミ

質問2

1　高橋ゼミ
2　川上ゼミ
3　堀ゼミ
4　佐久間ゼミ

模擬試験

日本語能力試験対策 これ一冊　解答用紙

N1　言語知識（文字・語彙・文法）・読解

受験番号
Examinee Registration Number

名前
Name

〈ちゅうい Notes〉

1. くろいえんぴつ (HB、No.2) でかいて
ください。
Use a black medium soft (HB or No.2) pencil.
（ペンやボールペンではかかないでください。）
(Do not use any kind of pen.)

2. かきなおすときは、けしゴムできれい
にけしてください。
Erase any unintended marks completely.

3. きたなくしたり、おったりしないでください。
Do not soil or bend this sheet.

4. マークれい Marking Examples

よいれい Correct Example	わるいれい Incorrect Examples
●	⊗ ◯ ◐ ⊙ ● ◔ ◑

問題1

1	①	②	③	④
2	①	②	③	④
3	①	②	③	④
4	①	②	③	④
5	①	②	③	④
6	①	②	③	④

問題2

7	①	②	③	④
8	①	②	③	④
9	①	②	③	④
10	①	②	③	④
11	①	②	③	④
12	①	②	③	④
13	①	②	③	④

問題3

14	①	②	③	④
15	①	②	③	④
16	①	②	③	④
17	①	②	③	④
18	①	②	③	④
19	①	②	③	④

問題4

20	①	②	③	④
21	①	②	③	④
22	①	②	③	④
23	①	②	③	④
24	①	②	③	④
25	①	②	③	④

問題5

26	①	②	③	④
27	①	②	③	④
28	①	②	③	④
29	①	②	③	④
30	①	②	③	④
31	①	②	③	④
32	①	②	③	④
33	①	②	③	④
34	①	②	③	④
35	①	②	③	④

問題6

36	①	②	③	④
37	①	②	③	④
38	①	②	③	④
39	①	②	③	④
40	①	②	③	④

問題7

41	①	②	③	④
42	①	②	③	④
43	①	②	③	④
44	①	②	③	④
45	①	②	③	④

問題8

46	①	②	③	④
47	①	②	③	④
48	①	②	③	④
49	①	②	③	④

問題9

50	①	②	③	④
51	①	②	③	④
52	①	②	③	④
53	①	②	③	④
54	①	②	③	④
55	①	②	③	④
56	①	②	③	④
57	①	②	③	④
58	①	②	③	④

問題10

59	①	②	③	④
60	①	②	③	④
61	①	②	③	④
62	①	②	③	④

問題11

63	①	②	③	④
64	①	②	③	④

問題12

65	①	②	③	④
66	①	②	③	④
67	①	②	③	④
68	①	②	③	④

問題13

69	①	②	③	④
70	①	②	③	④

日本語能力試験対策 これ一冊　解答用紙

N1　聴解

受験番号　Examinee Registration Number

名前　Name

〈ちゅうい Notes〉

1. くろいえんぴつ (HB、No.2) でかいて
ください。
Use a black medium soft (HB or No.2) pencil.
(ペンやボールペンではかかないでください。)
(Do not use any kind of pen.)

2. かきなおすときは、けしゴムできれいにけしてください。
Erase any unintended marks completely.

3. きたなくしたり、おったりしないでください。
Do not soil or bend this sheet.

4. マークれい Marking Examples

よいれい Correct Example	わるいれい Incorrect Examples
●	⊗ ⊘ ◯ ◑ ⊙ ⦿

問題1

例	①	②	③	●
1	①	②	③	④
2	①	②	③	④
3	①	②	③	④
4	①	②	③	④
5	①	②	③	④

問題2

例	●	②	③	④
1	①	②	③	④
2	①	②	③	④
3	①	②	③	④
4	①	②	③	④
5	①	②	③	④
6	①	②	③	④

問題3

例	①	②	③	●
1	①	②	③	④
2	①	②	③	④
3	①	②	③	④
4	①	②	③	④
5	①	②	③	④

問題4

例	①	●	③
1	①	②	③
2	①	②	③
3	①	②	③
4	①	②	③
5	①	②	③
6	①	②	③
7	①	②	③
8	①	②	③
9	①	②	③
10	①	②	③
11	①	②	③

問題5

1	①	②	③	④
2	①	②	③	④
3 (1)	①	②	③	④
3 (2)	①	②	③	④

作問協力

文字・語彙・文法
山本晃彦　流通科学大学　特任准教授

読解・聴解
アドゥアヨム・アヘゴ希佳子　宝塚大学　専任講師

日本語能 力 試験対策 これ一冊 N1
にほんごのうりょくしけんたいさく　　いっさつ

2024年3月25日初版　第1刷　発行

編　　　著	アスク編集部
イ ラ ス ト	花色木綿
カバーデザイン	岡崎裕樹
翻　　　訳	株式会社アミット
ナレーション	村上裕哉、吉田聖子
Ｄ　Ｔ　Ｐ	朝日メディアインターナショナル株式会社
印刷・製本	株式会社光邦
発　行　人	天谷修身
発　　　行	株式会社アスク

〒162-8558 東京都新宿区下宮比町 2-6
TEL 03-3267-6864　FAX 03-3267-6867

アンケートにご協力ください
PC https://www.ask-books.com/support/　　Smartphone

目次

1

文字・語彙・文法

漢字読み　(p.9〜11)

1 **3** こごえる：freeze
- 1 鍛える：train
- 2 震える：shake
- 4 控える：refrain

2 **4** おこたる：neglect
- 1 怠ける：be lazy
- 2 劣る：be inferior
- 3 迫る：approach

3 **4** ひたす：soak
- 1 催す：host
- 2 犯す：violate
- 3 施す：enforce

4 **1** いかり：anger
- 2 悟り：understanding
- 3 憤り：indignation
- 4 誇り：pride

5 **2** さえぎって：block
- 1 縛る：bind
- 3 陥る：fall into
- 4 偏る：be biased

6 **3** あみ：net
- 1 鎖：chain
- 2 縄：rope
- 4 綱：rope

7 **2** そんちょう：respect

8 **2** かつやく：activity

3 活用：utilization

9 **1** けいそつ：rashness

10 **2** げんえき：active

11 **2** かんじん：essential
- 1 関心：interest

12 **2** とっぱ：breakthrough

13 **3** めいぼ：register

14 **3** はんじょう：prosperity

15 **4** ほっさ：seizure

16 **3** わるぎ：malice

文脈規定　(p.12〜14)

1 **3** 両立：compatibility
- 1 放棄：abandonment
- 2 共存：coexistence
- 4 分配：distribution

2 **4** 殺到：inundation
- 1 干渉：interference
- 2 推移：transition
- 3 停滞：stagnation

3 **3** 伝来：introduction
- 1 渡日：come to Japan
- 2 流通：distribution
- 4 侵入：invasion

4 **2** ひねって：turn

1　ねじる：screw

3　つなげる：connect

4　しめる：tighten

5　1　こもり：be filled with

2　だまる：stay silent

3　うるおう：moisten

4　はまる：get into

6　4　とろける：melt

1　からむ：tangle

2　よみがえる：be revived

3　ぼやける：get blurred

7　2　あたふた：hurriedly

1　あくせく：busily

3　やきもき：jealous

4　ちやほや：pampered

8　4　てっきり：certainly

1　げっそり：haggard

2　びっしり：tightly

3　さっぱり：completely

9　1　現(げん)に：actually

2　実(じつ)に：really

3　真(しん)に：truly

4　直(じか)に：directly

10　4　しいて：forcibly

1　かろうじて：barely

2　つとめて：diligently

3　とかく：rather

11　3　露骨(ろこつ)：blatant

1　切実(せつじつ)：earnest

2　ぞんざい：half-hearted

4　大幅(おおはば)：broad

12　2　画期的(かっきてき)：revolutionary

1　強制的(きょうせいてき)：compulsorily

3　客観的(きゃっかんてき)：objectively

4　自発的(じはつてき)：spontaneously

13　1　すばやい：quick

2　すばしっこい：swift

3　あっけない：abrupt

4　たやすい：easy

14　1　順延(じゅんえん)：postponement

2　延長(えんちょう)：extension

3　遅延(ちえん)：delay

4　保留(ほりゅう)：pending

15　3　食(く)い違(ちが)い：discrepancy

1　互(たが)い違(ちが)い：alternately

2　すれ違(ちが)い：disagreement

4　行(い)き違(ちが)い：misunderstanding

16　3　秩序(ちつじょ)：discipline

1　方針(ほうしん)：policy

2　作法(さほう)：manners

4　貢献(こうけん)：contribution

17　3　コスト：cost

1　ハンデ：handicap

2　リスク：risk

4　ギャラ：payment

18　2　スムーズ：smooth

1　ルーズ：loose

3　ネック：bottleneck

4　シャープ：sharp

1 **1 すみやかに：promptly**
- 2 おちついて：calm down
- 3 ていねいに：politely
- 4 十分に：sufficiently

2 **2 温和な：mild-mannered**
- 1 几帳面な：meticulous
- 3 勤勉な：diligent
- 4 活発な：active

3 **3 細心の注意を要する：requires careful attention**
- 1 非常に個人的な：very personal
- 2 非常に攻撃的な：very aggressive
- 4 相手を見下した無礼な：rude and disrespectful

4 **1 無愛想な：blunt**
- 2 正直な：honest
- 3 無邪気な：innocent
- 4 気さくな：friendly

5 **3 特に深い意味はなく：have no deep meaning**
- 1 親切ぶる：act kindly
- 2 強い悪意がある：have strong malice
- 4 人の気持ちを考えない：have no consideration for others' feelings

6 **1 命令する：order**
- 2 文句を言う：complain
- 3 批判する：criticize
- 4 からかう：taunt

7 **1 言い訳して：give an excuse**
- 2 謝る：apologize

- 2 反省する：reflect
- 4 とぼける：feign ignorance

8 **2 人が少なかった：uncrowded**
- 1 にぎやかな：lively
- 3 広い：spacious
- 4 古い：old

9 **2 混乱した：confused**
- 1 早く終わる：finish early
- 3 中断する：suspend
- 4 活性化する：make active

10 **3 どっと入ってきた：poured in**
- 1 こっそり入る：sneak in
- 2 そっと入る：enter quietly
- 4 そこそこ入る：holds quite a bit

11 **3 疲れた：tired**
- 1 おなかがいっぱい：full
- 2 楽しい：fun
- 4 眠くなる：sleepy

12 **3 いやに：somehow**
- 1 ますます：more and more
- 2 なんだか：somewhat
- 4 やや：slightly

13 **1 ひんぱんに：frequently**
- 2 時折：sometimes
- 3 たまに：occasionally
- 4 まれに：rarely

14 **3 思ったとおり：as thought**
- 1 あいにく：unfortunately
- 2 珍しい：rare
- 4 実際に：actually

15 **2** ぼんやりとしていた：be absent-minded

1 熱心に聞く：listen attentively

3 強く意見を主張する：assert and opinion strongly

4 すやすや眠る：sleep soundly

16 **2** 発表：announcement, presentation

1 贈り物：gift

3 司会：MC

4 打ち合わせ：meeting

17 **2** 将来の：future

1 過去の：past

3 前方の：forward

4 相手の：opponent

18 **1** 借金：debt

2 ストレス：stress

3 悩み：worry

4 財産：property

19 **3** 市場：market

1 お客様：customer

2 海外：overseas

4 小売店：retail store

20 **2** 終了した：finished

1 開始する：start

3 成功する：succeed

4 延期する：defer

21 **3** 慣例：custom

1 法律：law

2 命令：order

4 意向：intent

22 **2** 理由：reason

1 意見：opinion

3 謝罪：apology

4 詳細：details

用法 (p.19～24)

1 **2** 夫は引っ越し先を勝手に決めてしまった。

1 鳥のように自由に空を飛びたい。

3 各国にはその国なりの独自の政府の形態がある。

4 彼女は自らの力/独力で、様々な困難を乗り越えてきた。

2 **3** 田中さんは社長から絶大な信頼を得ている。

1 彼がそのような罪を犯すなんて、絶対にありえない。

2 海底にトンネルを掘るという、壮大な計画が立てられた。

4 膨大な量のデータを1か月で分析しなければならない。

3 **2** こんなことを君に頼むのも心苦しいんだけど、ちょっと手伝ってくれないかな。

1 いくつもの問題が同時に起こって、ストレスで苦しい/つらい日々が続いている。

3 人の失敗を笑うなんて、彼はなんと心の貧しい/心無い人なんだろう。

4 貧しく、つらい少年時代を送ってきたことを、彼は涙ながらに語った。

4 **1** しばらく安静にしていれば元気になるだろうと医者に言われた。

2 彼女はどんなときでも冷静な判断力を失わない人だ。

3 郊外の閑静な住宅街に引っ越すことが決まった。

4 この車はエンジン音も小さく、快適な乗り心地だ。

5 3 商品を雑に扱って壊してしまったので、店長に弁償させられた。

1 この雑誌には政治の話から芸能の話まで、様々な記事が載っている。

2 僕と彼女は一言では説明できないほど複雑な関係なんです。

4 週末の商店街は、晴天に恵まれたこともあって、とてもにぎやかだった。

6 4 紛らわしい言い方は誤解されるかもしれないから、やめたほうがいい。

1 あの2人の関係はぎくしゃくしていて/険悪で、すれ違ってもあいさつもしない。

2 難しい問題を抱えているので、最近は憂鬱な気分だ。

3 人間関係が煩わしくて、前の会社をやめました。

7 4 日本ではごみを細かく分別し、多くの資源をリサイクルしている。

1 遭難している間、私たちは少ない食料を分け合って食べた。

2 高校の頃から10年も付き合ってきた彼と別れた。

3 桜の花は昨夜の雨で、すっかり散ってしまった。

8 4 会議でもめないように、あらかじめ各部署に根回ししておく必要がある。

1 両親と相談した上で、どこの大学を受験するかを決めた。

2 先方と正式に話し合った後、契約書の作成にとりかかった。

3 「お父さん、いつもありがとう」とごまをすって、お小遣いを上げてもらった。

★ ごまをする＝自分の利益のために、他

人（自分より上の人）に、その人の気分が良くなるようなことを言ったり、その人が気に入るような行動をとったりすること

9 1 カラオケは日々のストレスを発散するための最良の方法だ。

2 課題が終わった人から、自由に解散していただいてけっこうです。

3 仕事から帰ったら、庭の草木に水をやる/まくのが習慣だ。

4 台風で、収穫前のりんごが落ちてしまい、大きな被害を受けた。

10 4 我が社は来年より海外に進出する計画だ。

1 研究は順調に進んでいる。

2 この町はIT産業の中心地として大きく発展した。

3 解決したと思いきや、また新たな問題が発生した。

11 3 彼女に自分の本当の気持ちを告白した。

1 受験番号と名前を言ってください。

2 医者は患者に病名を告知した。

4 政府は新たな方針を打ち出したことを発表/周知した。

12 1 台風の影響を考慮し、明日の午前中は新幹線の運転を見合わせるとのことだ。

2 きのうから熱っぽいので、学校へ行くのをやめておくことにした。

3 もうすぐ受験で、勉強に集中したいので、今のアルバイトをやめようと思う。

4 彼は無断で会社を休むことが多いので、クビになった。

13 2 一度なくした信頼を取り戻すのは、とても大変だ。

1 店頭では品切れだったので、インターネットで商品を取り寄せた。

3 使い終わったら、きちんと元の所に戻しておいてくださいね。

4 台風で飛行機が飛ばなかったので、チケット料金を払い戻した。

14 **4** 美しい景色を見ていると、心が和む。

1 嵐が過ぎ去り、海は穏やかになった。

2 そんなに感情的にならずに、落ち着いて話し合いましょう。

3 戦争がなくなり、世界が平和になりますように。

15 **1** 世代が違うからか、彼女とは話がかみ合わないと思うことが多い。

2 祖母は入れ歯なので、硬いものがかめない。

3 僕みたいな平凡な男は、君みたいな美人とは釣り合わないよ。

4 弟は負けず嫌いな性格で、何でも僕と張り合おうとする。

16 **4** 同僚の昇進を喜ぶ一方で、ねたむ気持ちもないとは言えない。

1 幼いころに私を捨てて出て行った母をうらんでいる。

2 うちの母は私がどんなにねだっても、絶対にお菓子を買ってくれなかった。

3 最後まであきらめないで、ねばった結果、試合は逆転勝利を収めた。

17 **2** 若いころ、自分は仕事の才能があるとうぬぼれていた。

1 娘が学校で成績優秀者として表彰され、私も親として鼻が高い。

3 彼女はどんな困難があっても、決してあきらめない粘り強い人だ。

4 結局失敗したが、私はこの挑戦を誇り

に思う。

18 **2** 彼女を食事に誘ったが、きっぱり断られてしまった。

1 彼女が何を言いたいのかさっぱりわからなかった。

3 彼の主張が正しいことははっきりしている。

4 日本ではほとんどの電車が時間きっかりに到着する。

19 **4** 私達からの提案は ことごとく却下された。

1 本日いらしたお客様にはもれなく/全員に景品を差し上げます。

2 こちらに並んでいる商品はすべて/全部100円です。

3 彼はクラスでももっとも背が高い人だ。

20 **2** 薬を飲んだが、一向に熱が下がらない。

1 明日は9時に出発ですから、絶対に遅れないでください。

2 日本に来てから、まだ一度も国へ帰っていない。

4 今からどんなに急いでも、きっと間に合わないだろう。

21 **4** 目先のことばかりでなく、将来のこともきちんと考えたほうがいい。

1 その件については、目下調査中でございます。

2 彼は目上の人には丁寧に話すのに、目下の人にはとても偉そうだ。

3 完成目前のところで、思わぬミスが発覚した。

22 **2** かぎの落し物が届いています。心当たりがある方は事務所までお越しください。

1 彼女はとても心の温かい人なので、後輩たちに慕われている。

3 彼の話が本当なのか、それともうそなのか、まったく見当がつかない。

4 あの白い帽子の女性、見覚えがあるけど、だれだったかなあ。

23 3 この地域ではお葬式の時、白い服を着るという風習がある。

1 私は毎日寝る前に日記を書く習慣がある。

2 我が家では子どもは夜9時に寝なければならないという決まりがある。

4 ひとりひとりが運転の規則を守れば、交通事故は減るだろう。

24 3 表向きは価値観の不一致だが、実際は金銭問題が離婚の原因だったらしい。

1 この果物は見た目は甘そうだが、食べてみるととてもすっぱい。

2 建前ばかり言っていないで、きちんと本当の気持ちを話してください。

4 成人式や卒業式のような晴れの日に着物を着る女性が多い。

25 2 彼女とは何でも話せる親しい間柄だ。

1 彼女の人柄のよさは、社内でも評判だ。

3 市場と消費者の関係について調査を行った。

4 妻は私の妹ととても仲がいい。

文法形式の判断　(p.25～29)

1 1 ならまだしも

一度や二度ならまだしも＝一度や二度ならまだ許せるが

2 1 あっての

失敗あっての成功＝失敗があるからこそ成功がある。失敗がなければ成功はない。

3 3 だろうに

いい方法があるだろうに＝いい方法がきっとあるのに

★ 後ろには批判や同情、驚きなどの表現が使われる。

4 4 を機に

その事件を機に＝その事件をきっかけに

5 4 いかんでは

台風の進路いかんでは＝台風の進路によっては、進路次第では

6 4 復帰すべく

職場に復帰すべく＝職場に復帰するために

7 1 に先立って

オペラ公演に先立って＝オペラ公演の前に

★ イベントや計画、予定等の前に、「準備すること」や「必要なこと」を表す場合に使われる。

8 2 を踏まえて

結果を踏まえて＝結果をもとにして、結果を参考にして

9 1 ところ

お忙しいところ＝お忙しいときに

10 2 ものを

書けたものを＝書けたのに

★ 話し手の不満や残念な気持ちを表す。

11 3 ずくめ

いいことずくめ＝いいことばかり

12 **2 言うまでもなく**

言うまでもなく＝もちろん

★「辞書形＋までもない」で、「わざわざそれを行う必要がない」という意味を表す。

13 **2 受けるにせよ受けないにせよ**

試験を受けるにせよ受けないにせよ＝試験を受けても受けなくても、どちらの場合でも

14 **1 を前提として**

大量の本を読むことを前提として＝大量の本を読むということを前もって考えて

15 **1 感動させずにはおかなかった**

人々を感動させずにはおかない＝人々を必ず感動させる

★「自然にそのような感情が必ず起こる」を表す文では、主語は無生物が来ることが多い。「～ずにはいられない」も「その感情を止められない」と似たような意味を表すが、主語は人が来ることが多い。この場合、「彼女の天使のような歌声に、人々は感動せずにはいられなかった。」という文になる。

16 **1 失敗したら失敗したで**

失敗したら失敗したで＝（失敗しないほうがもちろんいいが）失敗した場合でも

17 **4 せざるを**

リストラせざるを得ない＝リストラをしなければならない

★「やりたくはないが、しかたがないからやる」という気持ちを表す。

18 **2 見る**

見るなり＝見るとすぐに

★「辞書形＋なり」で、「すぐに次のことをする」という意味を表す。

19 **2 誰に言う**

誰に言うともなく＝特に誰かに言いたいわけではないが、

★「辞書形＋ともなく」で、「特に目的がなく、無意識に行う」という意味を表す。「ともなしに」もほぼ同じ意味。

20 **4 登らず**

登らずじまい＝登らなかった

★「～ず＋じまい」で、それを行うチャンスがもうないことを表す。

21 **3 乗ろう**

乗ろうにも＝乗ろうと思っても

★「意向形＋にも、～ない」で、「それを行おうと思ってもできない」という意味を表す。

22 **2 飛び上がらん**

飛び上がらんばかりに＝飛び上がりそうな様子で

★「ない形＋んばかりに」で、「まるでそのような様子で」という意味を表す。

23 **3 待たれている**

復旧が待たれている＝（多くの人々が）復旧を待っている

24 **2 送ってくださった**

田中さんが送ってくださったりんご＝田中さんが私に送ってくれたりんご

25 **3 考えさせられた**

人生について考えさせられる＝人生について考える

★他の何かが刺激になって、その感情や思いが自然に発生する場合に使われる。

26 **2 みせます**

捕まえてみせる＝絶対に捕まえる

★ 話者の強い「決意」を表す。

27 2 生まれた県から出たこともない

海外旅行はおろか＝海外旅行はもちろん

★ 後ろには、前の文よりも程度が上の状態を表す文が使われる。マイナスイメージの文になる。

28 4 全国15か所で行われました

東京を皮切りに＝東京から始まって

★ 後ろには、「次々に行う、起こる」という意味の文が使われる。

29 2 成功はあり得ない

努力なくして＝努力がなかったら

★ 後ろには、否定を表す表現が使われる。

30 4 子どもはその場に座り込んだ

歩けないとばかりに＝「歩けない」という様子で

★ 他者の様子を表す場合に使われる。

文の組み立て　　　　　　　(p.31〜32)

1 1 どんなに高かろうがどうしても手に入れたいと思わせるほどのすばらしい作品だった。

どんなに高かろうが＝どんなに高くても

2 1 本日はお礼かたがたこちらに伺った次第です。

お礼かたがた＝お礼も目的として、お礼も兼ねて

伺った次第だ＝伺ったわけだ

3 3 犯人は人質とひきかえに大金を要求した。

人質と引き換えに＝人質と交換するために

4 1 空が暗くなるや大粒の雨が降り出した。

空が暗くなるや＝空が暗くなるとすぐに

5 3 この島は隔離された環境であるがゆえに、動植物が独自の進化を遂げた。

環境であるがゆえに＝環境だから

6 2 パスポートをいったいどこにしまったのやら、まったく思い出せない。

どこにしまったのやら＝どこにしまったのか

7 3 少子高齢化に悩んでいるのは我が国に限ったことではない。

我が国に限ったことではない＝我が国だけのことではない

8 1 年を取ったせいか聞いたそばから忘れてしまうので困っている。

聞いたそばから＝聞いてもすぐに

9 2 平日ですら行列ができる人気店とあって連休ともなると500人からの客が来るという。

平日ですら＝平日でさえ

人気店とあって＝人気店だから

連休ともなると＝連休という状況になると

500人からの客＝500人以上の客

10 4 彼のレポートは何度も検討を重ねただけあって他の学生のとは比べ物にならないほど濃い内容のものだった。

検討を重ねただけあって＝検討を重ねたから当然

他の学生のとは比べものにならない＝他の学生のとは比べることができない

11 **2** 前もって予約しておいたおかげで長い時間並ばずにすんだ。

並ばずにすんだ＝並ばなくてもよかった

12 **1** どんなに大変でも、必ずやると言った手前やらないわけにはいかない。

やると言った手前＝やると言ったのだから

やらないわけにはいかない＝やらなければならない

13 **2** 独立の機会は今をおいてほかにないと思い思い切って店長に打ち明けた。

今をおいてほかにない＝今以外にない

14 **1** 数えればきりがないほど失敗を繰り返してきたが、それでもあきらめなかったからこそ、今の地位があるのだと思う。

数えればきりがない＝数えられないほど多い

15 **4** あまりに疲れていたので、うちへ帰っても食事（着替え）はおろか着替え（食事）すらせずに、そのままベッドに倒れこんだ。

食事はおろか着替えすらせずに＝食事はもちろん、着替えさえしないで

文章の文法 (p.34〜39)

1 **2** 魅力的な仕事であるに越したことはない

「魅力的な仕事であるほうがいい」という意味を表す表現が入る。

2 **2** だからこそやる

理由を表す表現が入る。

★「だからといって」の後ろは「そうじゃない場合もある」「それはよくない」という意味を表す表現が使われるので、ここ

では不適切。

3 **1** 言われてみれば

「なるほど、確かに」という意味を表す表現が入る。

4 **3** できそうもない

「無理」を表す表現が入る。

5 **4** つまり

前の文の内容を、別の表現で言い換えているので、説明・補足の接続詞が入る。

6 **4** そんな

「前に述べたような状況と似たような状況の時」を表すことばが入る。

7 **1** 間に合うな

「辛うじて」は、「ぎりぎりだが、大丈夫」という意味なので、後ろには「間に合う」という意味を表す表現が入る。

8 **3** 何事もなかったかの様に

「前の関心事がまるでなかったことの様に」という意味を表す表現が入る。

9 **4** 及ぼされている

前の文の内容から、「作用が及んでいる」という意味を表す表現が入る。

★主語が無生物「作用」なので、受身形が使われる。

10 **1** 小さな驚きのせいであった

前に「あっと叫んでしまったのは」と書いてあるので、後ろにはその理由を表す内容が入る。

11 **2** 母に言わせると

「母の意見では」を表す表現が入る。

12 **4** 読みふけるフリをする

11

「読んでいるような態度を私に見せる」という意味を表す表現が入る。

13 **1 ところが**

前の文が「（父に）帰れと合図されたから、私は帰った」、後ろの文が「父は機嫌が悪そうに母に、邦子は薄情なやつだ、と言った」なので、逆説の接続詞が入る。

14 **4 居てもらいたい**

「（邦子に）居てほしい」という意味を表す表現が入る。

15 **3 思われるに違いない**

「（周りの人に）きっとそう思われるだろう」という意味を表す表現が入る。

読解

メールや掲示物 (p.45〜49)

1 ②

□ 外壁下地：exterior wall foundation　□ 補修：repair　□ 塗装：paint　□ 換気口：ventilation
□ 充満：full

1　×　8〜10行目：換気スイッチをオンにすると匂いが部屋に充満するので、オフにするようにと書いてある。

2　○　4行目：「期間中、換気口を通して塗装の匂いが室内に入り込む可能性がございます。」と書いてある。

3　×　11行目：当日に気づいた点があれば受付に連絡するようにと書いてある。

4　×　6行目：天気の影響を受けるのは、工事の作業日程で、多目的ルームや和室ではない。

2 ②

□ 削減：reduction　□ 総務：general administration　□ 経費：expenses　□ 媒体：medium
□ 回覧：circulation　□ 出力：output　□ 客先：customer

1　×　7〜9行目：客先提出資料や、モノクロでは正しく情報が伝わらない場合は、カラー印刷を使用してもよい。

2　○　9行目：「片面印刷の必要性がない場合は両面印刷を徹底し」と書いてある。

3　×　11行目：「ミスプリントを防止」するようにとは書いてあるが、総務に報告する必要があるとは書いていない。

4　×　7〜9行目：客先提出資料は、カラー印刷（つまり紙媒体）を使用してもよいので、電子媒体にしたほうがいいわけではない。

3 ③

□ 印字：printed characters

1　×　7行目：手書きであれば発行できる。

2　×　8、9行目：手書きの領収書ではなく、インターネット上で発行した領収書を送る必要がある。

3　○　8〜10行目：すでにインターネット上で発行した領収書を送れば、手書きの領収書を発行してもらえる。

4　×　5、6行目：インターネット上で発行すると、支払金額合計が印字されると書いてあるが、発行してはいけないとは書いていない。

□ 決済：settlement　□ スムーズな：smooth　□ できかねる：impossible　□ 来館：visit (a building)

1　×　2行目：インターネットで予約しなければいけないのではなく、インターネットで決済をしなければいけないということについて書いてある。

2　×　8、9行目：チェックアウトする時に支払うのは、来館後の食事代である。

3　×　2行目：「オンライン決済のみ」なので、受付カウンターで支払うことはできない。

4　○　2行目：「オンライン決済のみでのお支払いとなります。」と書いてある。

□ 改定：revision　□ 平素：normal　□ 高騰：increase　□ 区分：category

1　×　9行目：「クレジットカードの場合：12月15日請求」と書いてある。

2　×　14〜16行目：会員区分の変更やその他手続きを希望する人以外は、手続きの必要はない。

3　○　11、12行目：キッズスクール以外は、月会費が300円高くなる。

4　×　9行目：クレジットカードと口座振替は、日にちが違うだけで、300円の値上げは同じ。

読解

説明文

内容理解（短文）(p.54〜57)

1 2

□ 既成：existing　□ 方位磁石：compass

1　×　1、2行目：「既成の羅針盤」（既にある基準）が利かない状況＝「常識や前例といった答えがない状況」にいるべきだと言っている。

2　○　4行目：「自分自身の方位磁石」（自分の基準）を使わなければならない状況にいるべきだと言っている。

3　×　3、4行目：「直感とも言うべき自分の方位磁石を使わなければ何もできない場所」＝「直感を使う必要性のある場所」にいるべきだと言っている。

4　×　3、4行目：経験と直感が頼りになる場所にいるべきだと言っている。

2 4

□ ネガティブ：negative　□ わきまえる：discern　□ 退く：retreat

1　×　1行目：諦めることは、負けを認めることではないと書かれている。

2　×　2、3行目：この場合の「わきまえる」は、自分の能力や、周囲の環境をよく知るという意味なので、礼儀正しさとは関係がない。

3　×　5行目：勝つための「戦略」は「準備」とは違う。

4　○　4行目：「無駄な労力をかけるまえに退く」とある。

3 1

□ 先人：predecessor　□ 偉人：great person　□ 聖人：saint　□ 挫折：setback

1　○　5〜7行目：書物の中にいる先人が、後に続く人たちにメッセージを送っていて、そのメッセージを受ける人は自分だと書かれている。

2　×　5行目：「先人たちの言葉に触れ」ることは「先人になる」ことではない。

3　×　5、6行目：「本を読んでいた」のではなく、「悩み苦しみ、挫折したり失敗しながらも前進してきた」と書かれている。

4　×　「自分が知りたいと思っているということ」については書かれていない。

読
解

4 4

□ 改める：do again

1 ×　相手の反応を気にするかどうかについては書かれていない。
2 ×　3〜5行目：相手の話を鵜呑みにすることが悪いとは書かれていない。
3 ×　どんな相手に説明するかということについては書かれていない。
4 ○　2、3行目：「目の前の「聞き手」の思考法が、自分の思考法と同じであろう」と考える習慣を変えるべきだと書いてある。

5 1

□ 地雷原：minefield　□ 道筋：route　□ フラグ：flag　□ つとめ：service

1 ○　5、6行目：「そういうかたちでリスクを引き受けること」というのは、年長者が若い人の代わりに過激なことをして、どこまでできるか示すことだ。
2 ×　4〜6行目：地雷原を歩くことは、年長者がする過激なことの例として書かれているので、本当に地雷原を歩くという意味ではない。
3 ×　若者からの要望については書いていない。
4 ×　3、4行目：「過激な発言をさせない」のではなく、どこまで過激な発言をしてもよいか伝えることが年長者のつとめだと書かれている。

6 4

□ 放出：discharge　□ 汚物：dirt　□ えぐる：hollow out

1 ×　1行目：「いただきます」のあいさつが大切だと言っているわけではない。
2 ×　5、6行目：複雑な点ではなく、「物の本質について考えさせる」点だと書いてある。
3 ×　2、3行目：唾は料理を無駄にすることとは関係がない。
4 ○　5、6行目：料理と唾の価値が変わるという「本質」＝「根本的な性質」について書いてある。

7 3

□ 本分：duty　□ 懸命：hard work　□ 確立する：establish　□ 無に等しい：amount to nothing
□ 肝に銘じる：take to heart

1 ×　スキルや知識については書かれていない。
2 ×　3行目：「自分で確立する」ことは、「他者から学び取ること」ではない。
3 ○　3行目：「仕事のやり方を自分で確立する」＝「自分なりのやり方を見つける」
6行目：「成果を上げる努力をする」＝「一生懸命によい結果を出そうとする」
4 ×　自分が求められている仕事をすることは大事だが、自分がしたい仕事よりも優先すべきだとは書いていない。

内容理解（中文）　(p.58〜71)

❶

> □ 考古学：archaeology　　□ 民俗学：ethnography　　□ 金魚鉢：goldfish bowl

⓵ 4

1　×　3、4行目：現代ではなく遠い時代のことを扱うと書いてある。

2　×　5、6行目：「想像的に入り込んで」いくことと、「想像力を鍛える」ことは違う。

3　×　6行目：「経験する」は想像して経験するという意味で、実際に経験するという意味ではない。

4　○　3、4行目：「何千年、何万年前のこと」「はるか遠い国」のことについて学ぶと書いてある。

⓶ 3

1　×　6行目：「「いま、ここ、私」という基準では測り知れないことについて学び、理解するのが人文学」だと書いてある。

2　×　8〜10行目：自分たちが閉じ込められている社会を金魚鉢に例えているので、自分たちがいる社会と金魚鉢は別のものではない。

3　○　10〜14行目：「金魚鉢のシステムや構造」の外側の「広い社会」「どこから来て」「これからどう変わっていこうとしているのか」を知ることが人文学を学ぶことだと書かれている。

4　×　14行目：「この混乱期を生き延びてゆく」ことについては書いてあるが、社会の混乱について知ることについては書かれていない。

⓷ 3

1　×　社会の外に出るということについては書かれていない。

2　×　1、2行目：「生き延びる」ことは「よりよく生きる」ことではない。

3　○　14、15行目：「できるだけ視野を広くとって、長い歴史的展望の中でいまの自分を含む世界の風景を俯瞰することが必要」だと書かれている。

4　×　社会を変えることについては書かれていない。

❷

□ 赤らめる：blush　　□ 生理現象：physiological phenomenon　　□ 類人猿：ape　　□ 貶す：denigrate
□ 出くわす：come across　　□ 頭をよぎる：cross one's mind

④ 3

1　×　2行目：「生理現象ですから起源は非常に古い。」と書いてある。
2　×　5、6行目：「文化による罪の意識の違い」があるから、「罪の意識」は新しく生まれたものだといえると書かれている。
3　○　5、6行目：「罪の意識は生理現象に表れ」ないから新しく生まれたものだといえる。
4　×　2行目：生理現象は非常に古いものだと書いてある。

⑤ 4

1　×　「他人の経験を疑似体験すること」については書かれていない。
2　×　「感情を豊かにする」とは書かれていない。
3　×　「人間関係を深める」とは書かれていない。
4　○　7〜9行目：「これは善いこと、これは悪いこと、これは褒められること、これは貶されること」というほかの人の評価が重要になる。

⑥ 1

1　○　11、12行目：「悪い噂を立てられるような行動を差し控えたり、反対に人から褒められそうな行動を積極的に取ったりする。」と書かれている。
2　×　仲間意識については書かれていない。
3　×　「いい人かどうかの判断ができるようになる」のではなく、自分の行動が変わると書かれている。
4　×　「罪の意識が薄れていく」とは書かれていない。

❸

□ そそぎ込む：pour in　　□ オペラ：opera　　□ 度外視する：disregard　　□ 損得勘定：profit and loss
□ ドライ：dry　　□ 味気ない：tasteless　　□ ゆとり：leisurely

⑦ 2

1　×　「人」にエネルギーをそそぎ込むのではない。
2　○　1、2行目：「誰かが価値があると判断し」た「文化」
3　×　「人」にエネルギーをそそぎ込むのではない。
4　×　誰かの「人生」にエネルギーをそそぎ込むのではない。

8 1

1 ○ 8、9行目：「お金を度外視した文化的価値を認められない人」と書かれている。

2 × 9、10行目：「芸術作品を買ったとしても」と書かれている。

3 × 10行目：「文化的価値ではなく、市場価値にお金を支払っている」人だと書かれている。

4 × 11、12行目：損得勘定で判断する人が、損を楽しめない人である。

9 4

1 × 「多くの」文化的価値とは書いていない。

2 × 広めることについては書いていない。

3 × 市場価値を高めることについては書いていない。

4 ○ 8～13行目：消費を「損」と捉えず、「損」を楽しむことが必要だと書いてある。

❹

□ 所以：reason　□ 浮遊する：float

10 2

1 × 3、4行目：オリジナリティを阻む行為ではなく、促す行為だ。

2 ○ 3、4行目：他者とのやりとりがあることによって、最終的に「自分のことばにして表現する」ことができる。

3 × 1行目：「もともとゼロから始まるわけではな」いと書かれている。

4 × 2行目：「本来的なオリジナリティ」は存在しないと書かれている。

11 3

1 × 6行目：「偽」ではなく「なかなか見つからない」、存在しないものである。

2 × 他人からの理解については書かれていない。

3 ○ 8行目：「オリジナリティは、はじめから「私」の中にはっきりと見えるかたちで存在するものではなく」と書かれている。

4 × 9行目：オリジナリティは「他者とのやりとりのプロセスの中で少しずつ姿を見せ始め」ると書かれている。

12 1

1 ○ 12行目：従来の考え方は「最終的に出来上がったかたちだけを対象としてきた」と書かれている。

2 × 1と同じ。

3 × 11行目：従来の考え方は「表現という行為をすべて一つのプロセスとして捉え」てこなかった。

4 × 12行目：従来の考え方は「最終的に出来上がったかたち（＝成果物）だけを対象としてきた」と書かれている。

❺

□ 呟き：muttering　□ 太古：ancient　□ 闇：darkness

13 **2**

1　×　2行目：「言葉を発明しながら喋る者はいない」と書いてあるが、発明が難しいという意味ではなく、発明と発話が同時にはならないという意味である。

2　○　4行目：「どんな言語も、辿っていけば太古の闇までつながっている。」と書かれている。

3　×　3、4行目：「赤ん坊の私に聞こえていた家族の言葉が、いつの間にか私の言葉になった。」と書かれているが、「家族」は大人だけとは限らない。

4　×　世界中の言葉の関連については書かれていない。

14 **1**

1　○　6、7行目：「この文字を書き、この音を発する間にも、すでに時は流れている。」と書かれている。

2　×　意識については書かれていない。

3　×　6、7行目：「この文字を書き、この音を発する間にも、すでに時は流れている。」と書かれているので、文字と音で違うわけではない。

4　×　7〜9行目：どの時点を現在と言うのかは、誰にも分からないので、過去と未来を考慮したとしても、判断できない。

15 **2**

1　×　13〜15行目：「周りの人からの問い」ではなく、自分が「行動する時の注意の〈働き〉そのもの」だと書かれている。

2　○　10、11行目：「〈私の現在〉は、私がこれからどんな行動を取ろうとしているかによって、いくらでも伸び縮みする。」と書かれている。

3　×　10、11行目：「過去の経験や職業など」ではなく、未来の自分の行動によって決まると書かれている。

4　×　物理的な時間については書かれていない。

❻

□ 決まりきった：routine　□ 通用する：widely understood　□ 打開する：break through
□ 新規事業：new business

16 **1**

1　○　4行目：「打開する」ために「考える力」が求められると書いてある。

2　×　他者と協力することについては書かれていない。

3　×　3行目：「世界を大きく変えてしまう」ことはありえるが、それを目指しているわけではない。

4　×　1、2行目：「決まりきったことをやれば成功できる時代」ではないと書かれている。

17 3

1　×　8、9行目：知的好奇心がもてれば、“わからない問題”に立ち向かうことができると書いてあるが、わからないことがなくなるとは書かれていない。

2　×　7行目「誰にだって、それを恐怖と感じることがあるのは当然のことです。」と書かれている。

3　○　5行目：「わからないことはわかりません。」と書いてある。

4　×　5行目：「人間がどんなに知識をもったとしても、やはりわからないことはわかりません。」と書かれている。

18 2

1　×　「いろいろなこと」とは書かれていないので、1つのことかもしれない。

2　○　12、13行目：「“わからないからできない”と立ち止まった人でなく、やはり“一体何が起こるんだろう”とワクワクして冒険に向かうことができた人なのでしょう。」と書いてある。

3　×　わからなくてもやってみることが大事だと書いてあるので、未来を予測することは大事ではない。

4　×　わからなくてもやってみることが大事だと書いてあり、わからないことを分析することが大事だとは書かれていない。

❼

□ にじみ出る：ooze　　□ 渦中：whirlpool　　□ 暗闇：darkness　　□ 糸口：clue

19 1

1　○　1行目：「悩みがない人はいません。」と書いてある。

2　×　4、5行目：「どんな人も、見た目の印象やその姿からは想像できない悩みや苦しみを抱えている」と書いてある。

3　×　人と関わらない人については書かれていない。

4　×　2、3行目：人と関わる中でうまくいかないことが起きるとは書いてあるが、人間関係が悩みの一番の原因だとは書いていない。

20 3

1　×　8行目：「解決のために向き合っている」人とは書いてあるが、「問題解決ができると信じている人」とは書いていない。

2　×　10行目：「問題の中に自分がいる人」は「苦しみがにじみ出ている人」だと読み取れる。

3　○　8行目：「幸せそうに見える人」は、「問題は、人生の中にある一部分だと、切り離して解決のために向き合っている」人だと読み取れる。

4 × 7行目：「問題の渦中の暗闇一点に立ち、そこから抜け出せないと思い込んでいる」人は「苦しみがにじみ出ている人」のことだ。

21 **4**

1 × 11行目：「俯瞰して自分と問題とを見つめること」ができれば解決につながると書いてあるので、問題についても考えることが重要だ。

2 × 10行目：「問題の中に自分がいるのではなく」と書いてある。

3 × 「軽く考える」とは書いていない。

4 ○ 11行目：「俯瞰して自分と問題とを見つめること」は、客観的に自分と問題について考えることという意味だ。

❽

□ 城塞：citadel　□ 異界：other world　□ いざない：invitation　□ ポジション：position
□ マジョリティ：majority　□ しばしば：often　□ アウトサイダー：outsider
□ あおりを受ける：receive criticism　□ 堅気：fortitude　□ レッテル：label　□ 抗えぬ：irresistible
□ 源泉：source

22 **4**

1 × 夢については1行目に書かれているが、「それ」に関連しているのは2行目「そして」よりあとの部分。

2 × 日常の外の異界からの誘いについては2行目に書かれているが、「それ」に関連しているのは2行目「そして」よりあとの部分。

3 × 4、5行目：「音楽を含む芸術／芸能が単なる娯楽ではなく」と書いてあるので、「楽しませる」以上に重要なことがあると読み取れる。

4 ○ 3、4行目：「中」に生きるマジョリティの人々には見えなくなっていることが、彼らにはきっと見える」と書いてある。

23 **2**

1 × 7、8行目：「彼らはまた、いざ何かことが起きたとき、真っ先にあおりを受ける弱き人々でもある」の「彼ら」はマイノリティなので、あおりを受ける側である。

2 ○ 11、12行目：「それはわたしたちを「今ここ」とは違う世界へ、異界へと誘ってくれる。」とあるが、「それ」は「怪しさ」のこと。

3 × 怪しさの強さについては書かれていない。

4 × 10、11行目：「この「怪しさ」もまた、芸術／芸能の抗えぬ魅力の源泉でもあるだろう。」とあるので、怪しさは実際にあると筆者は考えている。

24 **1**

1 ○ 12、13行目：「「よるべ」がないポジションにあるからこそ、同じようによるべなき人々への深い共感と想像力が働く。」とある。「よるべがない人々」は「不安定な立場の人々と同じ意味。

2　×　アウトサイダー同士で協力しているとは書かれていない。

3　×　マイノリティと闘う姿については書かれていない。

4　×　理想の世界については書かれていない。

❾

□ 行き詰まる：bogged down　□ 三原色：three primary colors　□ 波長：wavelength
□ めしべ：pistil　□ おしべ：stamen

25 2

1　×　鳥の目の大きさについては書かれていない。

2　○　7、8行目：鳥の目の細胞は1種類多く、その細胞は、紫外線に反応する細胞であることが分かる。

3　×　鳥の能力については書いていない。また、10行目に「鳥は、花びらに模様が入っているように見えます。」と書いてあるが、「花びらに反射する光を認識することができる」とは書いていない。

4　×　6行目：「人間は三原色で世界を見ていますが、鳥は四原色です」と書いてあるが、鳥の目の色が4色という意味ではない。

26 2

1　×　他人の意見を理解することについては書かれていない。

2　○　13～15行目：「見える世界が違うと、考え方も変わってきます。（略）視点を変えてみることで、視野が広がることがあるのです。」と書かれている。

3　×　自分の考え方を振り返ることについては書かれていない。

4　×　より正確な情報を得ることができるとは書かれていない。

27 4

1　×　16、17行目：「観察するのもよいでしょう」と書いてあるが、これは考えが行き詰まった時のことではない。

2　×　17行目：「退屈な説明をする人を見たら、「自分だったらどうするか」を考えるのもよい。」と書いてあるが、説明のパターンを増やすことについては書かれていない。

3　×　18行目：「思考パターンも増えていきます」と書いてあるが、真似するということについては書かれていない。

4　○　1～3行目：考えに行き詰まった時は鳥の目になって視点を変えてみようと書いてある。

⓾

28 **4**

1　×　3行目：「「どうやったら儲かるか」をやり続ける。そのことに成功し、」とあるので、儲けることには成功している。

2　×　周囲の期待については書かれていない。

3　×　能力については書かれていない。

4　○　5、6行目：「空しさを感じ、「これでいいのか?」と自問してしまう」と書かれている。

29 **3**

1　×　15、16行目：「私たちの社会はもはや物質的には十分豊かだ。いま真に求められているのは、生きることの創造性、「内的成長」の豊かさなのである。」と書いてある。

2　×　11、12行目：「「創造的な社会にしましょう」といった、一見「創造的」に見えながら「閉ざされた意味」へと駆り立てていくような、閉じた「創造性」とは違う。」と書かれている。

3　○　7、8行目：「私たちが常に新しい「生きる意味」に開かれて生きていることを意味している。」と書いてある。

4　×　人生の目標については書かれていない。

30 **1**

1　○　4〜6行目：「自分の人生に「内的成長」や「創造性」を欠いてしまっていれば、私たちはどこかで空しさを感じ、「これでいいのか?」と自問してしまうのだ。」と書いてある。

2　×　自己実現については書かれていない。

3　×　12〜14行目：「小さいときから、最大限効率的に生きることをたたき込み、一生自分が効率的かどうかチェックしながら生きるような社会は、実は創造性を欠き、「内的成長」をもたらさない社会なのだ。」と書いてある。

4　×　競争については書かれていない。

❶

□ 百舌：shrike　□ 風物詩：characteristic of a season　□ 瞭然：evident　□ 上書き：overwriting
□ 保留：pending

1 2

1　×　6、7行目：「トリの記憶力はびっくりするほど正確です。」と書いてある。

2　○　11行目：「トリは、その微妙な差異を厳密に区別します。」と書いてある。

3　×　昔と近年のトリが違うわけではなく、昔と近年のトリの記憶力に対する考え方が違うことについて書いてある。

4　×　「差がないものはすぐ忘れる」とは書かれていない。

2 1

1　○　17行目：「「このエサは自分が刺した獲物ではない」と判断してしまう。」と書いてある。

2　×　1と同じ。

3　×　1と同じ。

4　×　1と同じ。

3 1

1　○　20、21行目：「ほかの角度から眺めたら別人となります。」と書いてある。

2　×　平面・立体で捉えることについては書いていない。

3　×　20、21行目：「別の角度の顔の情報をインプットできない」のではなく、インプットした上で別人として判断するのである。

4　×　20〜22行目：記憶が正確すぎることとゆっくり判断できないことは関係がない。

4 4

1　×　25行目：「即座に上書き保存してしまうと、今度は初めの顔が別人になってしまいます。」とあるので、上書き保存すると「使える記憶」は形成できない。

2　×　27〜30行目：「保留」することと「疑う」ことは違う。

3　×　30行目：ゆっくり情報を集めるのではなく「ゆっくり認知」することが大切

4　○　27〜30行目：「保留」することは、「即座に判断せずに待つこと」という意味である。

❷

□ 節足動物（せっそくどうぶつ）：arthropod　□ 裏打ち（うらうち）：backing　□ 要請（ようせい）：request

⑤ **1**

1　○　11、12行目（ぎょうめ）：「きわめて主観的（しゅかんてき）な判断（はんだん）であるため正解（せいかい）とはなりません。」と書いてある。

2　×　1と同（おな）じ。

3　×　1と同（おな）じ。

4　×　1と同（おな）じ。

⑥ **4**

1　×　3行目（ぎょうめ）：「答（こた）えは「クモ」」なので、正（ただ）しい答（こた）えではない。

2　×　18行目（ぎょうめ）：「アリのみが「群居性（ぐんきょせい）」」とあるので、「一（ひと）つだけに当（あ）てはまる」

3　×　3行目（ぎょうめ）：「答（こた）えは「クモ」」なので、正（ただ）しい答（こた）えではない。

4　○　21〜23行目（ぎょうめ）：「「正解（せいかい）とされる分類（ぶんるい）」というのは、それが「社会（しゃかい）において一般的（いっぱんてき）に用（もち）いられる基準（きじゅん）である」、もしくは「社会（しゃかい）において重要度（じゅうようど）が高（たか）いとされている基準（きじゅん）である」ということによって裏打（うらう）ちされている」と書（か）いてある。

⑦ **1**

1　○　23、24行目（ぎょうめ）：「私（わたし）たちが何（なに）かを学（まな）ぶということは、社会（しゃかい）において重要（じゅうよう）とされている分類基準（ぶんるいきじゅん）を自分（じぶん）のものとするということを意味（いみ）しています。」と書（か）いてある。

2　×　25、26行目（ぎょうめ）：「このとき私（わたし）たちは、少（すこ）しだけ「自分（じぶん）を殺（ころ）す」ことになります。それが「大人（おとな）になる」ということであり、「社会化（しゃかいか）する」ということです。」と書（か）いてある。

3　×　28、29行目（ぎょうめ）：「重要度（じゅうようど）に差（さ）をつけるのは、社会（しゃかい）の要請（ようせい）によるもの」なので、自分（じぶん）で重要（じゅうよう）な基準（きじゅん）を選（えら）ぶわけではない。

4　×　1と同（おな）じ。

⑧ **2**

1　×　29行目（ぎょうめ）：「「本来的（ほんらいてき）な正（ただ）しさ」はそこには存在（そんざい）しません。」と書（か）いてある。

2　○　28、29行目（ぎょうめ）：「それらの重要度（じゅうようど）に差（さ）をつけるのは、社会（しゃかい）の要請（ようせい）によるものであって、」と書（か）いてある。

3　×　2と同（おな）じ。

4　×　1と同（おな）じ。

❸

□ 百聞は一見にしかず：a picture is worth a thousand words	□ 雄弁：eloquence
□ ビジュアル：visual　□ ゆだねる：entrust	□ 懐の広さ：open-mindedness
□ 押し付けがましさ：assertiveness	□ 表裏一体：two sides of the same coin

9 2

1　×　　1、2行目：「絵は言葉より雄弁です。しかし雄弁であるということは、雄弁すぎて困る場合もあるということです。」と書いてあるので、必要以上のことを伝えるのは文字ではなく絵である。

2　○　　6行目：「よりイメージの広がりを持たせたい場合は、「文字」」と書いてある。

3　×　　2と同じ。

4　×　　2と同じ。

10 1

1　○　　13、14行目：「どれほどの言葉の代わりをビジュアルイメージは表現してしまうのでしょうか?」と書いてある。ビジュアルイメージはこの場合、写真である。

2　×　　1と同じ。

3　×　　興味については書かれていない。

4　×　　1と同じ。

11 4

1　×　　18、19行目：「言葉の持つある意味での曖昧さ、読み手にそのイメージをゆだねる懐の広さが、子供の持つ想像力を伸ばしてくれる」と書いてある。

2　×　　1と同じ。

3　×　　1と同じ。

4　○　　1と同じ。

12 1

1　○　　20〜22行目：「雄弁である利点は、相手に対してはっきりと物事を見せつけることができ、しっかりとした計画性の下に使えば、より信頼度の高い表現になるということです。」と書いてある。

2　×　　21、22行目：「しっかりとした計画性の下に使えば」よいと書いてあり、「言葉よりも積極的に使うべき」とは書いていない。

3　×　　21、22行目：絵は「しっかりとした計画性の下に使えば、より信頼度の高い表現になる」と書いてある。

4　×　　24行目：「使う人のセンスをより磨く」のではなく、「素材の持つ性質をうまく使ってやれば、よりセンス良く表現できる」と書いてある。

統合理解 (p.82〜87)

❶

> □ いまひとつ：not quite　□ 所作：behavior　□ 惜しむ：regret　□ 自然体：natural body
> □ 深堀り：deep dive　□ つじつまが合う：coherent　□ しどろもどろ：incoherent
> □ 包み隠す：conceal　□ さらけ出す：expose

1 1

1　○　Aには「面接では印象がいのちです。」とあり、Bには「本音で話せる相手かどうかは信頼関係を築いていく上で重要です。」と書いてある。

2　×　Aには「会社は複数の人間が集まり、協力して仕事をするところ」と書いてあるが、「協調性が大事」とまでは書いていない。Bは「欠点や苦手なことがあったとしても、素直に認めて包み隠さず伝えてほしいと思います。」と書いてあるので「素直さが大事」というのは正しい。

3　×　Aには「どんなに頭が良くても、どんなに経歴が素晴らしくても、印象がいまひとつの人を会社は採用しません。」と書いてあり、Bには「話が上手で印象が良くても、」よくない場合があると書いてある。

4　×　Aには「時間を惜しまず、しっかりと練習しましょう。」とあるので、正しい。Bには熱意については書かれていない。

2 3

1　×　Bには「自分をよく見せようとアピールする気持ちは分かりますが、明らかに嘘をついている場合は直感的に分かります。」と書いてあるので、アピール力は重要ではない。

2　×　Bには「明らかに嘘をついている場合は直感的に分かります」と書いてあるが、Aには嘘については書かれていない。

3　○　Aには「あなたと会社との相性を見極め」と書いてあり、Bには「マッチングなので、会社との相性がかなり重要になります。」と書いてある。

4　×　Aには「姿勢、歩き方、笑顔、声など、小さな所作を意識しましょう。」と書いてあるが、Bには書いていない。

❷

> □ オノマトペ：onomatopoeia　□ 情感：emotion　□ 安直に：cheaply　□ 文体の妙：stylistic oddity
> □ 喚起させる：evoke

3 1

1　○　Aには「小説など書きことばではなるべく避けるほうがいいことばでもあります。これを多用した文は完成度が低いとみなされる場合が多い。」と書いてあり、Bには「創作の世界、特に小説や漫画では、作品独自のオノマトペが読者により強い印象を与え、作品のオリジナリティを高めてくれます。」と書いてある。

2　✕　Aには「赤ん坊や幼児に話しかけるときに好んで用いられます。」と書いてあるが、Bには「オノマトペは子育ての場面で使われることが多いため、幼児語だと思われがちですが、実は大人にも様々なプラスの作用をもたらすことが分かっています。」と書いてあり、「主に大人に対して使う」とはいえない。

3　✕　Aには「小説など書きことばではなるべく避けるほうがいいことばでもあります。」と書いてある。Bには「オノマトペを適切に使うと」「上手にオノマトペを使用することで」、「プラスの作用をもたらす」と書いてあるが、「多用したほうがいい」とは書いていない。

4　✕　Aには「たいていの作家はオノマトペが頭に浮かんだら、それを別の表現に移しかえようとします。」と書いてあり、Bには「適切に使うと」と書いてあるが、どちらも現状を説明しているだけで、「べきだ」とは書いていない。

4 4

1　✕　Aには「なるべく避けるほうがいい」と書かれているが、Bには量について注意すべきとは書かれていない。

2　✕　Bには「聞いている人の印象に残りやすくなります。」と書いてあるが、Aには「情感や気分に訴える」と書いてあるだけで、「印象に残る」かどうかは書かれていない。

3　✕　Aには「赤ん坊や幼児に話しかけるときに好んで用いられます。」と書いてあるが、Bには「幼児語だと思われがちですが、実は大人にも様々なプラスの作用をもたらすことが分かっています。」と書かれているので、幼児語だとはいえない。

4　◯　Aには「情感や気分に訴える」と書かれていて、Bには「オノマトペは脳に直接働きかけ、感情やイメージを喚起させやすい」と書いてある。

❸

□ 寄り添う：get close to　□ クリエイティブ：creative　□ パターン：pattern　□ 普及率：diffusion rate
□ スペース：space　□ 確保：security

5 2

1　✕　Bには「維持や管理が大変だ」と書かれているが、Aは管理について書かれていない。

2　◯　Aには「これ（ロボットが日常生活に入り込むこと）も相当難しいことではないかと感じている。」と書かれていて、Bにも「実際の介護現場での普及率はまだまだ低いのが現状です」と書いてある。

3　✕　Aには効率については書かれていない。Bには「現在の介護ロボットはまだ複雑な作業が難しく、同じ作業でも人間のほうが安全で速くできる場合が多い」と書いてあるので、効率は低い。

4　✕　介護現場の人々に好ましく思われているかどうかはAにもBにも書かれていない。

⑥ 2

1　×　Ａには「必要不可欠」とは書かれていない。Ｂには「コストが高い」と書かれているので、「必要経費が高い」は正しい。

2　○　Ａには「クリエイティブであることを要求される」から「相当難しい」と書かれていて、創造性に欠けていると読み取れる。Ｂには「まだ複雑な作業が難しく」と書いてあるので、「単純作業しかできない」と読み取れる。

3　×　Ａには「人を落ち着かせられて」いるかどうか書かれていない。Ｂには「大型のロボット」について書かれているが、大型が主流だとは書かれていない。

4　×　Ａには使い方の難しさについては書かれていない。Ｂには「まだ複雑な作業が難しく」と書いてあるので、「難しい作業がまだできない」は正しい。

❹

□ 永続的：permanent　□ 地続き：lasting　□ ニーズ：needs　□ グラデーション：gradation
□ 潜在的：latent

⑦ 2

1　×　Ｂは、多様な人々が一緒に企画や開発を行うことによって、「柔軟な発想や創造力を得ることができる」と書いてあるが、「柔軟性が必要」とは書いていない。Ａには柔軟性について何も書かれていない。

2　○　Ａには「目が見えにくい人にとって見やすくデザインされた標識は、メガネを忘れた人、加齢により視力が低下している人、急いでいる人にも読みやすくなります。」と書いてあり、Ｂには「障がい者などが持つ制約は、高齢者や妊婦、子供、外国人にも共通しうる問題であることが（略）多様な人々にとって受け入れやすい商品を開発することができるのである。」と書いてある。

3　×　Ａには「「障害者」とそうでない人とは明確に切り分けられるものではな」いと書いてあるが、障がい者になりうるということを「忘れてはならない」とは書かれていない。Ｂには「誰でも障がい者になりうる」とは書かれていない。

4　×　Ｂには「一緒に企画や開発を行う会社が増えている」とは書いてあるが、「協力すべき」とまでは書いていない。Ａには協力することについては何も書かれていない。

⑧ 4

1　×　Ａは「高齢者と同じ」とは書かれていない。Ｂは「障がい者」と高齢者や妊婦、子供、外国人を区別していて、誰もが障がい者だとは書かれていない。

2　×　Ａには「他の人々と似た部分がある」とは書かれていない。「障がい者以外とはっきり区別できない」と書いているのはＢではなくＡで、「「障害者」とそうでない人とは明確に切り分けられるものではなく」と書いてある。

3　×　Ａには「「障害者」とそうでない人とは明確に切り分けられるものではな」いと書かれているので、「誰もが程度の違いはあれ障がい者である」といえるが、Ｂは「高齢者と同じ」だとは書いていない。

4　○　Ａには「「障害者」とそうでない人とは明確に切り分けられるものではなく」と書いて

あり、Bには「障がい者などが持つ制約は、高齢者や妊婦、子供、外国人にも共通しうる問題であることが多く」と書いてある。

主張理解（長文）

❶

□ 興じる：have fun	□ はまり込む：get stuck in	□ のめり込む：be absorbed in	□ おろそか：neglect
□ 定番：standard	□ 原則論：principle	□ バーチャル：virtual	□ リアル：real	□ 危うい：risky
□ リアリティ：reality	□ 手立て：means	□ はまる：get hooked on	□ 強いる：forced

1 2

1 ×　2、3行目：「学校の勉強がおろそかになってしまうというのが、親の心配の定番なのだが、」とあるので、筆者の考えはこれとは違う。

2 ○　3、4行目：「問題はゲームの側にあるというより、むしろ学校の勉強が面白くないということにあると言った方がよい。」と書いてある。

3 ×　習慣については何も書かれていない。

4 ×　10行目：「親からすると、ゲームはあくまでバーチャル、楽しくったって何の役にも立たない。」と書いてあるが、これは筆者の意見ではなく、一般的な親の意見として書かれている。

2 4

1 ×　中毒性については書かれていない。

2 ×　10行目：「親からすると、ゲームはあくまでバーチャル、楽しくったって何の役にも立たない。」というのは、「ゲームはバーチャルで楽しいが役に立たないと親は思っている」ということである。

3 ×　11、12行目：「リアルな世界を放っておいて、バーチャルな世界にはまるなんてことになると、それこそ子どもの将来は危うい。」と書いてあるが、この場合の「危うい」というのは、不安な、不安定な、という意味である。

4 ○　2と同じ。

3 1

1 ○　17、18行目：「学校の勉強で知ったことも、身につけたことも、試験という場で使うだけで、子どもたちの日々の生活世界のなかに直接生きてはいない。」と書いてある。

2 ×　16行目：「不安も恐怖もある」が、「その場限りのもの」だとは書かれていない。

3 ×　15、16行目：「勉強の成績次第で自分の将来が左右されると言われれば、そのとおりかもしれない」と書いてあるので、「関係がない」とはいえない。

4 ×　14、15行目：「子どもからすれば、ゲームがバーチャルだとすれば、学校の勉強も同じくらいバーチャルである。」と書いてあるので、ゲームにもリアリティはない。

1　×　22、23行目：「そのバーチャリティを追い落とすだけのリアリティがほかになければ、」と書いてあり、面白さではなく「リアリティ」が必要だといっている。

2　○　24、25行目：「じつは、そのこと（子どもがゲームにはまること）を強いている状況もまた確実にあると言わなければならない。」と書いてあるが、その状況とは学校や社会のことである。

3　×　今後増えるかどうかは書いていない。

4　×　ゲームに夢中になることがいいことだとは書いていない。

❷

□ 当人：the person in question　□ ハンディキャップ：handicap　□ 健常者：healthy
□ 思い上がり：hubris　□ まっとうな：decent　□ 付与：grant　□ 稼働：operation
□ 代償：compensation　□ 画一的：uniform　□ 万能感：versatility　□ 躍起：excited
□ どんぐりの背くらべ：more or less the same　□ めいめい：per each　□ 思い及び：have in mind
□ しでかす：mess up　□ 生来：innate

5 4

1　×　2行目：「強みとして働くことも珍しくない」と書いてあるので、長所になることもあるといっているが、「長所として活かすべき」だとはいっていない。

2　×　3、5行目：「健常者」や「通常の人間」を障害者と区別して書いているので、正しくない。

3　×　2、3行目：「すぐに弱点ととらえてしまうのは、健常者の思いあがりというものである。」と書いてあるが、健常者だけだとは書いていない。

4　○　2行目：「それどころか、正反対に、強みとして働くことも珍しくないのだ。」と書いてある。

6 1

1　○　6、7行目：「ふつう私たちは与えられたものの、ごくわずかしか活かしていない」、10、11行目：「ふつうならば眠っているものが、目を醒ますのだ。」と書いてある。

2　×　9、10行目：「劣っている面が存在するからこそ、それを代償しようと常になく他の能力が発揮されることがある。」と書いてあるので、劣っているのと同じ能力を伸ばすわけではない。

3　×　10行目：「ふつうならば眠っているものが、目を醒ますのだ。」の「眠っている」というのは、能力が使われていないという意味で、人が寝るという意味ではない。

4　×　19、20行目：「障害者の方が、人間生来の力を出していることになる。」と書いてあるので、障害者の方が高い能力を発揮することがあるといえる。

7 **2**

1 × 12〜14行目：「今日の日本の教育は、〜育つ人材はどんぐりの背くらべである。」と書いてある。「教育が十分に影響していないので、個性が伸ばせていない」というのが正しい。

2 ○ 12行目：「健常者の生というのは、思いのほか画一的である。」と書いてある。

3 × 15、16行目：「障害というのは、個々人を比べてみて、その質と量において、誰ひとりとして他の人と同じということがない。だから、それを補おうとする働きもそれぞれで異なってくる。」と書いてあるので、障害があるほうが個性が表れやすい。

4 × 健常者の個性を捉える枠組みについては書かれていない。

8 **2**

1 × 16、17行目：「私たちの身体には、機能しない側面がある時、バランスを回復しようとする力がある」からであって、「健常者のようになろうと必死に努力するから」ではない。

2 ○ 16、17行目：「私たちの身体には、機能しない側面がある時、バランスを回復しようとする力がある」から＝「障害をカバーしようとするから」

3 × 18行目：「個性を深く追求する」ことを目的にするのではなく、結果として「障害者ならではの個性が生まれる」ことになる。

4 × 自分の身体のことをよく考えているかどうかについては書かれていない。

❸

□ キリがない：endless　□ 極論：extreme logic　□ 顧みる：reflect on　□ はたから：from the side
□ 拒絶：rejection　□ 欠落：lack　□ 唯一：unique　□ 一筋：single-minded　□ 通告：notification

9 **3**

1 × 2行目：「人生という期間限定の制約の中を生きている」から何を選ぶかが大事になるとは書いてあるが、制約の中を生きていることを意識するということについては書かれていない。

2 × 6行目：「あなたは何を選んでもよい」と書いてあるので、「最低限のものに絞る」必要はない。

3 ○ 3〜5行目：必要なものや欲しいものが無限にあるが、「その中から何を選ぶのかが重要なのである。」と書いてある。

4 × 「他者のために生きること」については書かれていない。

10 **3**

1 × 8、9行目：「家族に嫌われ、はたから見て幸福そうに見えなかったとしても、それはそれでよい。」と書いてあるので、問題ではない。

2 × 「再就職先を全く考えていなかった」ことが問題なのではなく、仕事に優先順位を置いていたのに退職後にその優先順位を変えたことが問題なのだ。

3 ○ 11、12行目：「仮に「こんなはずではなかった」などと後悔するようなら、それは、その人物の優先順位にもともと大きな欠落があったということだ。」と書いてある。

4 × 「他者から見て幸福そうに見えるか」については書かれていない。

⑪ 1

1 ○ 16、17行目：「優先順位を考えるというのは、死の瞬間までを想定して、順番をつけるということだ。」と書いてある。

2 × 14〜16行目：「今という瞬間」ではなく「未来を想定して生きるということ」を忘れていたこと

3 × 18、19行目「——優先順位の大変換——を想定もせず」と書いてある。

4 × 「ごめんなさい。何も考えていませんでした」と「しまった、宿題やってないわ」は、ミスを正直に言っているのではなく、優先順位が変わることを考えていなかったという意味である。

⑫ 3

1 × 23〜25行目：仕事一筋という価値観が問題なのではなく、その考え方が変わることが問題なのだ。

2 × 実際の老後がどうなるかについては書かれていない。

3 ○ 25、26行目：「そこに優先順位を置かなかったのだし、そこまで覚悟を決めていたのであれば、」問題ないと書かれている。

4 × 妻の価値観との関連については書かれていない。

❹

□ もろもろ：various　□ 優劣：relative merits　□ 反転現象：reversal　□ 流動的：fluidity
□ 絶対視：regard as absolute　□ 自明的：evident　□ 括り：conclusion　□ 放棄：abandonment

⑬ 1

1 ○ 3〜5行目：「家族をはじめとして、地域の集まり、友好的な仲間たちとのサークル、その他、もろもろの無数のさまざまな社会や共同体（コミュニティ）に同時にわたしたちは属しているわけである。」と書いてある。

2 × 8行目：「それぞれの社会や共同体には優劣がない」と書かれている。

3 × 4行目：「無数の」と書いてあるので、限られていない。

4 × 6、7行目：「その都度、その都度の状況によって、何らかの優先順位をつけながら、わたしたちは行動しているわけだが」と書いてあるので、いつもこれらを優先しているわけではない。

⑭ 4

1 × 9、10行目：「わたしたちはそうした社会や共同体の枠組みをいつのまにか限定的に捉え、その自分のイメージのなかに自らを位置づけている」と書いてあるので、イメージを変えようとはしていない。

2 × 「社会の要求」については書かれていない。

3 × 10行目：「自分のイメージのなかに自らを位置づけている」と書いてあるので、逸脱した行動はしていない。

4 ○ 10行目：「自分のイメージのなかに自らを位置づけている」というのは、「架空の社会に合わせて行動している」という意味と同じ。

15 3

1 × 社会が未熟かどうかという観点の記述はない。

2 × 文化や価値観の多様性については書かれていない。

3 ○ 18、19行目：「社会を固定的な実体として見る考え方から解放されること、社会が流動的であるという感覚を持つこと」と書いてあるので、「流動的」に近い意味の「変容する動態」が正しい。

4 × 16行目：社会のイメージは「作りかえられていく」とあるので、社会は固定的な「規範」ではない。

16 2

1 × 21行目：「このことは、民族・国家・言語の境界を絶対視しないことともつながっている。」と書いてあるので、社会の境界を自覚するのではなく疑うべきだ。

2 ○ 22行目：「「日本人」「日本社会」「日本語」という自明的な括りを疑うことが第一歩である。」と書いてあるので、「疑う」に意味が近い「問い直す」は正しい。

3 × 23、24行目：「「制度が決めたから」「昔からそうなっているから」（略）という理由は成立しない。」と書いてあるので、「伝統を重んじるべき」ではないと考えている。

4 × 23、24行目：「「みんながそうだから」という理由は成立しない。」と書いてあるので、「社会に合わせて行動するべき」ではないと考えている。

読解

37

❶

□ 該当：applicable　　□ 聴講生：auditor student　　□ 誓約書：pledge

1 1

1　○　注意事項7行目：「写真の方は、撮影地を（略）申込書に忘れずにご記入ください。」と書いてあるが、撮影の制限はない。
2　×　注意事項10行目：「既発表の作品は不可とします。」と書いてある。
3　×　注意事項8行目：「額を使用した作品を展示する場合は、安全上、ガラス板の使用は不可とします。」と書いてある。
4　×　注意事項6行目：「上記以外の：（略）（重量30kg以内）」と書いてある。

2 3

1　×　「●応募方法」に「裏面の注意事項をご確認の上、申込書に必要事項を記入し、さくら市文化祭り実行委員会事務局までお申し込みください。（郵送・メール・FAX可）」と書いてあるが、電話可とは書いていない。
2　×　「●応募方法」に「裏面の注意事項をご確認の上、申込書に必要事項を記入し、さくら市文化祭り実行委員会事務局までお申し込みください。（郵送・メール・FAX可）」と書いてある。
3　○　2と同じ。
4　×　2と同じ。

❷

□ コンセプト：concept　　□ 用途：use　　□ 原状復帰：restoration to original state

3 4

1　×　2,500＋3,000＋600＋100×5脚　施設使用料は、さくら市内在住ではなくさくら市外在住の金額を見なければならない。
2　×　2,500＋3,000＋600×2区分＋100×5脚×2区分　施設使用料は、さくら市内在住ではなくさくら市外在住の金額を見なければならない。
3　×　3,300＋4,000＋600＋100×5　プロジェクターとパイプイスの使用料は、1つ、1利用区分につきの金額である。
4　○　3,300（施設使用料、さくら市外在住、午前）＋4,000（施設使用料、さくら市外在住、午後）＋600（プロジェクター）×2区分＋100（パイプイス）×5脚×2区分。

4 3

1　×　「飲食は飲料のみ可能です」と書いてある。

2 × 「営利（商行為を目的とした催物など）を目的とした施設の利用は禁止しています」と書いてある。

3 ○ ダンスでの利用は、音量に注意すれば問題ない。

4 × 「高校生以下の方のみのご利用はできかねます」と書いてある。

❸

□ 履修：taking a course　□ 所定：designated　□ 控え：copy

5 1

1 ○ 「提出前に必ずご自身用の控えをとってください」と書いてある。

2 × 4/28（金）17時は「履修取消届の提出期限」だと書いてある。

3 × 学生支援課ではなく「指導教員に相談」と書いてある。

4 × 「履修取消に伴う追加の履修登録はできません」と書いてある。

6 3

1 × 「やむを得ない事情で窓口での申請ができない場合」は、必ず「学生支援課」のメールアドレスに連絡するようにと書いてある。

2 × 「ご連絡ください」と書いてあるが、「履修取消届を送る」とは書いていない。

3 ○ 1と同じ。

4 × 電話ではなく、メールで連絡しなければならない。

❹

□ ユーモア：humor　□ 被写体：subject　□ 画題：subject matter　□ 天地：top and bottom
□ 異議を申し立てる：file an objection

7 3

1 × 「インターネットで掲載済みのものとみなされた場合は、入賞を取り消します。」と書いてある。

2 × 「最大254×305mm」と書いてある。

3 ○ 「1人3点以内」とは、3点も可能という意味である。

4 × 他のコンテストなどに応募予定の作品は入賞を取り消すと書いてある。

8 2

1 × ホームページで公表するのは、作品ではなく、入賞者の結果である。また、「応募作品は、返却できません。」と書いてある。

2 ○ 「さくらプラザ1階ギャラリーに入賞作品を展示します。」「展示終了後、入賞作品を収録したカタログを作成し、応募者全員に贈呈します。」と書いてある。

3 × 作品はホームページで公表されない。

4 × 「応募作品は、返却できません。」と書いてある。

1 2 ◀)) 002

1　大学の図書館で女の留学生とスタッフが話しています。女の留学生はこのあとまず

2　何をしなければなりませんか。

3　F：すみません、ホームページ上で本の貸出延長手続きをしようとしてもできなかっ

4　　　たんですが。

5　M：貸出の延長ですね。図書館サービスのサイトへの利用者登録はもうお済みです

6　　　か。

7　F：はい、いつもはホームページ上で問題なく手続きができているんですが、なぜ

8　　　か今日はできなかったんです。

9　M：延滞資料がある場合は、貸出延長ができないことになっているんですが、お心

10　　　当たりはありますか。

11　F：返却は全部しているはずですけど…。

12　M：もしくは、ほかの方が予約されているのかもしれません。ちょっと調べてみます

13　　　ね。学籍番号を教えていただけますか。

14　F：はい、6652140です。もしかしたら、先月授業で先生がこの本の紹介をされてい

15　　　たので、読みたい人が多いのかもしれません。あ、今思い出したんですけど、

16　　　返却し忘れてる本、ありました。

17　M：ではそちらをまずご返却の上、ホームページ上で手続きをお願いします。

18　女の留学生はこのあとまず何をしなければなりませんか。

□ 延滞：overdue payment　□ 心当たり：idea　□ 学籍番号：student ID number

1　×　5行目「サイトへの利用者登録はもうお済みですか。」に対して7行目「はい」と答えている。

2　○　17行目「そちらをまずご返却の上、ホームページ上で手続きをお願いします。」と言っているが、「そちら」というのは「返却し忘れている本」つまり「期限を過ぎた本」である。

3　×　「ではそちらをまずご返却の上」というのは、女の人が返すということで、ほかの人が返すということではない。

4　×　「そちらをまずご返却の上、ホームページ上で手続きをお願いします。」と言っている
ので、延長手続きを行う前にまず返却しなければならない。

2 1　🔊 003

1	会社で男の人と女の人が話しています。男の人はこのあと何をしますか。
2	M：あの、先輩、きのうの会議の議事録、きのうの4時ごろお送りしたのですが、
3	確認していただけましたか。
4	F：あ、ちょうどメールで伝えようと思ってたんだけど、先方からのご要望のあたり、
5	要約があんまり上手くまとまっていないんだよね。
6	M：そうですか。長くなってしまったので短く書き直したんですが、情報をはしょり
7	すぎたのかもしれません。
8	F：まあそれは一旦書き終わってから修正するとしても、今後の予定の部分はもう
9	少し詳しく書いたほうがいいと思うよ。
10	M：そうですか。その部分は特に重要だと思ったので、一度書いたあとに会議の録
11	音ファイルを聞き直して書き加えたんですが。
12	F：うーん、だとしても、やっぱりもっと大事な情報が、あ、例えば来週のイベント
13	の機材確認の件とか。予定の分だけ、もう一度録音ファイルを聞き直したほう
14	がいいんじゃないかな。
15	M：はい、承知しました。では修正してから今日中にメールでお送りするようにしま
16	す。
17	男の人はこのあとまず何をしますか。

□ 議事録：meeting minutes　□ はしょる：tuck in　□ 一旦：once

1　○　13、14行目「もう一度録音ファイルを聞き直したほうがいいんじゃないかな。」と言
　　われて「はい」と答えている。
2　×　8、9行目「まあそれは一旦書き終わってから修正するとしても、今後の予定の部
　　分はもう少し詳しく書いたほうがいいと思うよ。」と言っているので、要約部分では
　　なくまず今後の予定の部分を書き直す必要がある
3　×　議事録について話しているので、予定を立てるのではなく、会議で話し合った予定
　　の部分をどう書くかが問題になっている
4　×　15、16行目「では修正してから今日中にメールでお送りするようにします。」と書いて
　　あるので、メールを送るのは修正したあとである。

1　電話で男の人と女の人が話しています。男の人はこのあとまず何をしますか。

2　M：もしもし。

3　F：川田さんのお電話でよろしいでしょうか。

4　M：はい。

5　F：先日は面接に来てくださりどうもありがとうございました。結果は採用ということ
6　　　で、ぜひ当店で働いていただければと思うのですが、来週から早速働いていた
7　　　だくことは可能でしょうか。

8　M：どうもありがとうございます。来週から、大丈夫です。これからどうぞよろしくお
9　　　願いいたします。

10　F：では、一度お時間のおありの時に当店に来ていただけますでしょうか。詳しくご
11　　　説明差し上げたいと思いますので。

12　M：はい、分かりました。

13　F：その際に書類にご捺印をいただきたいので、印鑑をご持参ください。印鑑はお
14　　　持ちですか。

15　M：はい、あります。

16　F：それから、覚えていただくことが多いので、手のひらサイズのメモ帳があるといい
17　　　と思います。

18　M：はい、メモ帳ですね。

19　F：あと、当日、給与の振込先の情報を教えていただきたいんですけど。さくら銀
20　　　行の口座はお持ちですか。

21　M：いえ。

22　F：ではなるべく早く口座を開設しておいていただけますでしょうか。当日は銀行通
23　　　帳のコピーをご持参ください。

24　M：はい、分かりました。

25　F：では、来ていただく日の候補日をこのあとすぐメールでお送りしますので、至急
26　　　ご返信ください。

27　M：はい、承知しました。よろしくお願いいたします。

28　男の人はこのあとまず何をしますか。

□ 捺印：seal　□ 手のひらサイズ：palm-sized　□ 候補日：proposed date

1 × 13、14行目「印鑑はお持ちですか。」と聞かれて「はい、あります。」と答えている。
2 × 22行目「ではなるべく早く口座を開設しておいていただけますでしょうか。」と言っているが、それがまずすることではない。
3 × メモ帳を買う必要はあるが、まずすることではない。
4 ○ 25、26行目「至急ご返信ください。」とある。

4 2　🔊 005

1	大学で女の留学生と男の留学生が話しています。女の留学生はこのあとどうします
2	か。
3	F：先輩、統計の授業の期末レポート、全然字数が埋まらないんですが、先輩も
4	去年取ってたって言ってましたよね？
5	M：統計？ あぁ、取ってたよ。期末レポートってどんな課題だったっけ？
6	F：今年のは、統計学関連の本を読んで、おもしろかった点を具体的に書くってや
7	つですけど。
8	M：あ、去年も同じだったよ。字数は全部でどのぐらい？
9	F：A4 1枚程度と書いてあるんですが、まだ半分しか埋まっていないんです。
10	M：そうか。おもしろかった点はいくつ書いたの？
11	F：2つです。
12	M：そっか。2つなら十分だと思うから、なんでその2つがおもしろかったのかって
13	いう理由を深く考えたほうがいいと思うな。
14	F：うーん、深くって言っても…。実は、おもしろい箇所が全然見つからなくて、無
15	理やり2つ絞り出して書いたんです。
16	M：だから少ししか書けないんだよ。うそ書いても自分のためにならないんだから、
17	まずは本を読み返して、その2つをなんで選んだのかっていう理由をゆっくり考
18	えてみて。行き詰まったら、授業内容を思い出してみるとヒントが得られるかも
19	しれないよ。書き始める前にとにかく考えることが大事だよ。
20	F：はい、分かりました。ありがとうございます。
21	女の留学生はこのあとどうしますか。

□ 字数が埋まらない：not enough character　□ 絞り出す：squeeze out　□ 行き詰まる：get stuck

1　×　18、19行目「行き詰まったら、授業内容を思い出してみると、ヒントが得られるかもしれないよ。」と言っているので、行き詰まらなかったら思い出す必要はない。

2　○　17、18行目「まずは本を読み返して、その2つをなんで選んだのかっていう理由をゆっくり考えてみて」と言っている。

3　×　授業ではなく、おもしろかった点2つを選んだ理由を考えるように言っている。

4　×　自分が書いた文章ではなく本を読み返すように言っている。

⑤ 2　　🔊 006

1	病院で受付の人と男の人が話しています。男の人はまず何をしますか。
2	F：今日は内科の受診ですね。
3	M：はい。
4	F：番号札はこちらです。ではこちらの問診票を、そちらの待合室のお席でお書きく
5	ださい。書き終わり次第、こちらにお持ちください。血圧はそちらの機械で
6	測っていただきまして、結果を診察時に先生にお見せください。
7	M：はい。あれー、随分込んでいるんですね。ちょっとこれは出直してきたほうがい
8	いかもしれないですね。2時間ぐらいあとに診ていただくことって可能でしょう
9	か。
10	F：はい、大丈夫ですよ。では、可能でしたら一度お帰りになる前に問診票を出
11	しておいていただけますか。
12	M：はい、分かりました。
13	F：血圧は戻られてから測っていただいて構いません。番号札は後ほど再発行いた
14	しますので、そちらは破棄していただけますか。
15	M：はい、すみません。ありがとうございます。
16	男の人はまず何をしますか。

□ 受診：medical examination　□ 問診票：medical questionnaire　□ 出直す：re-attend
□ 破棄：destroy

1　×　10、11行目「可能でしたら一度お帰りになる前に問診票を出しておいていただけますか。」と言われて「はい、分かりました。」と答えているので、帰る前に問診票を出す

2　○　1と同じ。

3　×　13行目「血圧は戻られてから測っていただいて構いません。」とある。

4　×　13、14行目「番号札は後ほど再発行いたしますので、そちらは破棄していただけますか。」とあるので、番号札は返さずに捨てる。

1	会社で男の人と女の人が話しています。女の人はこのあとまず何をしますか。

1　会社で男の人と女の人が話しています。女の人はこのあとまず何をしますか。

2　M：明日の研修会ですが、準備は順調に進んでいますか。

3　F：はい。出席者のリストは作成済みです。それから、講師の先生との最終的な打

4　　　ちわせは本日午後3時からの予定です。

5　M：3時からか。そうすると配布資料のコピーはそのあとになるのかな。

6　F：配布資料はもうこれ以降変更はないということでしたので、これからコピーしてお

7　　　きます。

8　M：機材の確認は済んでいますか。

9　F：いえ、これからです。佐野さんにお願いしてあります。

10　M：そう。あ、そういえば石川さんが、参加者からの問い合わせがあったって言っ

11　　　てたなぁ。一段落してからでいいから、石川さんに確認しといてもらえる？

12　F：はい、分かりました。

13　女の人はこのあとまず何をしますか。

□ 一段落：end of one stage

1　×　11行目「一段落してからでいいから、石川さんに確認しといてもらえる？」とあるの
　　　で、石川さんへの確認は、まずすることではない。

2　×　打ち合わせは午後3時からで、その前にコピーすると言っている。

3　○　6、7行目「配布資料はもうこれ以降変更はないということでしたので、これからコ
　　　ピーしておきます。」と言っている。

4　×　8行目「機材の確認は済んでいますか。」と聞かれて、9行目「佐野さんにお願いし
　　　てあります。」と答えている。

1　陶芸教室で女の人と男の人が話しています。男の人はこのあとまず何をしますか。

2　F：陶芸教室へのご参加は今回が初めてですか。

3　M：ええ。

4　F：お皿、お椀、カップでしたらどれがよろしいですか。

5　M：カップでお願いします。

6　F：カップですね。実はカップが一番簡単なんですよ。

7　M：へー！

8　F：では工程を簡単にご説明しますね。まず粘土を何度もこねて中の空気を抜き
9　　　ます。そうしないと焼いた時に空気が膨張して割れてしまうんです。そして粘土
10　　をボールぐらいの大きさに切って、叩いて丸くしてから、ろくろの上にのせて、
11　　形を作っていきます。

12　M：はい。

13　F：今日はちょっとお時間急ぎめでということでしたので、粘土は予めこねておきまし
14　　た。ではこちらの粘土をとんとんと叩いて丸くしてください。

15　M：あ、手が汚れる前にと思ったんですけど、お会計ってあとで大丈夫ですか。

16　F：全部終わったあとで結構ですよ。あ、必要でしたら今のうちにそちらのお手洗い
17　　をお使いください。

18　M：あ、大丈夫です。

19　F：では早速始めていきましょう。

20　男の人はこのあとまず何をしますか。

□ 陶芸：ceramics　□ 工程：process　□ こねる：knead　□ 膨張する：expand
□ ろくろ：pottery wheel　□ 予め：in advance

1　×　16、17行目「あ、必要でしたら今のうちにそちらのお手洗いをお使いください。」と
　　　言われて「あ、大丈夫です。」と言っているので、トイレには行かない。
2　×　13、14行目「今日はちょっとお時間急ぎめでということでしたので、粘土は予めこね
　　　ておきました。」と言っているので、男の人は粘土をこねない。
3　○　14行目「ではこちらの粘土をとんとんと叩いて丸くしてください。」とある。
4　×　15行目「お会計ってあとで大丈夫ですか。」と聞き、「全部終わったあとで結構です
　　　よ。」と言われている。

1　会社で男の人と女の人が歓迎会について話しています。女の人はこのあとまず何を

2　しなければなりませんか。

3　M：駅前のレストラン、予約取れたよ。お願いしておいた参加者リストはできた？

4　F：ちょっと今朝からプレゼンの件で立て込んでてまだできてないんだけど、今日

5　　　中には仕上がると思う。

6　M：あとは、あ、当日参加費を入れる入れ物が、前回使ったものがあったはずだけ

7　　　ど。

8　F：うーん、どこにあるんだろう。前回の幹事なら知ってるかなぁ。前回の幹事って

9　　　誰だったっけ？

10　M：うーん、確か、池田さんだったような。

11　F：あ、そうだそうだ。じゃあ池田さんにどこにあるか聞いておいてもらえる？　あと

12　　　は、部長に乾杯のご挨拶をお願いしておかないと。あと、新入社員にも一言

13　　　言ってもらうって一応事前に声かけておいたほうがいいよね。

14　M：部長には前もって言っておいたほうがいいけど、新入社員は一言だけなんだか

15　　　ら当日でいいんじゃない？

16　F：そうかなぁ。でも心の準備ってものがあるじゃない？

17　M：じゃあ、メールしといて。俺は部長にメールしとく。あ、今忙しそうだから落ち

18　　　着いてからで大丈夫だよ。

19　女の人はこのあとまず何をしなければなりませんか。

□ 立て込んでいる：busy with work　□ 仕上がる：finish

1　×　17、18行目「じゃあ、（新入社員に）メールしといて。〜あ、今忙しそうだから落ち
着いてからで大丈夫だよ。」と言っているので、まずすることではない。

2　○　17、18行目「あ、今忙しそうだから落ち着いてからで大丈夫だよ。」と言っているが、
4行目「プレゼンの件で立て込んでて」と言っているので、プレゼン関連の仕事を
まずすると分かる。

3　×　11行目「じゃあ池田さんにどこにあるか聞いておいてもらえる？」と言っているが、ま
ずすることではない。

4　×　4、5行目「ちょっと今朝からプレゼンの件で立て込んでてまだできてないんだけど、
今日中には仕上がると思う。」と言っているので、プレゼンの関連の仕事のあとにす
ると分かる。

1　広告デザイン会社で、男の会社員と女の会社員が話しています。男の会社員はこの

2　あとまず何をしますか。

3　M：お忙しいところすみません。先日のうどん屋のカレーうどんのポスター、たたき

4　　　台を作ってみたのですが、見ていただけますか。

5　F：どれどれ。うーん。全体的に暖色系でまとめられてて、温かみのあるいいデザ

6　　　インになってるね。

7　M：ありがとうございます。カレーうどんのスープの色に合わせてオレンジ系統に統

8　　　一したんです。

9　F：あぁそういうことだったんだ。なるほどー。あ、この看板商品の写真、もっと湯

10　　　気が立ってる写真なかったっけ。うどんの照りももっと見えたほうがいいと思う

11　　　けど。

12　M：写真についてはちょっと杉田さんに確認しておきます。

13　F：あ、杉田さん有給休暇取るって言ってたから、今すぐ連絡したほうがいいよ。

14　　　あと、えっと、うーんこの一番下のトッピングのところは、揚げ物とかチーズ、思

15　　　わずトッピングしたくなっちゃうっていうふうに、もっとどうにか工夫できないか

16　　　なぁ。

17　M：そうですね。迷ったんですけど、上にさりげなく境界線を入れるのはどうでしょ

18　　　うか。

19　F：あぁ確かにそのほうが目が行きやすいかもしれないね。初めての人にも親切な

20　　　構図になるしね。

21　M：はい、では直しておきます。

22　F：あ、あとこれこれ、お店のロゴマーク、もう少し大きいほうがいいんじゃない?

23　M：あ、そうですね。構図を変えてからこちらも調整しておきます。

24　F：はい、全部直したらまた見せてください。

25　M：はい、分かりました。

26　男の会社員はこのあとまず何をしますか。

□ たたき台：first draft　□ 暖色系：warm color　□ 照り：illumination　□ トッピング：topping
□ さりげなく：subtle　□ 境界線：boundary line　□ 構図：composition　□ ロゴマーク：logo

1　×　17、18行目「上にさりげなく境界線を入れるのはどうでしょうか。」と聞き、21行目「はい、では直しておきます。」と言っているが、まずすることではない。

2　×　23行目「構図を変えてからこちら（＝ロゴマークの大きさ）も調整しておきます。」と言っているので、構図を変えるのが先。

3　×　構図は変えるが、まずすることではない。

4　○　13行目「あ、杉田さん有給休暇取るって言ってたから、今すぐ連絡したほうがいいよ。」と言っている。

10 4　🔊 011

1　大学のオープンキャンパスで男の人とスタッフが話しています。男の人はこのあとどこ
2　へ行かなければなりませんか。

3　M：すみません、今日の参加証明書が出願時に必要になると聞いたんですが、どこ
4　　　で受け取れるんでしょうか。

5　F：参加証明書ですね。今、引換シートはお持ちですか。

6　M：えっとー。

7　F：受付で配布された資料セットに同封されているかと思いますが。

8　M：あ、これですか。

9　F：はい、そちらです。入試説明会の際にスタッフから引換用コードのアナウンスが
10　　　あったかと思いますが、引換用コードは引換シートに書きこまれましたか。

11　M：入試説明会って、えーっと、３０３教室でやっていたやつですか。

12　F：あ、それは大学紹介ですね。入試説明会は１０１教室です。

13　M：あぁ、１０１教室のは、遅刻してしまいまして、最後の５分しか出られなかった
14　　　んです。

15　F：あ、そうなんですね。大丈夫ですよ。このあと14時半から５０３教室で個別相
16　　　談会がありますから、そちらで個別にスタッフから入試の説明が受けられます。

17　M：ありがとうございます。それで、参加証明書は…。

18　F：参加証明書は大学紹介と入試説明の両方聞かれた方のみ発行可能ですので、
19　　　まずは個別相談会にご参加ください。その際に引換用コードを忘れずにお聞き
20　　　いただいて、お書き込みの上、４０１教室の引換ブースにお立ち寄りください。

21　M：はい、ありがとうございました。

22　男の人はこのあとどこへ行かなければなりませんか。

1　×　　１０１教室は入試説明会だが、「まずは個別相談会にご参加ください。」とある。

2　×　　３０３教室は大学紹介だが、「まずは個別相談会にご参加ください。」とある。

3　×　　４０１教室には引換ブースがあるが、個別相談会のあとに行くようにと言っている。

4　○　　15、16行目「このあと14時半から５０３教室で個別相談会がありますから、そちらで個別にスタッフから入試の説明が受けられます。」19行目「まずは個別相談会にご参加ください。」と言っている。

11 3　　　　　　　　　　　　　　　　　　　　　　　　🔊 012

1　女の学生と大学事務の人が話しています。女の学生はこのあとまず何をしますか。

2　F：すみません、きのうメールでご連絡いただいた件ですけど。

3　M：あ、井上さん。お忙しいところすみません。あのですねー、きのうメールでお伝
4　　　えした通り、今、大学のホームページを更新しているところでして、在校生の声
5　　　のところに井上さんの記事を掲載させていただければと思っているんですが。

6　F：あ、はい。

7　M：この大学だからこそ学べたこと、というテーマなんですが、300字程度で原稿を
8　　　書いていただけますか。

9　F：うーん、そうですねぇ。

10　M：この前、英語スピーチコンテストの全国大会で優勝して新聞に載ったっていう
11　　　話もいいといますし、図書委員をしていることとか、井上さんならいろいろ書け
12　　　ることがあるかなーと思ったんですが。

13　F：まぁ、考えてみます。原稿が書けたらメールでお送りするってことでいいですか。

14　M：あ、その前に、一応今のホームページにどんな内容が書いてあるか確認してイ
15　　　メージを掴んでもらえますか。

16　F：あ、はい、分かりました。

17　M：写真も載せたいので、写真もいくつか候補を選んで送ってもらえればと思いま
18　　　す。まぁこれはあとででいいですけど。

19　F：はい、分かりました。

20　女の学生はこのあとまず何をしますか。

1 × 13行目「原稿が書けたらメールでお送りするってことでいいですか。」に対して、「あ、その前に、」という説明があるので、まずすることではない。

2 × 原稿を書いたあとにメールで送るので、まずすることではない。

3 ○ 14、15行目「あ、その前に、一応今のホームページにどんな内容が書いてあるか確認してイメージを掴んでもらえますか。」とある。

4 × 18行目「まぁこれはあとででいいですけど。」とある。

1　会社で男の人と女の人が話しています。男の人はこのあとまず何をしますか。

2　M：課長、お忙しいところすみません。

3　F：はい。

4　M：実はトマト缶の発注の個数を一桁間違えていたことに気づいたんですが、もう
5　　　発注の締切が過ぎてしまっていまして、システム上で訂正ができないんです。ご
6　　　迷惑をおかけして本当に申し訳ございません。

7　F：間違えちゃったことはしょうがないから、謝ってないで早く対応しましょう。まだ
8　　　訂正できるかもしれないから、とにかく早く対応しないと。

9　M：メーカーに直接お電話差し上げればよろしいでしょうか。

10　F：こういう場合は直接じゃなくて本社のほうから対応することになってるから、ま
11　　　ずは本社の商品部に連絡しないと。

12　M：はい。

13　F：あ、その時に商品名とか発注コードとか細かく聞かれるから、予めメモしてお
14　　　いて。

15　M：はい、分かりました。では早急に対応いたします。

16　男の人はこのあとまず何をしますか。

□ 発注：order　□ 一桁：single digit　□ システム：system

---

1 × 10行目「こういう場合は直接じゃなくて本社のほうから対応することになってるから」と言っているので、男の人ではなく本社の人がメーカーに電話をする。

2 × 本社の商品部に電話するが、まずすることではない。

3 ○ 13、14行目「あ、その時（＝本社に連絡するとき）に商品名とか発注コードとか細かく聞かれるから、予めメモしておいて。」とある。

4 × 5行目「システム上で訂正ができない」と言っている。

① 4　　　　　　　　　　　　　　　　　　　　　　　　　　🔊 015

1　テレビでレポーターがインタビューしています。ボランティアを続ける一番の理由は何

2　だと言っていますか。

3　M：ゴミ拾いボランティアに参加して半年が経つということですが、長く続けられる

4　　　秘訣はなんだと思いますか。

5　F：いろいろありますよ。朝早く起きるから体にいいし、いろいろな年代の方たちと

6　　　雑談しながらゴミ拾いするのはおもしろいです。

7　M：なるほど。楽しみながらできるんですね。ではやりがいという面ではいかがでしょ

8　　　うか。

9　F：やりがい、うーん。このボランティアをするまでは道端にゴミが落ちていても全

10　　然気づかなかったと思うんです。でも、ゴミ拾いを始めてからは、ゴミって思っ

11　　たよりいっぱい落ちているし、何より、そのゴミを誰かが処理してくれているん

12　　だ、この町をきれいに保とうとしてくれている人がいるんだっていう感謝の気持

13　　ちが生まれたんです。それで、自分の出すゴミの量が圧倒的に減りました。

14　M：それはびっくりですね。

15　F：ええ、自分でもびっくりしました。ゴミに対する考え方も変わったし、なんだか

16　　精神的に成長できた感じがします。結局は町のためというより自分のために、ボ

17　　ランティアを続けているっていうのは一番大きいと思います。

18　ボランティアを続ける一番の理由は何だと言っていますか。

□ 秘訣：secret

1　×　5行目「体にいいし」とは言っているが、一番の理由ではない。

2　×　16行目「結局は町のためというより自分のために」と言っているので、「町がきれいに
　　　なるから」ではない。

3　×　5、6行目「いろいろな年代のたちと雑談しながらゴミ拾いするのはおもしろいで
　　　す。」と言っているが、それが一番の理由ではない。

4　○　15、16行目「なんだか精神的に成長できた感じがします。」と言っている。

016

2 2

1　セミナーで講師が話しています。プレゼン資料で一番大事な点は何だと言っていま

2　すか。

3　M：プレゼン資料はつかみが命です。開始30秒以内で相手を惹きつけられるかどう

4　　　かにすべてがかかっています。「そうそう、それが問題なんだよ」と共感してもら

5　　　えなければ、スマートフォンをいじり始めたり、寝てしまう人も出てくるでしょう。

6　　　では、そのためにどうすればいいのか。シンプルです。まず、冒頭に数字だけを

7　　　見せます。数字は文字よりも明らかにインパクトが強いんです。そしてさらに、

8　　　「何の数字ですか」と質問してください。そうすると、聞いている人たちは何だろ

9　　　うと考え始めます。つまり、単に話を聞くという受動的な態度から、自分の頭

10　　で考えるという主体的な態度に変化させることができるのです。この、数字と質

11　　問という、最強のイントロを、ぜひマスターしてください。

12　プレゼン資料で一番大事な点は何だと言っていますか。

□ つかみ：grasp　□ 惹きつけられる：alluring　□ いじる：tease　□ 受動的：passive
□ 主体的：autonomous　□ イントロ：intro　□ マスターする：master

1　×　話し方ではなく「つかみ」が大事だと言っている。
2　○　6、7行目「まず、冒頭に数字だけを見せます。」8行目「「何の数字ですか」と質問してください。」と言っている。
3　×　主体的に考える重要性を説明するのではなく、主体的に考えさせるために数字について質問するのである。
4　×　1行目「開始30秒以内」と言っているので、30秒の時点ではない。また、10、11行目で「数字と質問という、最強のイントロを、ぜひマスターしてください。」と言っている。

3 1

1　テレビでレポーターが女の人にインタビューしています。黒字になった理由は何です

2　か。

3　M：今日は桃の花で有名なフラワーパークの園長、高木さんにお話を伺います。あ

4　　　る大胆な手法で、就任1年にして赤字経営を黒字に転換されたそうですが。

5　F：はい、花の咲き具合に応じて、入園料を変動制にしたんです。桃の時期は、

6　　　当日の朝6時にインターネット上でその日の料金を発表しています。

7　M：毎日変わるというのはおもしろいですね。

8　F：一番高い日は2,000円なのですが、「今日は2,000円だ！　よかった」とおっしゃ

9　　　るお客様もいらっしゃいます。一番美しい日に来られたという意味ですからね。

10　　逆に最も花の少ない12月から1月は思い切って無料にしています。無料でもお

11　　土産を買っていただければ収益になりますので。

12　黒字になった理由は何ですか。

□ 大胆：bold　□ 手法：method　□ 就任：inauguration　□ 赤字：deficit　□ 黒字：profit
□ 転換：turnaround　□ 変動制：variable　□ 収益：revenue

1　○　5行目「花の咲き具合に応じて、入園料を変動制にしたんです。」と言っている。

2　×　変えたのは花の種類ではなく入園料である。

3　×　インターネットに載せたからではなく入園料を変動制にしたからである。

4　×　お土産が以前買えなかったかどうかは言っていない。

④ 3　　◀)) 018

1　電話で女の人と男の人が話しています。男の人が宿泊施設に泊まれない理由は何

2　ですか。

3　F：こちら、さくら大学公開セミナー担当の川田としますが、先日、公開セミナーに

4　　　申し込まれた佐藤さんでいらっしゃいますか。

5　M：はいそうですが。

6　F：研修施設に宿泊を希望されているかと思いますが、その件でご確認したいこと

7　　　がありまして。

8　M：あ、はい。

9　F：お住まいは東京近郊ということでよろしいでしょうか。

10　M：あ、そうです。朝早いので、前泊したいと思ったのですが。

11　F：あのー、確かにホームページ上ではどなたでもお申し込み可能と記載している

12　　　のですが、こちら、基本的に遠方に住まれている方を対象としておりまして。

13　　　今後満室になる可能性もございますので、東京近郊にお住まいの方は、可能

14　　　でしたら近隣のビジネスホテルなどにお泊まりいただきたいのですが。

15　M：あ、そうですか。でしたら当日自宅からまいります。

16　F：ご対応ありがとうございます。ご希望に添えず申し訳ありません。ではよろしく

17　　　お願いいたします。

18　男の人が宿泊施設に泊まれない理由は何ですか。

□ セミナー：seminar　□ 希望に添う：meet someone's wishes

1　×　9行目「お住まいは東京近郊ということでよろしいでしょうか。」と聞かれて10行目「あ、そうです。」と答えているので、地方ではなく東京近郊に住んでいる。

2　×　12、13行目「今後満室になる可能性もございますので、」と言っているので、まだ満室ではない。

3　○　12行目「こちら、基本的に遠方に住まれている方を対象としておりまして。」と言っているので、東京近郊に住んでいる男の人は泊まれない。

4　×　13、14行目「可能でしたら近隣のビジネスホテルなどにお泊まりいただきたいのですが。」とあるので、前泊は問題ない。

5 4　🔊 019

1　テレビで女の人が話しています。女の人が大食い番組に反対している理由は何です
2　か。

3　F ：以前から、大食い番組については賛否両論ありますが、私はやはり、大食いは
4　　　テレビで放送すべきではないと思います。たくさん食べられる人が、きれいに残
5　　　さず食べる姿はいいと思いますし、フードファイターの方たちが、たくさんおいし
6　　　く食べる姿を見てほしいと主張するのも分かります。でも、それを競争にした
7　　　時点で、趣旨が変わってくると思うんです。人と競うわけですので、食べ物を
8　　　胃にいかに詰め込むかという勝負になります。本来の食欲以上に、時には苦し
9　　　そうに顔を歪ませて涙を流しながら食べる。その姿を見て、料理人や生産者
10　　　の方々は果たして喜ぶのでしょうか。

11　女の人が大食い番組に反対している理由は何ですか。

□ 賛否両論：pros and cons　□ フードファイター：food fighter　□ 趣旨：purpose
□ 顔を歪ませる：screw up one's face

1　×　9、10行目「その姿を見て、料理人や生産者の方々は果たして喜ぶのでしょうか。」と言っているが、つらくなるとまでは言っていない。

2　×　4、5行目「きれいに残さず食べる姿はいいと思います」と言っている。

3　×　9、10行目「料理人や生産者の方々は果たして喜ぶのでしょうか。」と言っているが、感謝すべきとまでは言っていない。

4　○　6、7行目「でも、それを競争にした時点で、趣旨が変わってくると思うんです。」と言っている。

1　ラジオでレポーターが男の人にインタビューしています。男の人はまず何を練習します

2　すか。

3　F：先日車椅子テニスを引退された田村さんにお話をうかがいます。引退後もお忙

4　　　しく活動されているとのことですが。

5　M：そうですね、時間ができたので、今までできなかった新しいことにチャレンジし

6　　　ています。例えば車椅子バスケとか水泳とか。水泳なんて車椅子になってから

7　　　初めてだったので、勝手が分からなくて息継ぎもできませんでしたよ。今特訓中

8　　　です。

9　F：えー、元々水泳はお得意だったんですか。

10　M：そうですね、割と得意なほうで、バタフライなんかもできていたんですけど。

11　F：あら、バタフライとは、かなりお上手だったんですね。

12　M：まあ、昔はね。体を動かすのが結構好きだったので。でも何しろ脚の方がない

13　　　ので浮いてしまって、バランスが全然取れなかったんです。これは到底無理だ

14　　　なぁと。

15　F：それは大変ですね。

16　M：まぁそういう経験も楽しいですけどね。今までは本当に車椅子テニス一筋だっ

17　　　たので。逆にうかがいたいんですけど、これから挑戦するとして、何かおすすめ

18　　　はありますか。

19　F：そうですね、素敵な声をお持ちなので、演劇なんていかがでしょうか。

20　M：あははは。全くの素人ですけど、僕なんかでも練習すれば舞台に立てるように

21　　　なるんでしょうか。

22　F：もちろんですよ。オリンピックでメダルを取るよりはるかに簡単だと思います。

23　M：では水泳がある程度できるようになったら、発声練習から始めてみようかと思い

24　　　ます。

25　男の人はまず何を練習しますか。

□ 勝手が分からない：not knowing what is going on　□ 息継ぎ：breathing　□ 割と：relatively
□ バタフライ：butterfly　□ 一筋：dedicated　□ 素人：amateur

1 × 23、24行目「では水泳がある程度できるようになったら、発声練習から始めてみよう
   かと思います。」と言っているので、発声練習は水泳のあとである。

2 ○ 6〜8行目「水泳なんて車椅子になってから初めてだったので、勝手が分からなくて
   息継ぎもできませんでしたよ。今特訓中です。」と言っている。

3 × 7行目で「息継ぎもできませんでしたよ」と言っていて、11行目で「バタフライとは、
   かなりお上手だったんですね」と言っているので、息継ぎができるようになってから、
   もっと難しいバタフライに挑戦すると考えられる。

4 × 6行目で車椅子バスケをしているとは言っているが、最後「では水泳がある程度でき
   るようになったら、」と言っているので、まずは水泳を練習したいと思っている。

7 4

🔊 021

聴解

1 スポーツジムで受付の人と女の客が話しています。問題の原因は何だと言っていま
2 すか。

3 M：こんにちは。

4 F：あのー、会費の支払方法についてなんですけど、ちょっといいですか。

5 M：はい、ではこちらにおかけください。

6 F：あのー、月会費を毎月振込用紙で支払っていて面倒なので、銀行口座からの
7   自動引き落としに変えていただきたいんです。

8 M：お支払い方法の変更ということですね。

9 F：はい、それで、だいぶ前に変更手続きをしたんですけど、いつまで経っても連
10   絡が来ないんです。

11 M：ご迷惑をおかけして申し訳ありません。ただ今確認してまいります。会員カード
12   をお預かりしてもよろしいでしょうか。

13 F：はい。

14 M：少々お待ちください。

15 M：佐藤様、お待たせいたしました。担当者に確認したところ、銀行口座のお名前
16   と申込用紙にご記入いただいたお名前が一致しないということでした。この件、
17   ハガキにてご連絡が行っているかと思いますが、お心当たりはありますでしょう
18   か。

19 F：えー、ちょっと覚えてないですね。もしかしたらなくしたかもしれません。

20 M：では担当者から詳しくご説明差しげますので、少々お待ちください。

21 問題の原因は何だと言っていますか。

1　×　11、12行目「会員カードをお預かりしてもよろしいでしょうか。」13行目「はい。」と言っているので、会員カードは持っている。

2　×　19行目「もしかしたら（ハガキを）なくしたかもしれません。」と言っているが、それが問題の原因ではない。

3　×　15、16行目「銀行口座のお名前と申込用紙にご記入いただいたお名前が一致しないということでした。」と言っている。

4　○　3と同じ。

8 1　🔊 022

```
1    テレビで男の人が話しています。このミシンの特徴はどれですか。

2   M：今日ご紹介するこの「子育てすくすくミシン」は、子育て中のお忙しい方々が無
3       理なくミシンを使えるようにと、様々な工夫を凝らして作り上げられたミシンで
4       す。欲しいものが簡単に手に入る現代でも、手作りの温もりっていうのは、子
5       育てにおいて大切ですよね。しかし、忙しいからと諦めている方も多いのでは
6       ないでしょうか。そこで、上級者向けの機能や設定を思い切ってカットした、シ
7       ンプルで使いやすいミシンが、こちらの「子育てすくすくミシン」です。基本の使
8       い方がすぐわかるように動画のQRコードをご用意しておりますので、動画を見
9       ながらミシンで作業することができます。ミシンなんて家庭科の授業以来という
10      あなた。スマホの動画を見れば簡単にマスターできますよ。お子さんのバッグや
11      お弁当袋、お洋服。「本当は自分で作りたいのに」と諦めている方。こちらの
12      ミシンを使えば、スキマ時間にさっと取り出して、あっという間に手軽に作れま
13      すよ。

14   このミシンの特徴はどれですか。
```

□ 工夫を凝らす：devise　□ ミシン：sewing machine　□ 温もり：warmth　□ カットする：cut
□ QRコード：QR code　□ 家庭科：home economics　□ スキマ時間：spare time

1　○　6、7行目「シンプルで使いやすいミシン」と言っている。
2　×　軽くて持ち運びやすいとは言っていない。
3　×　画面がミシンについているのではなく、動画のQRコードがあると言っている。
4　×　6行目「上級者向けの機能や設定を思い切ってカットした」と言っているので、上級者向けではない。

1　男の学生と女の学生が話しています。男の学生は何が一番大事だと言っています

2　か。

3　M：みきちゃん、今年の文化祭のカラオケ大会に出るって聞いたけど、本当？

4　F：うん、文化祭に出られるのも今年で最後だから、記念に出ておこうと思って。

5　M：出るだけじゃなくて、もちろん優勝狙うんでしょう？

6　F：ふふふ、まあね。でも、ちゃんと練習しないと。

7　M：知ってる？　テレビで言ってたけど、ああいうのって歌い出しでだいたい勝負が決

8　　　まるものなんだって。

9　F：えー、サビより歌い出しなの？　ちょっと歌い出し苦手なんだよな。

10　M：あとは、どれだけ心に届く歌が歌えるかだね。よく感情込めて歌う人いるで

11　　　しょう？　悲しい時に今にも泣きそうな顔で歌う人。そうじゃないんだよね。聞い

12　　　てる人が自然に何かの感情が沸き起こってくるように歌わないと。

13　F：簡単に言うけど、それ一番難しいんだからね。

14　M：ま、何はともあれ、選曲ミスしたら元も子もないんだから、自分の声質に合っ

15　　　た歌をちゃんと選ぶことだね。

16　F：はいはい。自分は出ないのをいいことに。

17　男の学生は何が一番大事だと言っていますか。

□ 狙う：aim　□ サビ：rust　□ 元も子もない：lost everything

1　○　14、15行目「何はともあれ、選曲ミスしたら元も子もないんだから、自分の声質に
合った歌をちゃんと選ぶことだね。」と言っている。

2　×　7、8行目「ああいうのって歌い出しでだいたい勝負が決まるものなんだって。」と
言っているので歌い出しは大事だが、一番大事なことではない。

3　×　11、12行目で、感情を込めるのではなく聞いている人に感情を沸き起こすように歌
わないとと言っている。

4　×　10行目「どれだけ心に届く歌が歌えるかだね。」と言っているが、一番大事なこと
ではない。

1 　女の人と男の人が電話で話しています。男の人はなぜ電話したのですか。

2 　F：こちら、お客様サービスセンターでございます。

3 　M：あのう、今月旅行を申し込んでいる者なんですが、マイレージの登録の件でお

4 　　　尋ねしたいことがありまして。

5 　F：まず受付番号とお電話番号をお知らせください。

6 　M：はい、受付番号がYJ060233058で、電話番号が08012345678です。

7 　F：はい、ご確認が取れました。お名前はズランさんでよろしいでしょうか。

8 　M：はい。旅行の予約のついでに航空券のマイレージの登録をしようとしたんです

9 　　　が、マイレージカードの名前と旅行の予約名が違うということで、エラーが出て

10 　　　しまって、登録できなかったんです。

11 　F：はい。

12 　M：といいますのも、私の名前はズランではなく本当はドゥランなんですが、旅行の

13 　　　予約をするときは小さいウを入力できないシステムになっていたので、仕方なく

14 　　　ズランと登録したんです。ですが、マイレージカードのほうは本名で登録してい

15 　　　まして。

16 　F：はい、承知いたしました。それではご確認しますので少々お待ちください。

17 　（音楽）

18 　F：はい、ご確認が取れました。予約名は当社のホームページのシステム上、変更

19 　　　不可ということになっておりますので、お手数ですが、ご旅行後にご自分で航

20 　　　空会社のホームページのほうからマイレージの事後登録をしていただくという形に

21 　　　なります。よろしくお願いいたします。

22 　男の人はなぜ電話したのですか。

□ マイレージ：mileage　□ エラー：error

1 　×　12、13行目「旅行の予約をするときは小さいウを入力できないシステムになっていたの
　　　で、仕方なくズランと登録したんです。」と言っているので、間違えたわけではない。

2 　×　14、15行目「マイレージカードのほうは本名で登録していまして。」と言っているの
　　　で、間違えたわけではない。

3 　○　マイレージの登録がしたいができなかったので電話している。

4 　×　問題であれば女の人が謝るはずであるが、18、19行目「予約名は当社のホームペー
　　　ジのシステム上、変更不可ということになっておりますので」と言っているので問題が
　　　あるのではなくそのような設定になっているということ。

1 男の人がラジオで話しています。「関東マート」が移動販売を開始した理由は何で

2 すか。

3 M：みなさんは「買い物難民」という言葉を知っていますか。これは自宅近くに食

4 料品店などがなく、日常的な買い物が難しい状況の人を指した言葉です。買

5 い物難民の多くを占めるのは高齢者です。運転免許を返納して移動手段がな

6 い、身体機能の衰えから商品を家に持ち帰るのが難しい、家族の協力が得ら

7 れないなどの理由から、買い物難民になっている方は少なくありません。こうし

8 た状況を受けて、関東を中心に展開するスーパー「関東マート」は、東京都内

9 のとある街で移動販売を開始しました。週三日、1日に7、8か所を回って、

10 お弁当などの惣菜類から生鮮食品まで約500品目を販売しています。この移

11 動販売は、買い物だけではなく高齢者を見守る役割も担っています。買い物

12 のついでに会話をして高齢者の状況を把握したり、異常がないか確認したり。

13 こういった高齢者の見守りを兼ねた移動販売を支援するため、市は事業者に

14 対して運営費の補助を始めました。

15 「関東マート」が移動販売を開始した理由は何ですか。

□ 難民：refugee　□ 返納：return　□ 衰え：decline　□ 惣菜類：prepared foods
□ 生鮮食品：fresh foods　□ 事業者：business operator　□ 運営費：operating expenses

---

1　×　スーパーに連れて行くのではなく、移動販売である。

2　×　10行目「お弁当などの惣菜類から生鮮食品まで約500品目を販売しています。」と言っているので、日用品があるかどうかは分からない。

3　○　7〜9行目で高齢者の問題点を言ったあと、「こうした状況を受けて、〜移動販売を開始しました。」と言っている。

4　×　11、12行目「買い物のついでに会話をして高齢者の状況を把握したり、」と言っているが、ついでにしていることなので、移動販売を開始した理由ではない。

1　テレビでレポーターが男の人にインタビューしています。男の人がこの学校に入学し
2　た一番の理由は何ですか。

3　F：今日は今話題のお寿司アカデミーを卒業されて、現在寿司職人をされている石
4　　　川さんにお話をうかがいます。まずはご経歴についてですが、以前はお笑い芸
5　　　人をされていたそうですね。

6　M：はい、入学前まで10年間お笑い芸人として活動してきました。しかし、なかな
7　　　か芽が出ず、30歳を過ぎてもアルバイトを掛け持ちしながらの生活で、このまま
8　　　ではダメだと、思い切って別の世界に飛び込むことにしたんです。

9　F：なぜお寿司を選ばれたんですか。

10　M：宅配寿司のアルバイト経験がきっかけです。働く中で、お寿司って、本当に幅
11　　　広い年代に好まれているし、誕生日や記念日などの特別な時間を彩ってくれる
12　　　ものなんだなと実感したんです。それに、昔から海外に住んでみたいという思い
13　　　があって、お寿司を握る技術があれば、海外で暮らすことができるかもしれな
14　　　いって思ったんです。

15　F：なるほど。では、寿司職人を目指すにあたって、お寿司アカデミーを選ばれた
16　　　のはどうしてですか。

17　M：たった3か月で一人前の職人になれるからです。一般的に寿司職人になるには
18　　　飯炊き3年握り8年と言われていますが、少しの時間も無駄にはしたくなかっ
19　　　たんです。

20　男の人がこの学校に入学した一番の理由は何ですか。

□ 芽が出ない：doesn't sprout　□ 掛け持ち：have two jobs　□ 彩る：color　□ 飯炊き：cook rice

1　○　15、16行目「お寿司アカデミーを選ばれたのはどうしてですか。」という質問に対し
　　　て、17行目「たった3か月で一人前の職人になれるからです。」と答えている。
2　×　お笑い芸人を辞めて別の世界に飛びむことにしたとは言っているが、この学校に入
　　　学した一番の理由ではない。
3　×　13、14行目「海外で暮らすことができるかもしれないって思ったんです。」と言ってい
　　　るが、この学校に入学した一番の理由ではない。
4　×　10、11行目「お寿司って、本当に幅広い年代に好まれている」と言っているが、こ
　　　の学校に入学した一番の理由ではない。

1　テレビでレポーターが男の人にインタビューしています。当主の一番のこだわりは何で
2　すか。

3　F：こちらは外側がかりっとしたかりんとうまんじゅうで有名な「さくら屋」です。当
4　　　主の和田さんです。40歳で跡を継がれて8代目になられたということですが、そ
5　　　んな当主の和菓子職人としてのこだわりは何なのでしょうか。
6　M：うーん、和菓子に魂を込めるということですね。とにかく和菓子作りにはいつも
7　　　真剣に向き合ってます。たかだか100円のおまんじゅうですけど、お客様にリ
8　　　ピートしていただくのって、たやすいことではないんですよ。
9　F：確かに、今はコンビニで手軽においしいお菓子が買える時代ですし。
10　M：はい、今さらっと「おいしい」っておっしゃいましたけど、その「おいしい」の背
11　　　後にはものすごく計算された企業努力があると思うんです。作り手の魂がない
12　　　と、ヒット商品を生み出すことなんて到底できませんよ。看板商品のかりんとう
13　　　まんじゅうが出来上がるまでにも、私たちは相当時間をかけて試行錯誤してき
14　　　たんです。
15　F：なるほど。かりんとうまんじゅうのおいしさの裏にはそんなみなさんの血のにじむ
16　　　ような努力があったんですね。当主はモダンな和菓子も多く開発されています
17　　　けど、何かこれだけは変えたくないというものはありますか。
18　M：それはあんこですね。実はあんこを作るのってすごく大変なんです。設備投資
19　　　や機械の整備にもお金がかかりますし。同じ原料でも作り方によってあんこの
20　　　味って全く違うんですよ。あんこの味だけは守り抜かないと。逆に言えば、こ
21　　　れさえ維持できればどんな和菓子を開発してもいいかなって思ってます。ここが
22　　　一番のこだわりかもしれないですね。

23　当主の一番のこだわりは何ですか。

□ 当主：family head　□ こだわり：dedication　□ かりっとした：crispy
□ 跡を継ぐ：follow in one's footsteps　□ 魂：spirit　□ たかだか：at best　□ リピート：repeat
□ たやすい：simple　□ さらっと：smoothly　□ 試行錯誤：trial and error
□ 血のにじむような：strenuous　□ モダンな：modern

1 × 様々な新商品を生み出すことについては言っていない。

2 × 魂を込めて試行錯誤して商品を作るとは言っているが、一番のこだわりではない。

3 ○ 20〜22行目「あんこの味だけは守り抜かないと。逆に言えば、これさえ維持できれ
ばどんな和菓子を開発してもいいかなって思ってます。ここが一番のこだわりかもし
れないですね。」と言っている。

4 × 魂を込めて和菓子を作ることが大事で、魂を込めて売ることとは言っていない。

14 2　　　　　　　　　　　　　　　　　　　　　　　　　　　　　　🔊 028

1　大学生が教授にインタビューしています。研究の生産性を上げる秘訣は何ですか。

2　F：先生は昨年ご著書を3冊出版されていますけれども、お忙しい中マルチタスク
3　　　をこなす秘訣はありますか。

4　M：いえいえ、あったらこっちが教えてほしいですよ。まぁ強いて言うならってことで
5　　　お話しますけど、研究者って、研究を丁寧に仕上げて完璧な成果を出した
6　　　いっていう欲求を常に持っているものなんですね。でもどこかで区切りをつけな
7　　　い限り仕事は終わらないので、ある程度のところで終わらせて次に行かないと
8　　　いけないんです。

9　F：ある程度って、何%ぐらいでしょうか。

10　M：そうですね。80%ですかね。60%の成果では失礼だし、研究者としてのクオリ
11　　　ティが問われると思うんですけども、やっぱりプロは100%の仕事をしてはいけな
12　　　いんです。アマチュアであれば、100%のことはできるんですけれども、プロは
13　　　80%の仕事。100%を目指してしまうと生産性が落ちてしまいますので、ちょう
14　　　どよいころあいで成果を出していくということが大事かもしれないですね。

15　研究の生産性を上げる秘訣は何ですか。

□ マルチタスク：multitask　□ 秘訣：secret　□ 強いて：by force　□ 区切り：division
□ クオリティ：quality　□ アマチュア：amateur　□ ころあい：good time

---

1 × 11、12行目「やっぱりプロは100%の仕事をしてはいけないんです。」と言っている。

2 ○ 7、8行目「ある程度のところで終わらせて次に行かないといけないんです。」13、14
行目「ちょうどよいころあいで成果を出していくということが大事かもしれないです
ね。」と言っている。

3 × 80%というのは、完成度や力の入れ具合について言っているのであって、費やす時
間のことではない。

4 × プロとしての意識については言っていない。

1　女の学生と男の学生が話しています。男の学生が自宅で授業を受けたい一番の理
2　由は何だと言っていますか。

3　F ：久しぶり。最近見ないけど、何かあったの？

4　M：俺、今学期、週一回しか大学来てないんだ。あとは全部オンライン授業にした
5　　　から。

6　F ：えー、だからかぁ。そんなにオンライン授業っていいかなぁ。私は怠けちゃうか
7　　　らあんまり好きじゃないけど。

8　M：そう？　俺はオンライン授業のほうが好きなんだ。通勤ラッシュに揺られなくて済
9　　　むし。

10　F ：確かにそうだけどさ、でも通学の時間って本読んだり勉強したり、結構有効に
11　　　使えない？

12　M：俺はそういう時間があるならその分長く寝てたいタイプなんだ。

13　F ：あはは。そんな態度でうちで授業受けてて、集中できるの？

14　M：それがさ、うちだと自分でもびっくりするほど集中できるんだ。自分の部屋だと
15　　　なんか落ち着くんだよね。教室だとほかの人がしゃべってる声とかいろんな音
16　　　が耳に入ってきちゃって気が散っちゃうんだ。

17　F ：そっか。私は逆だな。ほかの人たちが近くにいたほうが、刺激になってがんばろ
18　　　うって思える。

19　M：まぁどっちが合うかは人それぞれだからね。俺は今学期いい成績取りたいから
20　　　オンライン授業でがんばるよ。

21　男の学生が自宅で授業を受けたい一番の理由は何だと言っていますか。

□ 怠ける：lazy　　□ 気が散る：distracted

1　×　　8、9行目「通勤ラッシュに揺られなくて済むし。」と言っているが、一番の理由で
　　　はない。

2　○　14行目「うちだと自分でもびっくりするほど集中できるんだ。」、19、20行目「俺は今
　　　学期いい成績取りたいからオンライン授業でがんばるよ。」と言っている。

3　×　12行目「俺はそういう時間があるならその分長く寝てたいタイプなんだ。」と言って
　　　いるが、一番の理由ではない。

4　×　通学時間を有効に使うのは女の学生であって、男の学生ではない。

1　レストランで店長と男の店員が話しています。最近ランチタイムに客が減っている原
2　因は何だと思っていますか。

3　F：最近、ランチタイムに来てくれるお客さん、明らかに減ったよね。
4　M：そうですね。以前は五穀米のヘルシーメニューが人気で、行列もできていたんで
5　　　すけどね。
6　F：やっぱり飽きられたのかな。
7　M：うーん、女性のお客さんはそんなに変わらない気がするんですけど、特に会社
8　　　員のお客さんが減っていませんか。どうしてでしょうね。
9　F：確かにそうだよね。昼休みは限られてるから、提供時間が遅いとやっぱり時間
10　　的に厳しいのかもしれないね。うちは最近人手不足だから、前より提供時間が
11　　遅くなってるのは確かだと思う。
12　M：どうにかして提供時間のスピードアップを図れないものですかね。
13　F：うーん、ピーク以外にでもできる作業をピーク時にやってないか、まずはチェッ
14　　クしてみようか。

15　最近ランチタイムに客が減っている原因は何だと思っていますか。

□ スピードアップ：speed up　□ ピーク：peak

1　×　9行目「昼休みは限られてるから」と言っているが、これは会社の昼休みの時間が
　　　短いということを言っていて、レストランのランチタイムが短いという意味ではない。
2　×　4、5行目「以前は五穀米のヘルシーメニューが人気で、行列もできていたんですけ
　　　どね。」と言っているが、メニューのせいで客が減ったとは言っていない。
3　○　9〜11行目「提供時間が遅いとやっぱり時間的に厳しいのかもしれないね。うちは
　　　最近人手不足だから、より提供時間が遅くなってるのは確かだと思う。」と言ってい
　　　る。
4　×　6行目「やっぱり飽きられたのかな。」に対して7行目「うーん」と言っているので、
　　　飽きられたことが原因ではない。

1　居酒屋で店長と男の店員が話しています。勘違いが起きたのはなぜですか。

2　F：きのうのトラブルについて、説明してもらえますか。

3　M：はい、お客さんのほうは32名で予約してあるっておっしゃってたんですけど、店
4　　　のほうでは28名と把握していたんです。といいますのも、2週間前にネットで予
5　　　約されていた時は28名だったんです。

6　F：その後変更の連絡はなかったの?

7　M：実は、前日の夜9時になって、確定人数は当日になるまで分からないっていう
8　　　お電話が来まして。

9　F：それで、当日の連絡は何時頃来たの?

10　M：それが待てど暮らせど来なかったんですよ。それなのに、着いてすぐ、32人で
11　　　予約してあるでしょうって。

12　F：なんでそんな勘違いが起きたんだろう。

13　M：それがですね、ネットで予約されていたのは女の幹事の方だったそうなんです
14　　　が、着いてから仕切っていらっしゃったのは男の方で、その方も幹事だそうで。

15　F：幹事が2人いたら連絡ミスが起きるのは当然でしょう。

16　M：そうですよね。あとでその女の幹事の方が当日の電話を忘れていたと謝ってく
17　　　れました。結局は当日急に来られなくなった方が3名いたので1人分追加する
18　　　だけで済んでよかったです。

19　F：臨機応変に対応してくれたんだね。ありがとう。

20　勘違いが起きたのはなぜですか。

□ 待てど暮らせど：despite having waited a long time　□ 幹事：person in charge
□ 仕切る：lead　□ 臨機応変：adaptable

1　×　17、18行目で、当日来られない人が3人出たのでむしろよかったと言っている。

2　×　13、14行目「ネットで予約されていたのは女の幹事の方だったそうなんですが、着い
　　　てから仕切っていらっしゃったのは男の方で、その方も幹事だそうで。」と言ってい
　　　る。幹事は変わったのではなく2人いたということである。

3　○　16、17行目「あとでその女の幹事の方が当日の電話を忘れていたと謝ってくれまし
　　　た。」と言っている。

4　×　勘違いが起きた原因は、前日ではなく当日の連絡にある。

1　企業の社長が話しています。このシニア転職サイトの一番の特徴は何ですか。

2　F：私どもは昨年、シニアに特化した新しい転職サイトを立ち上げました。もちろん
3　　　みなさんご存じのように、これまでもシニアの方の転職や再就職を支援するサイ
4　　　トはたくさんありました。シニアの場合、引退までの期間が短いので、教育に
5　　　よって育て上げる余裕はなく、即戦力が最も求められます。しかし、本当に活
6　　　躍できる人材なのかどうかは入社するまで分かりません。そのような人材のため
7　　　に、高い求人広告や採用費用を払いたくない、そんな企業側の本音がありまし
8　　　た。そこで、人材コーディネーターを配置せずに、企業とシニア求職者がサイト
9　　　上で直接マッチングできるようにして、採用費用を低価格に抑えたんです。まだ
10　　まだ日本企業には、シニアは扱いづらいというバイアスがかかっていますが、シ
11　　ニアは割と扱いやすいんだという現実に気づいてもらうために、一人でも多くの
12　　採用担当者にこのサイトを使っていただきたいと考えています。

13　このシニア転職サイトの一番の特徴は何ですか。

□ シニア：senior　　□ 特化する：specializer　　□ 即戦力：immediate ability
□ コーディネーター：coordinator　　□ マッチング：matching　　□ バイアス：bias

1　×　即戦力のあるシニアが最も求められると言っているが、このサイトに多く登録してい
　　　るとは言っていない。
2　○　9行目「採用費用を低価格に抑えたんです。」と言っている。
3　×　10、11行目「シニアは割と扱いやすいんだという現実に気づいてもらうために、」と
　　　言っているが、差別をなくす取り組みをしているとまでは言っていない。
4　×　8行目「人材コーディネーターを配置せずに」と言っている。

1 2 🔊 034

1　テレビで男の人が話しています。

2　M：最近、クローン文化財というのが話題になっています。絵画や彫刻などの文化
3　財は、長い年月の間に、自然風化はもちろんのこと、盗難や破壊行為など、
4　様々なリスクにさらされます。貴重な文化財を後世に残すためのベストな方法
5　は、一般公開しないで保存することです。しかし、文化的価値の共有のために
6　は公開して直接目にしてもらわなければなりません。そこで考えられたのがク
7　ローン文化財です。これは、デジタル撮影や3Dプリンターなどの最新の科学技
8　術と、専門家による伝統的なアナログの修復技術を融合させた複製です。これ
9　によって、元の文化財を忠実に再現するだけではなく、欠損や変色のある部分
10　を復元してオリジナル以上に完成度の高い鮮やかな作品を作り出すことができ
11　るのです。クローン文化財であれば触ったり動かしたりすることもできますし、本
12　来持ち出せないような国宝級の美術品についても、海外で展示会を行うことが
13　可能になるでしょう。

14　男の人は何について話していますか。
15　1　クローン文化財のリスクと対策
16　2　クローン文化財が必要な理由と作り方
17　3　クローン文化財の進化の過程
18　4　文化財とクローン文化財の違い

□ クローン：clone　□ 文化財：cultural property　□ リスク：risk　□ デジタル：digital
□ アナログ：fusion　□ 複製：duplicate　□ 忠実に：faithfully　□ 欠損：chipped　□ 復元：restoration
□ 鮮やかな：brilliant　□ 国宝級：national treasure

1　×　「クローン文化財のリスクと対策」ではなく、「絵画や彫刻などの文化財のリスクと対
　　　策」について言っている。
2　○　リスクにさらさず公開するためにクローン文化財が必要なこと、デジタルとアナログの
　　　技術を融合させて作られることについて言っている。
3　×　クローン文化財の過去から現在までの変化については言っていない。
4　×　文化財とクローン文化財を比べて違いについて言っているわけではない。

1 大学で先生が話しています。

2 F：この大学には必修科目と選択科目があります。選択科目は1年に14単位まで
3 自由に選べますが、注意が必要です。みなさん、バイキングを思い浮かべてく
4 ださい。食べたい料理だけ好きなだけ取っていっぱいになるまで食べていたら、
5 栄養が偏ってしまいますよね。授業も同じです。ちょっと苦手な分野や難しい
6 分野でも、将来の自分に必要だと思う授業があればぜひ取ってください。食べ
7 てみたら意外においしかったというような出会いもあるかもしれません。1年生の
8 うちにちょっと大変な思いをしておいて、大好物は上級生になった時のために
9 残しておくというほうがいいと思います。3年生の終わりからは就職活動も始ま
10 りますからね。そして、これは一番大事なことなんですが、全然知らない新し
11 い料理にも、ぜひ積極的に手を伸ばしてみてください。みなさんの可能性が広
12 がるはずです。大学側は、みなさんのためになるお料理を、自信を持って提供
13 しています。

14 先生は何について話していますか。
15 1 バイキングの料理の取り方
16 2 学生食堂の料理の特徴
17 3 授業を選択する際の注意点
18 4 必修科目と選択科目の違い

□ バイキング：smorgasbord　□ 偏る：biased　□ 手を伸ばす：reach for

---

1 ✕ バイキングの料理の取り方は授業の取り方を説明するための例である。
2 ✕ 1と同じ。
3 ○ 取りたい授業だけ取らないこと、必要だと思う授業を取ること、知らない授業も
　　取ってみることなどについて説明している。
4 ✕ 選択科目について主に話している。

1 大学で女の人が話しています。

2 F：4月からまた新しい大学生活が始まりますね。大学生は、不安や孤独感など、
3 様々な悩みを抱えることが多いと言われています。特に、生活の変化が大きい

4 新学期は、不安が高まりやすい時期です。心のストレスは、体調にも影響を及
5 ぼします。大きな不調に発展する前に、カウンセリングルームを気軽に利用して
6 ください。学生生活のこと、プライベートのこと、過去のこと、将来のこと、な
7 んでもOKです。上手に話せなくても、全く構いません。自分の中のモヤモヤし
8 た気持ちを言葉にしてみるだけでも、ちょっとした気分転換になりますよ。体質
9 などの理由で、学生生活を送る上でのご心配がある方、配慮を希望する方も、
10 お気軽にご相談ください。秘密はきちんと守りつつ、安心して学べる環境を整
11 えるお手伝いをいたします。

12 女の人は主に何について話していますか。

13 1 カウンセリングルームの使い方

14 2 新学期の大学生活の特徴

15 3 カウンセリングルーム利用の勧め

16 4 カウンセラーの心構え

□ 孤独感：loneliness　□ 不調：poor condition　□ モヤモヤ：uncertain

1 ×　5、6行目「カウンセリングルームを気軽に利用してください」とあるが、部屋の使い
方については説明していない。

2 ×　3、4行目「特に、生活の変化が大きい新学期は、不安が高まりやすい時期です。」
と言っているが、この部分以外は新学期の大学生活の特徴について言っているわけ
ではない。

3 ○　5、6行目「カウンセリングルームを気軽に利用してください。」、8行目「ちょっとし
た気分転換になりますよ。」、10行目「お気軽にご相談ください。」などと利用を勧め
ている。

4 ×　カウンセラーの心構えではなく利用する学生の心構えなどについて話している。

4 2　🔊 037

1 ラジオで専門家が話しています。

2 M：最近、イマドキの部下の扱いに悩む上司が増えています。会話が成り立たな
3 　　い、自分の言うことを聞いてくれないなど、部下指導にお困りの方々の声をよ
4 　　く耳にします。そもそも、指導という考え方がよくないんです。必要なのは指導
5 　　ではなく支援です。あまり熱血に指導してしまうとパワハラとも捉えられかねませ
6 　　ん。自分の子どもとまではいかなくとも、姪や甥っ子を面倒見るぐらいの気持
7 　　ちで温かく接しないといけないんです。特にイマドキの部下はSNSに慣れ親し

8　んできた世代ですので、瞬時のコメントやスタンプなど、常にポジティブな反応
9　を求めています。上司としてはこの部下はもう大丈夫だと判断して見守っている
10　つもりでも、部下にとっては見放された、期待されていないなどと不安に思って
11　しまうことがあります。一方、常にほめたり励ましたりすれば、やる気が出て積
12　極的に動くようになります。自分たちのころは、動くものにはすべて頭を下げろ
13　なんて言われたものですけど、自分が受けた扱いをそのまま部下に当てはめて
14　よいわけではありません。

15　専門家は主に何について話していますか。
16　1　上司の世代と部下の世代の違い
17　2　現代の部下の扱い方のコツ
18　3　指導と支援の違い
19　4　SNSがコミュニケーションに与える影響

□ イマドキ：nowadays　□ パワハラ：workplace bullying　□ 瞬時：instantaneous
□ 見放す：abandon

1　×　「部下はSNSに慣れ親しんできた世代です」「自分たちのころは、動くものにはすべて頭を下げろなんて言われたものですけど」などと言っているが、それ以外では世代の違いについて言っていない。
2　○　イマドキの部下に対してどう接すればいいのかについて説明している。
3　×　指導ではなく支援をすべきだとは言っているが、その違いについて説明しているわけではない。
4　×　SNSに慣れしんできた世代だとは言っているが、SNSがコミュニケーションに与える影響については言っていない。

⑤ 3　🔊 038

1　テレビで男の人が話しています。

2　M：最近話題になっている体験型ゲームをご存じですか。ある閉じ込められた空間
3　の中で、グループで協力し合って制限時間内に謎を解いて、脱出を図るという
4　体験型ゲームです。チケットは即完売の人気で、海外でも開催されているといい
5　ます。ではなぜ多くの大人がそれほどこのゲームにハマるのでしょうか。その秘
6　訣は、ほどよいドキドキ感と、真剣に考えぬいたあとに閃いた時の快感、そして
7　なんといっても、大きな達成感を得られるという点にあります。毎日仕事をして
8　いると、ひと山越えたという日は来るかもしれません。しかし、ほとんどの人は

9　同時に5、6件の案件を抱えていますから、仕事が全部終わって「やったー！」

10　と大きな達成感を感じる瞬間って、実はそんなにないものです。遊んだあとに

11　程よい疲労感と達成感が得られる、これが脳への刺激となって、ハマってしま

12　うのかもしれません。

13　男の人は何について話していますか。

14　1　ゲームと仕事で得られる緊張感の違い

15　2　体験型ゲームの中毒性

16　3　大人が体験型ゲームに夢中になる理由

17　4　ゲームで達成感が得られる仕組み

□ 脱出：escape　□ ハマる：get hooked on　□ 閃く：flash　□ ひと山越える：overcome the worst
□ 案件：project

1　×　緊張感ではなく達成感の違いについて言っている。

2　×　体験型ゲームにハマることについて言っているが、中毒性については言っていない。

3　○　ドキドキ感や快感、疲労感、達成感などが理由になってハマると言っている。

4　×　達成感が得られるとは言っているが、その仕組みについては言っていない。

6 3 🔊 039

1　テレビで女の人が話しています。

2　F：耳の先がカットされている猫を道端で見かけたことはありませんか。あるという

3　方、その猫はきっと、その付近でかわいがられている地域猫でしょう。地域猫と

4　いうのは、地域で管理されている野良猫のことです。特定の飼い主はいません

5　し、外で生活しているという点では、野良猫とそんなに変わりはありません。で

6　も、地域住民の合意のもと、特定のごはん場所やトイレを設置して、みんなで

7　面倒を見ているという点では大きく異なります。これ以上増えないように不妊

8　去勢手術をして、一代限りの天寿を全うさせるために、地域でルールを決めて、

9　管理するのです。猫好きな人もそうでない人も、今この地域にいる、飼い主の

10　いない猫をこれ以上増やさないようにしたいという思いは同じなはずです。不幸

11　な猫たちを減らして、住みよい街にしようじゃありませんか。

12　女の人は主に何について話していますか。

13　1　地域猫と野良猫の違い

14　2　地域猫活動に込められた思い

□ 野良猫：stray cat　□ 合意：consensus　□ 不妊去勢手術：sterilization
□ 天寿を全うする：die a natural death　□ 住みよい：livable

1　×　4〜7行目「特定の飼い主はいませんし、外で生活しているという点では、野良猫と
　　　そんなに変わりはありません。でも、地域住民の合意のもと、特定のごはん場所やト
　　　イレを設置して、みんなで面倒を見ているという点では大きく異なります。」という部
　　　分では違いを説明しているが、それ以外の部分では説明していない。
2　×　9、10行目「今この地域にいる、飼い主のいない猫をこれ以上増やさないようにした
　　　いという思いは同じなはずです。」と言っているが、それ以外では思いについて言っ
　　　ていない。
3　○　地域猫とは何か、どうして地域猫というシステムがあるのかについて説明している。
4　×　6、7行目「特定のごはん場所やトイレを設置して、みんなで面倒を見ている」と
　　　言っているが、それ以外で管理の方法については説明していない。

---

7 4　🔊 040

1　ラジオで男の人が話しています。

2　M：ゼリーを作る際に欠かせないものに、ゼラチンがあります。ゼラチンは牛や豚と
3　　　いった、動物の骨や皮に多く含まれるたんぱく質、コラーゲンから作られたも
4　　　のです。ゼラチンは透明感があり、とろけるような食感が特徴です。一方、ゼラ
5　　　チン同様に材料を固めるものとしてよく使われるのが寒天です。寒天は、テング
6　　　サなどの海藻が原料であるため、食物繊維を含んでいます。寒天は和菓子に使
7　　　われることが多いのですが、粉末状の粉寒天を使ったゼリーもあります。こちら
8　　　はゼラチンを使ったゼリーと区別するために、寒天ゼリーと呼ぶそうです。寒天
9　　　はゼラチンよりも固める力が強いので、ゼリーに使った場合、歯切れがよく崩れ
10　　　やすいのが特徴です。ほかにも、固めるものとしてこんにゃくの粉末が使われる
11　　　ことがあります。これを使って作られるのがこんにゃくゼリーです。一口にゼリー
12　　　と言っても、いろいろな種類があるんですね。

13　男の人は主に何について話していますか。

14　1　ゼラチンより寒天が体にいい理由
15　2　ゼリーの種類とその歴史
16　3　作り方とゼリーの食感の関係
17　4　ゼリーを固める原料

1　×　体にいいかどうかについては言っていない。

2　×　ゼリーの種類については言っているが、歴史については言っていない。

3　×　ゼリーの食感については言っているが、作り方との関係については言っていない。

4　○　ゼラチン、寒天、こんにゃくゼリーの原料について説明している。

⑧ 2　　　　　　　　　　　　　　　　　　　🔊 **041**

1　テレビで男の人が話しています。

2　M：大学時代、私は全く授業に行かず、毎日朝まで仲間と麻雀をしていたんです。
3　　　そこだけ見ると悪い学生だと思われるかもしれませんが、実は当時、全力で遊
4　　　んでいました。麻雀の確率に関する本を読んで、計算しながら麻雀を打ってい
5　　　たんです。一人がモテたいといえば、みんなで恋愛工学の本を読んで戦略を議
6　　　論してから飲み会に臨んで、飲み会後にはレポートを出し合って改善策を話し
7　　　合う。こうやって何事にも夢中になって全力で取り組んだ経験が、今も私の中
8　　　に活きています。今、遊ぶように仕事ができているのは、何より大学時代に出
9　　　会えた友達のおかげだと感謝しています。

10　男の人は何について話していますか。

11　1　悪い学生の特徴

12　2　大学時代の経験とその影響

13　3　大学時代の友達の作り方

14　4　遊びと勉強の望ましいバランス

1　×　悪い学生の特徴については話していない。

2　○　7、8行目で、大学時代に「何事にも夢中になって全力で取り組んだ」ので「今、遊ぶように仕事ができている」と言っている。

3　×　友達と何をしたかについては言っているが、友達の作り方については言っていない。

4　×　遊びと勉強のバランスについては言っていない。

1　スポーツジムでインストラクターが話しています。

2　M：みなさん、ゴルフで大切なのは、何と言ってもアドレスです。アドレスって、住
3　　　所って意味ですよね。住所を少しでも間違えたら、郵便物は別の家のポストに
4　　　届いてしまう。ゴルフも同じです。ちょっとでも姿勢がズレたら、ボールは変な
5　　　方向へ飛んでいってしまいます。ほかのスポーツでアドレスっていう用語を使う
6　　　スポーツは聞いたことがないですよね。それだけ、間違ったらいけない、肝心要
7　　　なポイントだということです。ゴルフの練習っていうと、ボールを打つところをイ
8　　　メージすると思いますけど、今日はボールは置かずに、素振りだけしていきましょ
9　　　う。じゃ、正しいアドレスの作り方から始めます。

10　インストラクターは主に何について話していますか。

11　1　ゴルフにおける姿勢の重要性

12　2　ゴルフとほかのスポーツとの違い

13　3　住所とアドレスとの違い

14　4　今日の練習内容の詳細

□ アドレス：address　□ ズレる：misalign　肝心要：crucial pointr　□ 素振り：practice swing

---

1　○　4、5行目「ゴルフも同じです。ちょっとでも姿勢がズレたら、ボールは変な方向へ
　　　飛んでいってしまいます。」と言っていて、アドレス（＝姿勢）が重要だと言っている。

2　×　5、6行目「ほかのスポーツでアドレスっていう用語を使うスポーツは聞いたことがな
　　　いですよね。」と言っているが、それ以外でほかのスポーツについては言っていない。

3　×　住所はアドレスの重要性を説明するための例である。

4　×　8、9行目「今日はボールは置かずに、素振りだけしていきましょう。じゃ、正しいア
　　　ドレスの作り方から始めます。」と言っているが、それ以外では今日の練習内容につ
　　　いては言っていない。

1　ラジオで女の人が話しています。

2　F：「顔は親の責任。表情は自分の責任」。これは高校の卒業式で先生からいた
3　　　だいた言葉です。目の大きさや形など顔は親からもらったもので変えにくいです
4　　　が、表情は自分次第でいくらでも変えられます。いつも難しい顔つきをしている人
5　　　は眉間に縦のしわができるし、いつもニコニコしている人は笑いじわが増える。

6　顔にはその人のそれまでの生活体験がにじみ出るものです。いい顔というのは、

7　必ずしも整った顔を意味するわけではありません。味のある顔、愛嬌のある顔。

8　魅力的な顔は表情によるところが大きいと言えます。表情にはその人の生き方

9　が表れるので、我々は責任を持って生きていかなければならないのです。

10　女の人は主に何について話していますか。

11　1　魅力的な表情の作り方

12　2　表情に責任を持たなければいけない理由

13　3　顔と表情の違い

14　4　顔に対する遺伝の影響

□ 顔つき：face　□ 眉間：between the eyebrows　□ にじみ出る：ooze　□ 整う：well-defined
□ 味がある：tasteful　□ 愛嬌：charming

1　✕　表情は変えられると言っているが、どのように変えられるかについては言っていない。

2　○　表情は変えられるし、表情にはその人の生き方が表れるので、表情に責任を持たなければいけないと言っている。

3　✕　3、4行目「目の大きさや形など顔は親からもらったもので変えにくいですが、表情は自分次第でいくらでも変えられます。」と言っているが、比べているのではなく、表情は変えられるということを強調するために顔について言っている。

4　✕　3行目「目の大きさや形など顔は親からもらったもので変えにくい」と言っているが、それ以外で遺伝の影響については言っていない。

11 2　🔊 044

1　セミナーで女の人が話しています。

2　F：みなさん、読書はしていますか。読書は確かに大事です。でも、知識だけ貯め

3　ていても行動に移さなければ意味がありません。起業したい時にまず何から始

4　めるべきか。結論を先に言うと、アイデアを実行する、これに尽きます。みなさ

5　んも生活している中で、何か不便を感じていたり、解決したいなって思う問題

6　がありますよね。そういう問題について真剣に考えてみる。そうすれば誰にでも

7　具体的なアイデアが生まれます。次に、そのアイデアを実行する。そのために必

8　要なのは、仲間を見つけることです。自分でしたくてもできないことがあったら、

9　それができる人に情熱を語って協力してもらう。そうすれば一人では限界がある

10　こともできるようになるんです。こうして、仲間を集めて収益が得られるように

11　なったら法人化する。これが起業の流れになります。

12　女の人は主に何について話していますか。

13　1　行動することの重要性

14　2　起業する時の手順

15　3　起業における仲間の重要性

16　4　アイデアの生み出し方

□ 起業：entrepreneurship　□ 尽きる：run out　effort　□ 収益：profit　□ 法人化：incorporation

1　×　2、3行目「でも、知識だけ貯めていても行動に移さなければ意味がありません。」と言っているが、それ以外は起業について言っている。

2　○　11行目に「これが起業の流れになります。」と言っているので、起業の手順について説明していると分かる。

3　×　7、8行目「そのために必要なのは、仲間を見つけることです。」と言っているが、前半では仲間については言っていない。

4　×　4～7行目「みなさんも生活している中で、何か不便を感じていたり、解決したいなって思う問題がありますよね。そういう問題について真剣に考えてみる。そうすれば誰にでも具体的なアイデアが生まれます。」と言っているが、これは起業の手順の中の一つである。

1　ラジオで男の人が話しています。

2　M：さくら病院に現れたのは誰もが知る漫才コンビ、「爆笑ボーイズ」。二人が今日
3　病院を訪れた理由はなんと、漫才の指導です。爆笑ボーイズは5年程前から中
4　学校などで漫才指導を行っており、指導は手慣れたもの。しかし、病院での指
5　導は初の試みです。今回教わるのは医師や看護師などの医療従事者20名。
6　予め用意された3つの漫才の台本をベースに、二人一組で台本を書いていきま
7　す。プロのアドバイスを受けながらネタを完成させ、詰めかけた職員100人を前
8　に、漫才を披露しました。病院ならではのネタを盛り込んだ漫才で、会場は大
9　きな笑いの渦に包まれていました。昔から、笑いは健康にいいと言われていま
10　す。病院は緊迫した場面が多いですが、患者にとって安心できる場を作ること
11　は重要です。笑いの力が医療現場に今後どのような新しい風を吹かせてくれる
12　のか、期待が高まります。

13　男の人は主に何について話していますか。
14　1　病院で漫才コンビが行った研修の内容
15　2　病院における漫才指導の目的
16　3　爆笑ボーイズの漫才指導経験
17　4　笑いが医療にもたらす力

□ 漫才：comic duo　□ 医療従事者：medical professional　□ 台本：script　□ ベース：base
□ ネタ：story　□ 詰めかける：crammed　□ 笑いの渦に包まれる：filled with laughter　□ 緊迫：tense

1　○　漫才コンビが病院で医療従事者に漫才指導をしたことについて言っている。
2　×　漫才指導については言っているが、その目的については言っていない。
3　×　3～5行目「爆笑ボーイズは5年程前から中学校などで漫才指導を行っており、指導は手慣れたもの。しかし、病院での指導は初の試みです。」と言っているが、それ以外の部分では経験について言っていない。
4　×　11、12行目に「笑いの力が医療現場に今後どのような新しい風を吹かせてくれるのか、期待が高まります。」と言っているが、笑いの力が医療にどのような力をもたらすのか具体的には言っていない。

即時応答 (そく じ おう とう)

(p.130)

1 2

🔊 **047**

F： 来週有給休暇取る件、なかなか部長に切り出せなくて。

M： 1　そうか、じゃあ俺も慎重にならないとな。

　　 2　え、まだ伝えてないの？

　　 3　それはパワハラなんじゃないかな。

□ 有給休暇：paid leave　□ 切り出す：cut out　□ パワハラ：workplace bullying

1　×　部長に反対されたわけではない。

2　○　切り出せないというのは思い切って話し始められないという意味である。

3　×　部長が何かしたから切り出せないわけではない。

2 2

🔊 **048**

M： 他人のこととやかく言ってる場合じゃないでしょう。

F： 1　今は自分のことで頭がいっぱいなんだ。

　　 2　本当に心配なんだよ。

　　 3　場所はちゃんとわきまえてるよ。

□ とやかく：this and that　□ わきまえる：discern

1　×　自分のことで精一杯だという意味なので、他人のことを言える状況ではない。

2　○　心配だから他人だけどその人のことについてあれこれ言ってしまうという意味。

3　×　場合というのは具体的な場所ではなく状況のこと。

3 1

🔊 **049**

M： あの子を一人で電車に乗らせるのはハードルが高いんじゃないかな。

F： 1　意外にしっかりしてるから問題ないでしょう。

　　 2　うん、もう小学生だからね。

　　 3　そうだね、最近物価上がってきてるよね。

□ ハードルが高い：high barrier　□ しっかりする：do well

1 ○ 思ったよりきちんとしていて信用できるから一人で電車に乗れるという意味。

2 × ハードルが高いというのは難しいという意味だが、もう小学生だから（当然できる）と言っているので不正解。

3 × 「ハードルが高い」と「物価が上がる」は関係がない。

④ 2 ◀)) 050

> M： 忙しいって言ったって電話一本ぐらいできるでしょう。
>
> F： 1 はい、ご厚意に感謝いたします。
>
> 2 はい、ご迷惑おかけして大変申し訳ありません。
>
> 3 ええ、確認次第、再度ご連絡差し上げます。

□ 電話一本：one phone call　□ 厚意：courtesy

1 × 男の人は電話をしなかったことに怒っているので、感謝ではなく謝ることが必要。

2 ○ 電話をせず、迷惑をかけたことに対して謝っているので正解。

3 × 「電話一本ぐらいできるでしょう」はできるかどうか聞いているのではなく、当然できるのになぜしなかったのかという意味なので、電話ができるかどうか確認する必要はない。

⑤ 3 ◀)) 051

> F： 今の店員、失礼極まりない態度だったよね。
>
> M： 1 そうそう、板についてたよね。
>
> 2 まぁ、丁寧にもほどがあるよね。
>
> 3 うん、あんなに雑な渡し方ないよね。

□ 極まりない：extremely　□ 板につく：accustomed to　□ ほどがある：go too far

1 × 「板につく」は経験を積んで身につくことで、ほめ言葉に使う。

2 × 丁寧すぎるという意味なので、「失礼極まりない」とは逆の意味。

3 ○ あんなに失礼な渡し方はありえないという意味なので正解。

⑥ 2 ◀)) 052

> F： ろくに話もしたことないのにデートに誘うなんて無謀だよ。
>
> M： 1 そうだよね、無難だよね。
>
> 2 そうかなぁ、一か八かやってみるのも手じゃない？
>
> 3 うーん、まずは仲良くならないとだめだと思うよ。

1 × 「無難」は問題ないという意味だが、「無謀」はよく考えずに行動することなので、問題がある行為である。

2 ○ 運を天に任せて、思い切ってやってみてもいいのではないかと言っているので正解。

3 × 「うーん」はいいえの意味だが、女の人と似た意味のことを言っているので不正解。

7 1 🔊 053

> M： 林さん、1時から来客が入ったから2時からの打ち合わせ、30分ずらしてもらえる？
>
> F： 1 はい、2時半からですね。
>   2 はい、30分に短縮ですね。
>   3 はい、お客様に伝えておきます。

1 ○ 2時を30分遅らせるという意味なので正解。

2 × 打ち合わせの時間を30分に短くするという意味ではない。

3 × お客様に変えてほしいのではなく、お客様が来るので、女性（林さん）に対して時間を変えてほしいと言っている。

8 3 🔊 054

> M： 最近いいことずくめで困っちゃうなぁ。
>
> F： 1 それはどうにかしないといけませんね。
>   2 頭が下がります。
>   3 うらやましい限りです。

1 × 困るほどいいことが起こりすぎると言っているが、本当に困っているわけではない。

2 × 尊敬の気持ちが起こるという意味だが、いいことがたくさん起きている人に対して尊敬はしない。

3 ○ 自分もそうなりたいとすごく思うという意味なので正解。

9 2　　　　　　　　　　　　　　　　　　　　　🔊 055

M：	今日の議事録はてっきり森田さんが書いてくれてると思ってたよ。
F：	1　さすが森田さんですね。
	2　毎回の担当者をきちんと決めておいたほうがいいですね。
	3　え、森田さんがご担当だったんですか。

□ てっきり：certainly

1　×　森田さんが書いていると勘違いしていたという意味なので、森田さんは書いておらず、すごくはない。
2　○　勘違いが起こらないように、議事録を書く人を毎回決めたほうがいいという意味。
3　×　森田さんは議事録を書く担当者ではなかったという意味なので不正解。

10 2　　　　　　　　　　　　　　　　　　　　　🔊 056

F：	新入社員の田辺さん、プログラミングが得意だなんて、活かさない手はないですね。
M：	1　はい、あまり関係ありませんからね。
	2　はい、ぜひ活躍していただきましょう。
	3　はい、馬が合いそうですね。

□ プログラミング：programming　　□ 活かす：make use of

1　×　女の人はプログラミングのスキルをぜひ活かすべきだという意見なので不正解。
2　○　プログラミングのスキルを活かしていい仕事をしてほしいという意味。
3　×　「活かさない手はない」と「馬が合う＝気が合う」は関係がない。

11 1　　　　　　　　　　　　　　　　　　　　　🔊 057

M：	先ほどの案件、先方が難色を示されていたようですが。
F：	1　ええ、あまり気乗りしていないようでしたね。
	2　提案条件を変えていただければいいんですけどね。
	3　こんなにとんとん拍子に進むとは思いませんでしたよ。

□ 難色を示す：show disapproval

1 ○ 先方が賛成・承諾しかねているので、つまり気が進まない様子だということ。

2 × 提案条件を変えるのは先方ではなくこちらである。

3 × とんとん拍子は物事が早く順調に進むことで、「難色を示す」とは逆の意味である。

12 3 ◀)) 058

F： 期末レポート、全部で5ページって言ったって、表紙も入れてでしょう。

M： 1 うん、だから実質6ページになるんだよ。

　　2 うん、入れるだけのことはあるね。

　　3 いやぁ、それにしても多すぎるよ。

□ 実質：real

1 × 実質（表紙を抜いて）4ページになる。

2 × 「入れるだけのことはあるね」は、さすが、入れたから（よいこと）になるという意味で使うので不正解。

3 ○ 女の人が表紙も入れて5ページだから多くはないという意味で言っているが、男の人はそれでも多いと思っている。

13 1 ◀)) 059

F： 見られてないのをいいことにポイ捨てするなんて。

M： 1 そういうときこそ見られてるもんだよね。

　　2 そういう人が一目置かれるんだよね。

　　3 人の目は気にするべきだよね。

□ ポイ捨て：litter　□ 一目置く：yield to a superior

1 ○ 見られていないと言っていても見られている場合は多いと言っている。

2 × ポイ捨ては尊敬される行為ではないので不正解。

3 × 人の目を気にしているから、見られていない時にポイ捨てしているのである。

14 2 ◀)) 060

M： これは私たちだけで解決できる問題じゃないんじゃないでしょうか。

F： 1 はい、まずは私たちができることから始めましょう。

　　2 ええ、専門家の助けが必要かもしれませんね。

　　3 いえ、ほかのグループにもあたってみます。

1　×　男の人は私たちだけでは解決できないと言っているので、「はい」はふさわしくない。
2　○　男の人は私たちだけでは解決できないと言っていて、女の人は専門家（私たち以外の人）の助けが必要かもしれないと言っている。
3　×　「いえ」は「いいえ」の意味。「はい」であれば正解。

15 1　　　　　　　　　　　　　　　　　　　　　　　　　　　◀)) **061**

F：　契約書は本日火曜日に発送いたしますので、一両日中にそちらに届くはずです。 M：　1　水木あたりですね。承知しました。 　　　2　週末はちょっと出張が入っておりまして。 　　　3　え、今週中にはいただきたいんですけど。

□　一両日中：within the next couple of days

1　○　一両日中は1日か2日の間という意味なので、火曜日から1、2日の水木である。
2　×　週末より前に届くはずである。
3　×　今週中にはもらえるはずである。

16 3　　　　　　　　　　　　　　　　　　　　　　　　　　　◀)) **062**

M：　明日単語テストがあるなんて知らなかったよ。手っ取り早く暗記する方法ないかな。 F：　1　手取り足取り教える暇なんてないよ。 　　　2　一文字ずつゆっくり丁寧に書いて覚えるのがいいんじゃない？ 　　　3　そんな態度じゃ、何も身につかないよ。

□　手っ取り早い：quick and easy

1　×　手取り足取りは丁寧に教えることなので、単に早くという意味の手っ取り早くとは違う。
2　×　一文字ずつ書くのはすぐにできる簡単な方法ではない。
3　○　男の人が地道に勉強するのではなく簡単に暗記できる方法を探しているので非難している。

🔊 **063**

> M： さっき小耳に挟んだんだけど、さくら社の鈴木様がご立腹なんだって。
>
> F： 1 おー、それはめでたいね。
>
> 　　2 うそ！誰かなんかやらかしたの？
>
> 　　3 あはは、あの鈴木様ならやりかねないね。

□ 小耳に挟む：overhear　□ ご立腹：be angry　□ めでたい：joyous

1　×　怒っていることはお祝いごとではない。

2　○　鈴木様が怒っているのは、誰かが問題を起こしたからである。

3　×　鈴木様が問題を起こしたわけではない。

🔊 **064**

> M： この前オープンしたパン屋、がらがらなんだって。
>
> F： 1 そうなんだ。おいしそうだったもんね。
>
> 　　2 えー、てっきり繁盛すると思ってた。
>
> 　　3 うそー、目から鱗だよ。

□ がらがら：empty　□ 繁盛：prosperous　□ 目から鱗：see the light

1　×　おいしそうなら、店はすいているのではなく客がもっと来ているはず。

2　○　店がにぎわうと勘違いしていたが実際はそうではなかったという意味。

3　×　「目から鱗」は、何かがきっかけでよく理解できるようになることなので、単に情報を得た時には使わない。

🔊 **065**

> F： あいにく部長の井上はただいま席を外しております。よろしければご用件を承りますが。
>
> M： 1 はい、私でよろしければ、ご用件をお伺いいたします。
>
> 　　2 では担当者に折り返し電話させます。
>
> 　　3 それでは、こちらから改めてご連絡を差し上げます。

□ 席を外す：away from one's desk　□ 承る：receive　□ 折り返し：call back

1　×　男の人は用件を聞く側ではなく言う側である。
2　×　自分が担当者で、電話をかけたが、相手の担当者がいなかった。折り返し電話するとしたら自分がする。
3　○　用件は言わず、もう一度電話するという意味。

聴解

20　2　　　　　　　　　　　　　　　　　　　　　🔊 **066**

M：　このアイス、メロンと思いきや抹茶味だったよ。
F：　1　やったじゃん。メロン好きだもんね。
2　え、抹茶大好物。一口ちょうだい。
3　おぉ、それは一石二鳥だね。

□ 思いきや：contrary to expectations　□ 一石二鳥：two birds with one stone

1　×　メロンだと思っていたが、メロンではなく抹茶味だったという意味なので、不正解。
2　○　抹茶が好きなので、一口食べたいという意味。
3　×　1つのことをして2つの利益を得るという意味だが、この場合は利益は特にない。

21　1　　　　　　　　　　　　　　　　　　　　　🔊 **067**

M：　自分から誘っときながらドタキャンして本当にごめん。
F：　1　いや、やむを得ない理由だからしょうがないよ。
2　いいよ、今度は誘ってね。
3　今度お詫びにランチおごるね。

□ ドタキャン：last-minute cancellation　□ やむを得ない：unavoidable

1　○　当日や直前に約束をキャンセルされたが、キャンセルせざるを得ない理由だったので納得しているという意味。
2　×　今回男の人が誘ったので、「今度は」は不適切。
3　×　お詫びをするのはドタキャンした男の人のほうである。

22　3　　　　　　　　　　　　　　　　　　　　　🔊 **068**

F：　せっかく旅行に来たんだから地元ならではのものを食べようよ。
M：　1　そうだね、慣れてる味が一番だね。
2　うん、おふくろの味に勝るものはないよね。
3　それもそうだね。じゃあ今夜は魚料理で決まり。

1　×　旅行に来たこの地域独特のものは、食べ慣れている味ではない。

2　×　旅行に来たこの地域独特のものは、母の味ではない。

3　○　旅行に来たこの地域独特のものは、魚料理なので、それを今夜食べようという意味。

23 1　　🔊 069

M：　そんなに焦らないで。遅かれ早かれ分かるんだから。

F：　1　もう、早く知って落ち着きたいのに。

　　　2　深呼吸してみるといいんじゃないかな。

　　　3　そうは言ってもめそめそせずにはいられないよ。

1　○　焦っている理由を言っている。

2　×　焦っているのは自分なので、相手は深呼吸しなくてもよい。

3　×　めそめそは弱々しく泣いたり泣きそうな様子のことだが、この人は焦っているだけである。

24 3　　🔊 070

M：　うーん、旅行用のかばんだったら、軽いに越したことはないんじゃない？

F：　1　そうだね、じゃあ重いほうにする。

　　　2　確かに、重いと手がかかりそうだよね。

　　　3　そうかなぁ。重いほうが丈夫そうな気がするけど。

1　×　男の人は軽いほうがいいと言っていて、女の人は「そうだね」と同意したのに重いほうに決めているので間違い。

2　×　「手がかかる」は世話がかかる人に対して使い、物には使わない。

3　○　そうかなぁと反論して、重いほうがよさそうだと言っている。

25 **3** 🔊 **071**

M：	いやぁ、すごい食べっぷりだねぇ。
F：	1　こんな量食べきれるでしょうかね。
	2　ええ、母がマナーに厳しかったので。
	3　はい、うなぎに目がないんです。

□ 食べっぷり：manner of eating　□ 目がない：be fond of

1　×　見ていて気持ちいいぐらいおいしそうにたくさん食べていると言っているので、食べきれるはずである。

2　×　マナーをしつけられると食べっぷりがよくなるわけではない。

3　○　うなぎが好きだからこのようにおいしそうにたくさん食べているという意味。

26 **1** 🔊 **072**

F：	あの最後のどんでん返しは圧巻だったよね。
M：	1　うん、あれには度肝を抜かれたな。
	2　そうそう、あそこで一気に冷めた。
	3　うん、あんまり見どころのない映画だったよね。

□ どんでん返し：complete reversal　□ 圧巻：highlight　□ 度肝を抜かれる：be stunned
□ 見どころ：best part

1　○　話の展開が正反対に変わってびっくりしたという意味。

2　×　女の人は一番すぐれた部分だと言っているが、「そうそう」と同意して反対のことを言っているので間違い。

3　×　女の人はこの部分が一番見る価値があるところだと思っているが、「うん」と同意して反対のことを言っている。

27 **1** 🔊 **073**

F：	3時までにできないことはないと思います。
M：	1　では3時になったら進捗状況を報告してください。
	2　そうか、それは困ったなぁ。
	3　では3時に一度お見せしますね。

□ 進捗状況：state of progress

1 ○ 3時までにたぶんできると言っているので、3時にどこまでできたか伝えてほしいという意味。

2 × 3時までにたぶんできると言っているので、困らないはずである。

3 × 3時までに作業をする人は女の人なので、男の人が見せる必要はない。

28 2　　　　　　　　　　　　　　　　　　　　　　　　　　　　◀)) 074

M：今さら言ってみたところで、何か変わるとでも思ってるの？
F：1　うん、言えるもんなら言ってみて。
　　2　うーん、変わらないわけじゃないんじゃないかな。
　　3　うん、変わらないに決まってるでしょう。

1 × 言おうとしているのは男のではなく女の人である。

2 ○ 変わらないとは言い切れないと言っている。

3 × 男の人は変わらないのではないかと言っているが、女の人は絶対に変わらないと思っているので、「うん」は不適切。

29 1　　　　　　　　　　　　　　　　　　　　　　　　　　　　◀)) 075

M：案の定そこにありましたよ。
F：1　やっぱり、思った通りでしたね。
　　2　ね、意外ですね。
　　3　さすが、先見の明がありますね。

□ 案の定：as expected　□ 先見の明：foresight

1 ○ 案の定というのは思った通りという意味である。

2 × 案の定というのは思った通りという意味で、「ね」と同意しているので、反対の意味の「意外」は使えない。

3 × 「先見の明」は何かが起こる前にそれを見抜く力を指すが、「そこにあった」というのは何かが起きたということではない。

30 3　　　　　　　　　　　　　　　　　　　　　　　　　　　　◀)) 076

M：こんなガラクタだって知ってたら買わなかったのに。
F：1　え、じゃあなんで買ったの？
　　2　そんなに価値のあるものだったとはね。
　　3　完全にぼったくりだね。

1　×　知らなかったから買ったと言っている。
2　×　ガラクタは価値がないものという意味である。
3　○　適切な値段をはるかに超えた値段で買ってしまったという意味である。

31 2　　　　　　　　　　　　　　　　　　　　　　　　🔊 **077**

F：	お引き受けしたいのはやまやまなんですが。
M：	1　ご快諾どうもありがとうございます。
	2　何かご事情でも？
	3　それは残念でしたね。

1　×　女の人は、そうしたいができないと断っているので、よろこんで承知してはいない。
2　○　断る理由を聞いている。
3　×　残念なのは自分である。「それは残念ですね」であれば正解。

32 2　　　　　　　　　　　　　　　　　　　　　　　　🔊 **078**

M：	あ、今田さん。なんでとぼとぼ歩いてるの？
F：	1　遅刻しそうで急いでるんだ。
	2　ちょっと考え事してて。
	3　ちょっとそこの郵便局に用事があって。

1　×　「とぼとぼ」は元気なく歩くという意味なので、急いでいるようには見えない。
2　○　心配なことなどがあってあれこれ考えているという意味。
3　×　郵便局に用事があることと元気なく歩くことは関係がない。

> M： きのうの面接、散々だったよ。
> F： 1　難しい質問でもされたの？
> 　　 2　きのうじゃなかったのか。
> 　　 3　練習したかいがあったね。

□ 散々だ：harsh　□ かいがある：meaningful

1　○　面接の結果がひどかったと言っているので、難しい質問などをされたのかと聞いている。

2　×　「きのうの面接」と言っているので不正解。

3　×　面接の結果がひどかったとっているので、練習した効果があったとは言えない。

1

1　日本語学校で女の先生と男の先生が話しています。

2　F：今学期の日本文化体験、どうしましょうか。候補のリスト、お手元にあります
3　　か。

4　M：あ、こちらですね。えっとー、風鈴絵付け体験、着物の着付け体験、染物体
5　　験、和菓子作り体験。うーん、どれもおもしろそうですね。

6　F：ですよねー。前回は和菓子作り体験でしたよね。私が引率したんですが、学生
7　　たちは本当に楽しんでいました。石井先生は、一つ選ぶとしたらどれですか。

8　M：うーん、敢えて選ぶなら和菓子作りですね。作るだけじゃなくて食べられるとい
9　　うのはやっぱり魅力的かなぁと。

10　F：そうですよね。そういう意味では、風鈴と染物は確かに体験だけで終わっちゃ
11　　いますね。

12　M：あ、でも、どちらも形に残るという点では和菓子作りよりいいかもしれません
13　　よ。

14　F：体験を思い出として残すのか物として残すのか。思い出も最近は写真や動画
15　　に撮ったりして記録に残せますけどねえ。

16　M：そういえば、染物体験って、何を染めるんでしたっけ？

17　F：ハンカチだそうですよ。

18　M：ハンカチ。いいですね。日常的に使えますし。風鈴だと夏だけでしょう。

19　F：それもそうですね。うーん、この着付け体験というのはどうでしょう。

20　M：あ、着付けだけは、講師の先生をお呼びして、うちの学校でできるんですよね。
21　　どこかに行くとなると、遅刻したり道に迷ったりする学生の対応で当日あたふた
22　　するかと思いますが。

23　F：そうですね。うーん、でもなるべく学校以外に足を運んでほしいっていう思いも
24　　あるんですよね。ちゃんと来ない学生は面倒見ませんよって予め伝えておけば
25　　いいわけで。

26　M：なるほど。あ、そういえばお値段も大事ですよね。えっとー、一番安いのは染
27　　物体験ですね。

28　F：値段は学校側から補助が出るから今回は気にしなくていいみたいですよ。

29 M：あ、そうですか。うーん、やっぱり物として残してもらって、体験後もちょくちょ

30 　　く体験のことを思い出してほしいし、安いに越したことはないので、これがいい

31 　　んじゃないでしょうか。

32 F：そうですね。とりあえず今回はこれでやってみましょうか。

33 二人はどの文化体験を選びましたか。

34 1　風鈴絵付け体験

35 2　着物の着付け体験

36 3　染物体験

37 4　和菓子作り体験

1　×　30行目「安いに越したことはない」と言っているので、不正解。

2　×　29、30行目で物として残してもらう、安いに越したことはないと言っているので、不正解。

3　○　26、27行目で「一番安いのは染物体験ですね」と言っている。

4　×　29、30行目で物として残してもらう、安いに越したことはないと言っているので、不正解。

2番　1　🔊 083

1　夫婦が家で話しています。

2　M：旅行の支度、これで終わりー。

3　F：私も、日焼け止めだけ買い足せばあとは大丈夫。あ、そうそう、向こうで佐藤

4　　　さんに渡す手土産も買わないと。

5　M：そうだね。佐藤さん一日中案内してくれるって言ってたし、ちゃんとした手土産

6　　　渡さないとね。何がいいかなぁ。

7　F：一番無難なのは洋菓子かな。佐藤さん、甘いものお好きだって言ってたし。

8　M：洋菓子は定番だよね。でもかさばらない？ スーツケースの中あんまり余裕ないよ

9　　　ね。

10　F：うーん、まぁそれはそうだよね。コンパクトなものがあればそれに越したことはな

11　　　いけど。夏だし、水ようかんなんてどうかな。

12　M：確かにコンパクトだけど、ずっしりして重そう。せっかくだから、向こうに売って

13　　　ないものがいいんじゃない？

14　F：ちょっとネットで調べてみようか。手土産、夏、と。あ、いろんなのあるよ。見

15　　　てみて。

16　M：あ、何このわらび餅、おいしそう。トロトロだ。

17　F：待って、賞味期限10日だって。賞味期限はやっぱり長くないと。賞味期限が長

18　　　いものといえば、あ、ゼリーだって。見て見て、きれいだよ。

19　M：うーん、確かにきれいだし日持ちもするけど、ゼリーだってずっしりして重いで

20　　　しょう。荷物持つほうの身にもなってみてよ。

21　F：じゃあさ、お店でかさばらない洋菓子探そうか。いろいろ種類あるはずだから、

22　　　きっと見つかるよ。

23　M：オッケー、じゃあ探しに行こう。

24　二人は何に決めましたか。

25　1　洋菓子

26　2　水ようかん

27　3　わらび餅

28　4　ゼリー

□ 無難：safe　□ 定番：standard　□ かさばる：bulky　□ コンパクト：compact　□ ずっしり：heavy
□ わらび餅：bracken starch dumpling　□ トロトロ：sticky　□ 身になる：be beneficial

---

1　○　21行目「お店でかさばらない洋菓子探そうか」と言っている。

2　×　12行目「ずっしりして重そう」と言っているので不正解。

3　×　17行目で賞味期限が10日なのでもっと長いものがいいと言っている。

4　×　19行目「ずっしりして重い」と言っているので不正解。

3番　質問1 3　質問2 4　🔊 084

1　ラジオで映画を紹介しています。

2　F1：さーて、ここからは、最近話題の映画を2分にぎゅっとまとめてご紹介するコー

3　　　ナーです。今日は話題沸騰中の映画を4つご紹介します。1つ目は『淡い

4　　　恋』。人気小説を実写化した作品です。学校イチのモテ男子と真面目な優等

5　　　生との恋物語です。2つ目は『ミッションファイブ』。アメリカの人気映画

6 　　　　『ミッション』の5作目で、列車の上での格闘シーンが見どころです。3つ目は

7 　　　　『戦い』。歴史アクションマンガの実写化シリーズ2作目です。戦国時代を舞台

8 　　　　にした決死の戦いを壮大なスケールと豪華キャストで描きます。4つ目は『ろく

9 　　　　ろ首』。現代社会に現れた妖怪と人間との戦いを描いたホラー作品です。山

10 　　　　田監督の世界観が堪能できます。

11 F2　：どれ観に行こうか。映画館で観るならラブストーリーより戦い系のほうが迫力

12 　　　　あっていいよね。

13 M 　：うん、『ミッション』は全作観てるし、『戦い』も原作読んでるから、どっちも観

14 　　　　たいなぁ。

15 F2　：『ミッションファイブ』の予告動画見たけど、ハラハラドキドキだったよ。あ、で

16 　　　　も前作観たかなぁ。ちょっと確認してみないと。

17 M 　：前作観てなくても、どっちみち新しいストーリーなんだから、関係なくない？

18 F2　：あ、ちょっと待って。『戦い』って、海野亮が出てるんだった。こっちにしよう。

19 M 　：うん、でもホラーも気になるなぁ。

20 F2　：私は怖い系はパスだな。

21 M 　：えー、暑い夏こそ映画館でホラーでしょう。

22 F2　：それは一人で観に行ってもらうとして、これ、来週観に行くことにしよう。

23 質問1：二人でどれを観に行くことにしましたか。

24 質問2：男の人が一人で観に行くとしたらどれですか。

□ ぎゅっと：squished　　□ 話題沸騰：hot topic　　□ モテ男子：popular guy　　□ 決死：desperate
□ 壮大：grand　　□ スケール：scale　　□ キャスト：cast　　□ 妖怪：yokai (specter)
□ 世界観：world view　　□ 堪能：enjoyment　　□ ハラハラ：anxious　　□ パス：pass

---

1 × 　11、12行目で「映画館で観るならラブストーリーより戦い系のほうが迫力あっていい
　　　よね。」と言っているので不正解。

2 × 　13〜17行目で『ミッションファイブ』がいいと言っているが、18行目で「あ、ちょっ
　　　と待って。『戦い』って、海野亮が出てるんだった。こっちにしよう。」と言っている
　　　ので不正解。

3 ○ 　(質問1)　22行目「これ、来週観に行くことにしよう。」と言っているが、「これ」とい
　　　うのは18行目の「『戦い』って、海野亮が出てるんだった。こっちにしよう。」という
　　　部分から、『戦い』だと分かる。

4 ○ 　(質問2)　20行目「私は怖い系はパスだな。」、22行目「それは一人で観に行っても
　　　らうとして、」と言っているので、2つ目の問題の答えになる。

1番 1

1 旅行代理店の人と大学生が話しています。

2 F：夏のゼミ合宿に、30名程度で泊まれる場所をお探しということですね。

3 M：はい、親睦を深めるのが一番の目的で、いい思い出を作れればいいなって思っ
4 てるんですが。

5 F：ですと、こちらの山中ホテルはいかがでしょうか。大自然に囲まれたホテルで、
6 セミナールーム、体育館、温水プールに、バーベキュー場も完備されています
7 し、グラウンドでは花火もできますよ。

8 M：花火ですか。いいですね。子どもの時以来やってないなぁ。

9 F：都会ではなかなかする場所がありませんからね。それから、こちらのいこいの里
10 は、いかがでしょうか。リーズナブルなコミュニティハウスで、ゼミ合宿によく利
11 用されています。自家製の無農薬野菜を使った和食中心の料理がおいしいと
12 評判です。

13 M：料理がおいしいっていうのは外せませんね。お値段は…予算は結構あるので、
14 もうちょっと高いところでもよさそうですけど。

15 F：でしたら、高原ホテルはいかがでしょうか。高速道路のインターから車で約5分
16 の立地で、サッカーグラウンドやテニスコートも併設されています。もちろん、会
17 議室や会場備品も各種完備しておりますし、大浴場には露天風呂がついてい
18 ます。

19 M：なるほど。スポーツができるっていうのはいいですね。

20 F：あと、お勧めとしましては、こだまリゾートですね。湖の畔にあって、美しい自
21 然に囲まれたコテージでして、全室キッチン付きなので自炊も可能となっていま
22 す。

23 M：自炊ですか。毎日カップラーメンになっちゃう人も多いかも…。

24 F：ではやはりお料理が好評のこちらがよさそうでしょうか。

25 M：そこもいいんですけど、先輩の話によると、やっぱりいい思い出を作るには一緒
26 に何かをするっていうのが一番いいみたいなんで、うーん。スポーツは苦手な人
27 がいるかもしれないから、こっちかな。

28 大学生はどれを選びましたか。

29 　1　山中ホテル

□ <ruby>親睦<rt>しんぼく</rt></ruby>：fellowship   □ セミナールーム：seminar room   □ <ruby>完備<rt>かんび</rt></ruby>：fully-prepared
□ グラウンド：grounds   □ リーズナブル：reasonable   □ コミュニティハウス：community house
□ <ruby>無農薬<rt>むのうやく</rt></ruby>：pesticide-free   □ インター：inter   <ruby>好立地<rt>こうりっち</rt></ruby>：good location   □ <ruby>併設<rt>へいせつ</rt></ruby>：attached
□ <ruby>大浴場<rt>だいよくじょう</rt></ruby>：large shared bath   □ <ruby>露天風呂<rt>ろてんぶろ</rt></ruby>：open-air bath   □ <ruby>畔<rt>なん</rt></ruby>：levee   □ コテージ：cottage
□ <ruby>自炊<rt>じすい</rt></ruby>：cook for oneself

1   ○   25、26<ruby>行目<rt>ぎょうめ</rt></ruby>「やっぱりいい<ruby>思<rt>おも</rt></ruby>い<ruby>出<rt>で</rt></ruby>を<ruby>作<rt>つく</rt></ruby>るには<ruby>一緒<rt>いっしょ</rt></ruby>に<ruby>何<rt>なに</rt></ruby>かをするっていうのが<ruby>一番<rt>いちばん</rt></ruby>い
いみたいなんで」と<ruby>言<rt>い</rt></ruby>っているので、バーベキューや<ruby>花火<rt>はなび</rt></ruby>ができるここが<ruby>正解<rt>せいかい</rt></ruby>。

2   ×   24<ruby>行目<rt>ぎょうめ</rt></ruby>「ではやはりお<ruby>料理<rt>りょうり</rt></ruby>が<ruby>好評<rt>こうひょう</rt></ruby>のこちらがよさそうでしょうか。」に<ruby>対<rt>たい</rt></ruby>して25<ruby>行目<rt>ぎょうめ</rt></ruby>
「そこもいいんですけど、」と<ruby>言<rt>い</rt></ruby>い、そのあと<ruby>別<rt>べつ</rt></ruby>の<ruby>場所<rt>ばしょ</rt></ruby>について<ruby>言<rt>い</rt></ruby>っているので<ruby>不正解<rt>ふせいかい</rt></ruby>。

3   ×   26、27<ruby>行目<rt>ぎょうめ</rt></ruby>「スポーツは<ruby>苦手<rt>にがて</rt></ruby>な<ruby>人<rt>ひと</rt></ruby>がいるかもしれないから、こっちかな。」と<ruby>言<rt>い</rt></ruby>って
いるので<ruby>不正解<rt>ふせいかい</rt></ruby>。

4   ×   23<ruby>行目<rt>ぎょうめ</rt></ruby>「<ruby>自炊<rt>じすい</rt></ruby>ですか。<ruby>毎日<rt>まいにち</rt></ruby>カップラーメンになっちゃう<ruby>人<rt>ひと</rt></ruby>も<ruby>多<rt>おお</rt></ruby>いかも…。」と<ruby>言<rt>い</rt></ruby>ってい
るので<ruby>不正解<rt>ふせいかい</rt></ruby>。

2<ruby>番<rt>ばん</rt></ruby>   3   🔊 086

1   <ruby>会社<rt>かいしゃ</rt></ruby>で<ruby>三人<rt>さんにん</rt></ruby>が<ruby>相談<rt>そうだん</rt></ruby>しています。

2   M1：2<ruby>月<rt>がつ</rt></ruby>の<ruby>社内報<rt>しゃないほう</rt></ruby>だけど、いいテーマ<ruby>考<rt>かんが</rt></ruby>えてきてくれたかな？ まずは<ruby>鈴木<rt>すずき</rt></ruby>さん、お
3   <ruby>願<rt>ねが</rt></ruby>いします。

4   F ：はい。2<ruby>月<rt>がつ</rt></ruby>といえばバレンタインデーなので、バレンタインデーの<ruby>思<rt>おも</rt></ruby>い<ruby>出<rt>で</rt></ruby>を<ruby>何人<rt>なんにん</rt></ruby>
5   かにインタビューして<ruby>載<rt>の</rt></ruby>せるというのはいかがでしょうか。

6   M1：バレンタインデーねぇ。おもしろい<ruby>思<rt>おも</rt></ruby>い<ruby>出<rt>で</rt></ruby>がある<ruby>人<rt>ひと</rt></ruby>、<ruby>見<rt>み</rt></ruby>つかるかなぁ。<ruby>嫌<rt>いや</rt></ruby>な<ruby>思<rt>おも</rt></ruby>
7   い<ruby>出<rt>で</rt></ruby>のある<ruby>人<rt>ひと</rt></ruby>のほうが<ruby>多<rt>おお</rt></ruby>いんじゃないかな。<ruby>僕<rt>ぼく</rt></ruby>みたいに。なーんてね。

8   F ：2<ruby>年前<rt>ねんまえ</rt></ruby>にもこの<ruby>企画<rt>きかく</rt></ruby>があったそうなんですが、その<ruby>時<rt>とき</rt></ruby>はおもしろいエピソードが
9   たくさん<ruby>出<rt>で</rt></ruby>て<ruby>好評<rt>こうひょう</rt></ruby>だったそうですよ。

10 M1：そうなんだ。それはいいね。<ruby>内藤<rt>ないとう</rt></ruby>さんはどう？

11 M2：<ruby>私<rt>わたし</rt></ruby>も2<ruby>月<rt>がつ</rt></ruby>ということで<ruby>考<rt>かんが</rt></ruby>えてみたんですが、<ruby>感染症<rt>かんせんしょう</rt></ruby>が<ruby>流行<rt>はや</rt></ruby>る<ruby>時期<rt>じき</rt></ruby>なので、<ruby>感染<rt>かんせん</rt></ruby>
12   <ruby>症<rt>しょう</rt></ruby><ruby>予防<rt>よぼう</rt></ruby>のコツというテーマはどうかと<ruby>思<rt>おも</rt></ruby>いました。

13 M1：うーん、みんなが<ruby>知<rt>し</rt></ruby>ってる<ruby>以上<rt>いじょう</rt></ruby>の<ruby>情報<rt>じょうほう</rt></ruby><ruby>出<rt>だ</rt></ruby>せるかなぁ。<ruby>今時<rt>いまどき</rt></ruby>、ネットで<ruby>何<rt>なん</rt></ruby>でも<ruby>情<rt>じょう</rt></ruby>
14   <ruby>報<rt>ほう</rt></ruby>が<ruby>得<rt>え</rt></ruby>られるからねぇ。

15　M2：もう一つは、成績優秀者の仕事の秘訣を調査するという案です。

16　M1：なるほど。ただおもしろいとか情報を得るっていうだけじゃなくて、仕事のスキ

17　　　　ルアップとかモチベーションアップにつながるって大事なポイントだよね。社内

18　　　　報の本来の目的ってそもそもそういうことだし。

19　F　：あ、仕事の効率アップに役立つ情報という観点でいえば、デスクでできる簡

20　　　　単ストレッチというのはどうでしょうか。どうしても長時間座りっぱなしで、肩こ

21　　　　りや腰痛でお困りの社員が多いと思いますので。

22　M1：ほうほう。健康は受けのいいネタだからいいかもしれないね。

23　M2：そうですね。ストレッチの方法をイラストで示すと、ぱっと注目してもらえそうで

24　　　　すね。

25　M1：うーん、ま、社内報の本来の目的を鑑みて、目的に合ってるさっきの案が一

26　　　　番いいんじゃないかと思うんだが。

27　三人はどのテーマを選びましたか。

28　1　　バレンタインデー

29　2　　感染症予防のコツ

30　3　　成績優秀者の仕事の秘訣

31　4　　デスクでできるストレッチ

□ 社内報：company newsletter　□ エピソード：episode　□ 感染症：infectious disease
□ 秘訣：secret　□ スキルアップ：improve one's skills　□ モチベーション：motivation
□ 受けのいい：popular　□ ネタ：story　□ ストレッチ：stretch　□ 鑑みる：consider

1　×　16、17行目「ただおもしろいとか情報を得るっていうだけじゃなくて、仕事のスキル
　　　　アップとかモチベーションアップにつながるって大事なポイントだよね」と言っているの
　　　　で不正解。

2　×　1と同じ。

3　○　1と同じ。また、17、18行目「社内報の本来の目的ってそもそもそういうことだし。」
　　　　と言っている。

4　×　1と同じ。

3番　質問1 4　質問2 3　　　　　　　　　　　🔊 087

1　旅行先で旅館のスタッフが近隣の観光地について話しています。

2　F1：この近くですと、一番有名なのがどんぐり山ですね。480mしかない低い山な

3		んですけれども、お椀を伏せたような美しい形で、山頂からは富士山はもちろ
4		ん、海岸線や小さい島々などの絶景がご覧いただけます。最近人気なのがこ
5		の虹の吊り橋ですね。長さ40m、高さ20mのスリル満点な吊り橋です。ここ
6		を渡りながら2時間のハイキングコースを楽しまれてみてはいかがでしょうか。
7		県立美術館は、国宝級の彫刻が多数展示されていまして、展示作品の数がと
8		にかく多いんです。ブレスレットの製作体験もできます。ひょっとこ岬は、特に
9		カップルに人気です。恋人同士で鐘を鳴らすと恋愛がうまくいくと言われてい
10		ます。去年映画のロケ地になったこともあって、若い方が多く訪れています
11		ね。
12	F2	どこもよさそうだね。やっぱり富士山は見たいけど。あ、ねぇ、さっき言って
13		た映画のロケ地って、もしかして『春の花』のことかな。
14	M	やっぱり？ 俺もピンと来た。確かに恋人同士で鐘鳴らす場面あったよね。
15	F2	そこにする？ って、私たちそんな年でもないか。
16	M	いやいや、せっかく旅行に来たんだし、久々に結婚前の気分を思い出そうよ。
17	F2	恥ずかしいけどまぁいっか。じゃあそこで海見ながら散歩でもして、お昼は海
18		岸沿いのお店でおいしいお魚料理でも食べようか。
19	M	そうだね。そうすると、午後はうーん。
20	F2	あ、スリリングなところがいいんじゃない？ そういうの好きでしょう。
21	M	うん、いいね。あ、でも午後って雨が降るって予報じゃなかった？
22	F2	あ、そうだった。じゃあ屋内で楽しめるここにしよう。
23		質問1：午前はどこに行きますか。
24		質問2：午後はどこに行きますか。

□ お椀：bowl　□ 伏せる：lie down　□ 絶景：spectacular view　□ 国宝：national treasure
□ 岬：cape　□ ロケ地：location　□ ピンと来る：understand　□ スリリング：thrilling

1　×　12行目に「やっぱり富士山は見たいけど。」とあるが、それ以外では話に出てこない
　　　　ので不正解。

2　×　5行目「スリル満点な吊り橋です。」と言っていて、20行目「あ、スリリングなところ
　　　　がいいんじゃない？ そういうの好きでしょう。」と言っているが、21行目で「あ、で
　　　　も午後って雨が降るって予報じゃなかった？」と言っているので、屋外のこれは不正
　　　　解。

3　○　（質問2）21行目に「あ、でも午後って雨が降るって予報じゃなかった？」とあり、
　　　　22行目に「あ、そうだった。じゃあ屋内で楽しめるここにしよう。」と言っているので、

午後は屋内のこれが正解。

4　○　（質問1）　17行目「恥ずかしいけどまぁいっか。じゃあそこで海見ながら散歩でもして、お昼は海岸沿いのお店でおいしいお魚料理でも食べようか。」と言っているので、午前は恋人同士で鐘を鳴らすひょっとこ岬が正解。

3

1番　1

🔊 088

聴解

1	大学生が三人で話しています。
2	F ：文化祭の模擬店で必要な備品、だいたい揃ったかな。
3	M1：あ、割り箸買うの忘れてるよ！
4	M2：そうだそうだ。えっとー、カタログには4種類もあるよ。
5	F ：わっ、本当だ。割り箸なんて普段意識したことなかったけど、いろんな違いが
6	あるんだね。どれどれ？
7	M2：まずAの割り箸は真ん中にV字型の溝をつけて割りやすく加工したもので、
8	安くて一番流通しているものだって。
9	M1：確かに、割り箸っていったらこれだよね。あとは？
10	M2：Bの割り箸は角を斜めに削って木目の美しさを強調した割り箸だって。おも
11	てなしで高級料亭で使われるって書いてある。
12	M1：文化祭に高級感は別に出さなくてもいいでしょう。
13	F ：うん、却下だね。ほかのは？
14	M2：Cのは竹が原材料で、先端に行くほど丸く細くなってるって。元から割れてる
15	形なんだ。油を吸わないし強度があるって。
16	F ：なるほど。お好み焼きだと油使うから、いいかもね。あと1つは？
17	M2：長さがほかのより短くて、割れ目に溝をつけたりする加工が全く施されてない
18	割り箸だって。
19	M1：うーん、割り箸ってうまく割れないとイラっとするんだよね。だから割りやすい
20	やつがいいと思うけど。
21	F ：割りやすいやつか、元から割れてるやつか。
22	M1：丸いやつって、ころころ転がっちゃうからテーブルに置きにくくない？　やっぱり
23	一般的なのが一番いいと思うけど。
24	M2：そうだね。じゃあそれで決まり。
25	大学生はどれを選びましたか。

26	1	Aの割り箸
27	2	Bの割り箸
28	3	Cの割り箸
29	4	Dの割り箸

□ 模擬店：temporary stall　□ カタログ：catalog　□ Ｖ字型：v-shaped　□ 溝：groove
□ 流通：distribution　□ 木目：wood grain　□ 料亭：restaurant　□ 却下：reject　□ 先端：front-line
□ 施す：implement

1　○　22、23行目「やっぱり一般的なのが一番いいと思うけど。」と言っていて、8行目で「一番流通しているものだって。」と言っている。

2　×　12行目「文化祭に高級感は別に出さなくてもいいでしょう。」と言っているので不正解。

3　×　14行目で「先端に行くほど丸く細くなってるって。」と言っていて、22行目で「丸いやつって、ころころ転がっちゃうからテーブルに置きにくくない？」と言っているので不正解。

4　×　17、18行目で「割れ目に溝をつけたりする加工が全く施されてない割り箸だって。」と言っているが、19行目で「割り箸ってうまく割れないとイラっとするんだよね。だから割りやすいやつがいいと思うけど。」と言っているので不正解。

2番　2　◀)) 089

1	家族三人が相談しています。
2	F1：お母さんの誕生日プレゼント、何にしようか。
3	F2：還暦だから、ちょっと特別なものにしたいよね。
4	M：まさか、赤いちゃんちゃんこなんて言わないだろうな。
5	F1：それはないけど、赤はお母さんも好きな色だし、赤いものだったらいいかもしれ
6	ない。
7	F2：カーディガンなんかどう？　お母さんよく着てるよね。
8	M：服か。服じゃいつものプレゼントと変わらないんじゃないか？
9	F1：うーん、確かに。せっかくあげるなら毎日使ってもらえるものがいいかも。あ、
10	眼鏡ケースとか。高級なレザーのやつ。
11	F2：いいねぇ。名前も入れてもらえば特別感出るし。
12	M：毎日使うといえば、ネックレスなんていいんじゃないか？
13	F1：ネックレスなんて、特別な日につけるって言ってタンスの肥やしになるのが目に

14		見えてるよ。
15	F2：	そもそも、お母さんの好きなものって何だったっけ？
16	M：	お肉！
17	F2：	高級な和牛だったら喜ぶんじゃない？
18	F1：	えー、普通の誕生日ならまだしも、還暦のお祝いなんだから、形に残るものに
19		しようよ。
20	M：	そうだな。じゃ、さっきのが一番いいか。毎日使ってもらえるだろうし。
21	F1：	うん、じゃあネットで調べとくね。
22		家族はどれを選びましたか。
23	1	カーディガン
24	2	眼鏡ケース
25	3	ネックレス
26	4	和牛

□ 還暦：60th birthday　□ ちゃんちゃんこ：sleeveless kimono jacket　□ カーディガン：cardigan
□ レザー：leather　□ タンスの肥やし：wardrobe filler　□ 目に見える：visible

---

1 ×　8行目で「服か。服じゃいつものプレゼントと変わらないんじゃないか?」と言い、9
　行目「うーん、確かに」と言っているので不正解。

2 ○　9、10行目で「せっかくあげるなら毎日使ってもらえるものがいいかも。あ、眼鏡ケー
　スとか。」と言い、20行目で「じゃ、さっきのが一番いいか。毎日使ってもらえるだろ
　うし。」と言っている。

3 ×　13、14行目「ネックレスなんて、特別な日につけるって言ってタンスの肥やしになる
　のが目に見えてるよ。」と言っているので不正解。

4 ×　18、19行目「形に残るものにしようよ。」と言っているので不正解。

3番　質問1 2　質問2 3　　　🔊 **090**

1		会社で一次面接の結果について話しています。
2	F1：	先日、中途採用候補者4名に、一次面接を行いましたので、結果を簡単にご
3		報告します。まず丸山さんですが、前職もメーカー企業の営業で、業務実績
4		もよかったようですので、即戦力になりそうな印象です。林さんは、前職は異
5		業種にお勤めだったのですが、当社について綿密に調べてくださっていまして、
6		本気で入社したいという意志が垣間見えました。早川さんは、コミュニケー

7	ション能力が高く、また様々な資格をお持ちで、努力家のようです。吉川さ
8	んは、業務実績はそれほどではないんですが、明るく活発な印象です。入社
9	2年目で転職活動をされているということで、社内教育で伸びる見込みはあ
10	りそうです。
11	F2 ：はい、ではこれから二人に絞っていきましょう。ちなみに、言うまでもないかも
12	しれませんが、中途採用をするからには、新卒採用とは違う観点で選んでい
13	きたいと思っています。例えば前職での経験とか、そこで培ったノウハウから
14	新たな発想をもらうとか、これまで築いてきた人脈を活用してもらうとか、そう
15	いう点が大事なんですよね。前職が異業種だったっていうのはそういう点でプ
16	ラスなんじゃないですか。私はこの人をお勧めしたいですけど。
17	M ：確かにその人は私も気になっていました。でも、一番困るのって、入ったあと
18	に期待外れだって思われて辞められることですよね。そういう意味で、当社に
19	期待を寄せすぎている人はちょっと危険かもしれません。
20	F2 ：そう考えるのであれば、入社2年目で転職されているこの方のほうが、また1、
21	2年で転職してしまうっていうリスクがあって危ないと思いますけど。
22	M ：そうですね。あと中途採用でよく問題になるのが、新しい環境にすぐ溶け込め
23	るか、上司が年下になった場合でもうまくやっていけるかといった順応性です
24	ね。そういう点で考えると、この方はコミュニケーション力も高いですし、努
25	力家ですので、信頼できるかなと思います。
26	F2 ：はい。即戦力になるこの方も捨てがたいですけど、私はやっぱり異業種経験
27	者に入っていただきたいので、この方にします。
28	質問1：女の人はどの人を選びましたか。
29	質問2：男の人はどの人を選びましたか。

□ 中途採用：mid-career recruiting　□ 業務実績：business experience　□ 即戦力：immediate ability
□ 異業種：different industry　□ 綿密：in-depth　□ 垣間見える：glimpse　□ 見込み：prospects
□ 言うまでもない：needless to say　□ 培う：cultivate　□ ノウハウ：know-how
□ 期待外れ：disappointment　□ リスク：risk　□ 溶け込む：blend in　□ 順応性：adaptability

質問1
1　×　26行目「即戦力になるこの方も捨てがたいですけど」と言っているので、不正解。
2　○　26、27行目「私はやっぱり異業種経験者に入っていただきたいので、この方にします。」と言っている。
3　×　特に何も言っていないので不正解。
4　×　20、21行目「入社2年目で転職されているこの方のほうが、また1、2年で転職して

しまうっていうリスクがあって危ないと思いますけど。」と言っているので不正解。

質問2

1　×　特に何も言っていないので不正解。
2　×　18、19行目「当社に期待を寄せすぎている人はちょっと危険かもしれません。」と言っているので不正解。
3　○　24、25行目「この方はコミュニケーション力も高いですし、努力家ですので、信頼できるかなと思います。」と言っている。
4　×　特に何も言っていないので不正解。

模擬試験　解答

文字・語彙・文法・読解

問題1

1	2	3	4	5	6
1	2	4	4	1	2

問題2

7	8	9	10	11	12	13
1	1	2	3	1	4	4

問題3

14	15	16	17	18	19
4	3	1	3	4	4

問題4

20	21	22	23	24	25
3	3	2	3	3	1

問題5

26	27	28	29	30	31	32	33	34	35
1	3	2	3	4	1	1	2	1	3

問題6

36	37	38	39	40
1	1	4	2	4

問題7

41	42	43	44	45
1	3	3	2	1

問題8

46	47	48	49
1	1	4	1

問題9

50	51	52	53	54	55	56	57	58
1	4	2	3	4	3	2	4	1

問題10

59	60	61	62
1	3	4	4

問題 11

63	64
3	3

問題 12

65	66	67	68
3	4	2	2

問題 13

69	70
4	1

聴解

問題 1

1	2	3	4	5
4	1	1	3	4

問題 2

1	2	3	4	5	6
1	2	2	1	1	3

問題 3

1	2	3	4	5
2	3	4	4	1

問題 4

1	2	3	4	5	6	7	8	9	10
2	1	3	3	1	1	1	3	1	1

11
3

問題 5

1	2	3 (1)	3 (2)
2	2	4	1

模擬試験

107

問題1

1 **1** なめらか：smooth
2 朗らか：cheerful
3 清らか：clear
4 なだらか：gentle

2 **2** くつがえす：overturn
1 裏返す：turn over
3 繰り返す：repeat
4 志す：intend

3 **4** かいぼう：dissection

4 **4** そしょう：litigation
2 折衝：negotiation
3 素行：conduct

5 **1** ばくろ：exposure

6 **2** ざんだか：balance

問題2

7 **1** 確保：security
2 応募：solicitation
3 求人：recruitment
4 要請：request

8 **1** 発足：commencement
2 創業：establishment
3 出生：birth
4 存続：survival

9 **2** 絶った：severed

1 失する：lose
3 尽きる：run out
4 廃れる：be abolished

10 **3** つくづく：thoroughly
1 ほどほど：moderately
2 さんざん：badly
4 くよくよ：worriedly

11 **1** どうやら：somehow
2 さぞ：surely
3 あえて：dare to
4 かりに：provisionally

12 **4** 採算：profitability
1 通貨：currency
2 黒字：profit
3 収支：revenue

13 **4** コネ：connection
1 フェア：fair
2 ラフ：rough
3 エゴ：ego

問題3

14 **4** 独特な：unique
1 情熱的な：passionate
2 冷静な：calm
3 平凡な：mundane

15 **3** 大げさに：over-the-top
1 手短に：brief
2 細かい：detailed

4 誤る：err

16 1 **放棄して**：abandon

2 やり遂げる：accomplish

3 引き継ぐ：take over

4 準備する：prepare

17 3 **十分**：sufficient

1 なんとか：barely

2 ぎりぎり：just barely

4 ぴったり：exactly

18 4 **遠慮**：restraint

1 挨拶：greeting

2 配慮：consideration

3 礼儀：courtesy

19 4 **将来性**：potential

1 技術：technology

2 独創性：originality

3 知識：knowledge

問題4

20 3 **アルバイトに夢中で、勉強がおろそかになってしまったことを反省している。**

1 2人の結婚式はおごそかな雰囲気のなかで行われた。

2 これ以上おろかな失敗を繰り返さないように気を付けなければ。

4 彼はいい加減/ルーズな人なので、特にお金の貸し借りには注意したほうがいい。

21 3 **私の会社は午前10時までに出社すればよいことになっている。**

1 来年から貿易会社に入社/就職することが決まった。

2 一身上の都合により今月末で退社/退職することになった。

4 海外に出張したお土産に、チョコレートを買ってきた。

22 2 **彼は規則を自分の都合のいいように解釈するきらいがある。**

1 何度も先生に説明してもらったが、ちっとも理解できなかった。

3 両親を何度も説得して、ようやく留学を許してもらった。

4 なぜ私が責任をとらなければならないのか、納得できる説明がほしい。

23 3 **いきなり列に割り込んでくる人がいたので、文句を言った。**

1 どろぼうは窓ガラスを割って、部屋に入り込んだらしい。

2 彼女は人の心に踏み込んでくるデリカシーの無い人だ。

4 彼女はなかなか新しいクラスに溶け込むことができない。

24 3 **入学して3か月になるのに、いまだにクラスメートの名前が覚えられない。**

1 このまま不況が続けば、いずれ会社の縮小も考えなければなるまい。

2 いまさらだけど、明日の試験の範囲、どこからどこまでだっけ？

4 彼はいまにも泣き出しそうな表情で話し始めた。

25 1 **最後まで読んで、ようやく作者の意図が理解できた。**

2 意志が弱いので、何をやっても続かない。

3 手術は成功したのに、なかなか意識が戻らない。

4 辞書でわからないことばの<u>意味</u>を調べ
る。

問題5

26 **1 というところで**

あと1問というところで＝ちょうどあと1問
というときに

27 **3 ごときに**

私ごとき＝私のような（能力の低い）人に

★ 「ごとき」の前が「私」の場合は謙遜を
表し、「他者」の場合はその他者を自分
よりも下だと思ったり、ばかにしたりす
る気持ちを表す。

28 **2 や否や**

アップされるや否や＝アップされるとすぐに

★ 「辞書形＋や（否や）」で、「すぐに次のこ
とが起こる」という意味を表す。

29 **3 多くては**

欠席が多くては＝欠席が多かったら

30 **4 できないものでもない**

できないものでもないだろう＝できるかもし
れない

★ 「状況によっては、その可能性がある」と
いう意味を表す。

31 **1 大学教授としてあるまじき**

大学教授としてあるまじき行為＝大学教授
としてあってはならない行為

32 **1 不愉快極まる**

不愉快極まる＝非常に不愉快だ

★ 「不愉快極まりない」もほぼ同じ意味。

33 **2 団結する**

団結することなしには＝団結しなかったら

★ 「辞書形＋ことなしに」で、「もしそれが
行われなかったら」という意味を表す。

34 **1 お休みになれましたか**

お休みになれる＝寝られる

★ 「寝る」の尊敬語は「お休みになる」。可
能形「寝られる」の尊敬語は「お休みに
なれる」

35 **3 待っててくれれば**

待っててくれればいっしょに帰れた＝待っ
ていてくれなかったから、いっしょに帰れな
かった

★ 「〜ば／たら、〜た」で、「実際には起こ
らなかった」ことを表す。

問題6

36 **1 SNSでは顔が見えないのをいいこと
に失礼極まりないコメントを書き込
む人もいる。**

顔が見えないのをいいことに＝顔が見
えないことを利用して
失礼極まりない＝非常に失礼だ

37 **1 今後、二度とこのような事故が起こ
ることのないように安全管理を徹底
するべきだ。**

事故が起こることのないように＝事故が
起こらないように

38 **4 次の仕事を見つけるのにこんなに苦
労するくらいなら前の仕事をやめる
んじゃなかった。**

やめるんじゃなかった＝やめなければよ
かった

39 **2 熱烈なサッカーファンの彼は、日本
チームが優勝したというニュースを**

聞いて、相当うれしかったらしくその
喜びようと言ったらなかった。
喜びようと言ったらない＝非常に喜んで
いる様子だ

40 **4** **10年にわたる捜査の末ようやく事件
解明の糸口をつかんだ。**
捜査の末＝捜査の結果

問題7

41 **1 迷わず答えられる**
後ろの文では、「ヤギ肉のシチュー」だ
とはっきりと答えているので、肯定的表
現が入る。

42 **3 にもかかわらず**
前の文が「簡単な答えだ」、後ろの文
が「思いつけない人が多かった」なので、
逆説の接続詞が入る。

43 **3 忘れ去ってしまうのだ**
前の文の理由を補足しているので、「忘
れるのだ」という意味の表現が入る。

44 **2 感動に打たれていた**
前に「衝撃だったにもかかわらず」と逆
説の表現が使われているので、後ろには
「感動した」という意味の表現が入る。

45 **1 肉ばかりか**
「肉だけではなくて」と近い意味のことば
が入る。

模擬試験　読解

問題8

(1)

46 1

□ 健全な：robust　□ 極端に：extremely　□ 原理：principle　□ ゆるめる：relax

1　○　2、3行目：「しかし、またその「悪を否定する」という原理を、そのまま極端に守るということをしていたら、人間は生きてはいかれない。」と書いてある。

2　×　悪を否定しないと、社会の秩序が乱れるが、これを極端に守ると生きていけないので、原理をゆるめることになると書かれている。

3　×　積極的に悪を行うべきだとまでは書かれていない。

4　×　よりよい大人になることについては書かれていない。

(2)

47 1

□ リマインド：reminder　□ 再三の忠告：repeated advice　□ 貸与：loan

1　○　11〜13行目：「また、新規の利用は随時受け付けておりますが、空きが無くなり次第貸与終了になりますので、利用を検討している学生はお早めに手続きへお越しください。」と書いてある。

2　×　8行目：「前期に通年利用の手続きを行った学生は更新の必要はありません」と書いてある。

3　×　5〜7行目：「もし期日までに更新手続きへ来られなかった学生には別途ご連絡いたしますが、再三の忠告を無視し続ければ無断での使用とみなし、利用の停止や中身の処分も検討しますのでご留意ください。」と書いてあるので、すぐに利用できなくなるわけではない。

4　×　4行目：「継続更新を行わない学生は速やかに鍵の返却を行ってください。」と書いてある。

(3)

48 4

□ 丹念に：carefully　□ 解きほぐす：disentangle　□ 終始する：from start to finish

1　×　4行目：「どこまで行っても」は遠くまで行くという意味ではなく、いくら「自分の勘違いと思い込みを丹念に解きほぐしていっても」という意味だ。

2　×　3行目：勘違いと思い込みがあることを確認するだけではなく、「解きほぐす」と書

いてある。

3 × 4行目：「同じことの繰り返し」をしようとするのではなく、結果としてそうなるかもしれないという意味だ。

4 ○ 2〜3行目：「自分がどのように「見たがっている」のかを可能な限り検証していく必要がある」と書いてある。

(4)

49 1

□ ボーッと：in a daze □ なじむ：get used to

1 ○ 7行目「しばらくは書類などの全体を、ボーッと眺めているだけでもいいのです。」と書いてある。

2 × 1と同じ。

3 × 6行目「初めからあまり焦らないことです。」と書いてあるが、遅ければ遅いほどよいとは書いていない。

4 × 6行目「初めからあまり焦らないことです。」と書いてある。

(1)

□ いささか：somewhat　□ 堅苦しい：formal　□ アプローチ：approach　□ 営み：business
□ 取りつかれる：be obsessed　□ 地平：horizon　□ 歓び：joy

---

50 **1**

1　○　4、5行目：「人間とは何か、人間の営みとはどういうものか、人間を取り巻く広大な自然界はどのような仕組みで成り立っているかを極めようとする探求心を出発点としています。」と書いてある。

2　×　1〜3行目：「どのような学問も、（略）あなたの興味や関心に何かしら結びついているはずです。」と書いてある。

3　×　3、4行目：「アプローチや方法論は様々に異なる」と書いてある。

4　×　知りたいという欲求がない場合については書かれていない。

51 **4**

1　×　6行目：「知への欲求に取りつかれた」に一番意味が近いのは「夢中にさせてきた」だ。

2　×　1と同じ。

3　×　1と同じ。

4　○　1と同じ。

52 **2**

1　×　10、11行目：「階梯を上り、一段高い認識の地平に立つこと」とは、上の地位に立つことではない。

2　○　10、11行目：「階梯を上り、一段高い認識の地平に立つこと」とは、「より広い視野から物事を見ること」という意味だ。

3　×　「将来の選択肢や可能性」ではなく、視野や認識が広がることについて書いてある。

4　×　9、10行目：「あることについてじっくり考えること」と書いてあるので、「人間について」とは限らない。

(2)

53 **3**

1　×　4、5行目：「死んだのち何かに生まれ変わる」とは書いてあるが、その思想を「信じるべきだ」とは書いていない。

2　×　2行目：「そんなものは誰一人見たことも感じたこともないはず」と書いてあるが、そのあとの「「論理」によってあたかも現実であるかのように組み上げることができる」

のほうが大事。

3　○　3〜5行目：「エジプトをはじめ多くの文化が、死後の生のためにさまざまなしつらえをした。死んだのち何かに生まれ変わるという輪廻の思想もきわめて古くから信じられている。」と書いてある。

4　×　4、5行目：「死後の生のために」や「死んだのち何かに生まれ変わる」などと書いてある。

54　4

1　×　8、9行目：「それは「人生の意味」という美学である。「生きる意味」、「生きがい」、「生きるに値する生活」」と書いてある。

2　×　1と同じ。

3　×　1と同じ。

4　○　1と同じ。

55　3

1　×　11、12行目：「これはまさに人間の美学であり、他の動物には到底あるとは思えないものである。と書いてあるが、「これ」は人生の意味を考えることではなく、死後に何かを残そうとすることについて言っている。

2　×　11行目：「何かは後世に残ってほしい」と書いてあるので、無になるかどうかではなく無になろうとするかを問題にしている。

3　○　9〜11行目：「意味のある一生を送ったら、死んで無になってしまってもよいのか？いや、それではやはり情けない。自分が死ぬのは仕方ないが、何かは後世に残ってほしい。」と書いてある。

4　×　自分らしい人生については書かれていない。

(3)

□ しょっちゅう：often　□ こなす：do completely　□ 先人：predecessor　□ 流儀：style

56　2

1　×　6、7行目：「「だから、好き嫌いを言わず、来た仕事はきちんとこなしなさい」と言うのです。」と書いてあるので、その前に書いてあることが理由

2　○　5、6行目：「こうした「不都合」を引き受けることによって、自分のデザインの幅は広がっていきます。」と書いてある。

3　×　「仕事を依頼されなくなる」とは書かれていない。

4　×　4、5行目：「仕事の中では、自分が嫌いだと思っているモノでも、使わないといけない場合がしょっちゅうです。」と書いてあるが、「実は嫌いではなかった場合がしょっちゅうです」とは書かれていない。

57

4

1　×　10、11行目：「まずは好き嫌いなく、先人がやっている流儀を身につける。そこに自分の流儀（＝自分流）を見つけて成長していくのです。」と書いてある。

2　×　8行目：「「自分流」では結局、人は伸びていきません。」と書いてある。

3　×　2と同じ。

4　○　10、11行目：「まずは好き嫌いなく、先人がやっている流儀を身につける。そこに自分の流儀（＝自分流）を見つけて成長していくのです。」と書いてある。

1

1　○　12〜14行目：「いつも「自分とは違う他者がいる」ことを認識しながら生きていく。その態度が豊かな感性を生み、「正しいデザイン」を生むことができるのだと、わたしは考えています。」と書いてある。

2　×　12、13行目「いつも「自分とは違う他者がいる」ことを認識しながら生きていく。」と書いてあるので、「自分が望むデザイン」を見つめるのではない。

3　×　11行目：「相手のことを素直に受け入れる姿勢が大切」だと書いてあるが、「相手のこと」が「相手からのアドバイス」であるとは限らない。

4　×　11行目：「相手のことを素直に受け入れる姿勢が大切」だと書いてあるので、「他者に譲歩しない態度」が大切なわけではない。

問題10

□ 譲る：cede　□ 覆いかぶさる：cover　□ こなす：do completely　□ 危惧：apprehension
□ 忙中自ずから閑あり：moments of leisure even when busy　□ 切羽詰まった：be desperate
□ 気配：indication　□ 贈呈：offering　□ 殺伐とした：brutal　□ 潤い：moisture
□ 優先権：priority right　□ 報い：reward　□ 同然：the same as　□ 先方：the other party
□ 寸前：right before　□ 目を血走らせる：makes one's eyes bleed　□ 会釈：nod

59 **1**

1　○　2、3行目：「膨大な量の情報が個人の上に覆いかぶさってくるので、その流れに翻弄されて、皆が忙しく走り回るようになった。」と書いてある。

2　×　「情報量が増えた」とは書いてあるが、「他人をあまり信用できなくなった」とは書かれていない。

3　×　4、5行目：「人にどうぞといって先を譲っていたら、自分は前に一歩も進めなくなるのではないかという危惧がある。」と書いてあり、「相手より立場が下になると思う」とは書かれていない。

4　×　4、5行目：「人にどうぞといって先を譲っていたら、自分は前に一歩も進めなくなるのではないかという危惧がある。」と書いてあり、「毎回譲らなければ気が済まなくなる」とは書かれていない。

60 **3**

1　×　10、11行目：「相手は受け取った「余裕」をそのまま捨てることはない。どこかで誰かに「転贈呈」をする。」と書いてあるので、「プレゼントをあげる」とは限らない。

2　×　10、11行目：「相手は受け取った「余裕」をそのまま捨てることはない。どこかで誰かに「転贈呈」をする。」と書いてあるので、「譲ってくれた人に」ではない。

3　○　10、11行目：「相手は受け取った「余裕」をそのまま捨てることはない。どこかで誰かに「転贈呈」をする。」と書いてある。

4　×　10、11行目：「相手は受け取った「余裕」をそのまま捨てることはない。どこかで誰かに「転贈呈」をする。」と書いてあるが、それが社会貢献だとは限らない。

61 **4**

1　×　22行目：「救われた思いがする。」と書いてあるので、①には譲ってあげた人が譲ってよかったと思うような感情が入る。

2　×　1と同じ。

3　×　恥ずかしさやふがいなさ（＝情けなさ）の感情を見て、「救われた思いがする。」とは思わないだろう。

4　○　1と同じ。

117

1　×　24、25行目：「完全主義（例えば常に人に先を譲ること）を人間関係に関して貫こうとするのは、不可能であると同時に、逆に人間にとってマイナスの結果となる。」と書いてあるので、「人間関係がよくなるわけではない」のではなくむしろ人間関係が悪化する。

2　×　23、24行目「常に人に先を譲る、というのは（略）特に最近の都会生活の中にあっては、現実には実行不可能である。」と書いてあるが、今後のことについては書かれていない。

3　×　25、26行目：「自分に余裕があるとき、人に先を譲ることを心掛ければ、それで十分だ。」と書いてある。

4　○　3と同じ。

□ 源：source　□ 心地よい：comfortable　□ 尺度：scale　□ 先天的：inherent
□ 一心不乱：single-mindedness　□ 形容する：describe　□ 一律：uniform　□ 弊害：harm

63 **3**

1　×　Bは4、5行目に「健康は、あくまで個人の幸福という主観的な観点から考えるべきものである。」とあるので、Bは国家という観点ではなく個人的に考えるべきだと言っている。Aには個人的に考えるべきだとは書かれていない。

2　×　Bは4、5行目に「健康は、あくまで個人の幸福という主観的な観点から考えるべきものである。」とあるので、Bは主観的に考えるべきだと言っている。Aには客観的に考えるべきだとは書かれていない。

3　○　Aは4行目に「様々な尺度から考えるべき」と書いてあり、Bは4、5行目に「健康は、あくまで個人の幸福という主観的な観点から考えるべきものである。」と書いてある。

4　×　Aの3、4行目「たくさん笑っているか、いい人生を歩んでいるか」は心身の観点より広い観点である。Bは社会ではなく個人の観点で考えるべきだと言っている。

64 **3**

1　×　Aは5、6行目に「日常生活の様々な場で作られるものなのです。」と書いてあるが、Bには書かれていない。

2　×　Aは5行目に「健康は、病院だけではなく、」と書いてあるので、病気と「全く関係ない」わけではない。Bは1、2行目に健康を単に「病気がないこと」だとするのはよくないと言っているが、病気と「全く関係ない」とまでは言っていない。

3　○　Aは4、5行目に「その点で、幸福感と近い概念かもしれません。」と書いてあり、Bは4、5行目に「健康は、あくまで個人の幸福という主観的な観点から考えるべきものである。」と書いてある。

4　×　Aは社会については書かれていない。Bは4、5行目に「健康は、あくまで個人の幸福という主観的な観点から考えるべきものである。」と書いてある。

模擬試験

問題12

□ 主体：subject　□ 採算：profitability　□ 度外視：disregard　□ 往く：go　□ 見据える：stare
□ 自ずと：naturally　□ ベース：base　□ スタンス：stance　□ ビジネスライク：business-like
□ 己：oneself　□ 発注主：orderer　□ 狭間：gap

65　3

「①芸術家とは、この道を往く人だ。」と書いてあるので、答えは2〜5行目にある。

1　×　4、5行目：「一つの作品を仕上げるまでに、果てしなく長い時間を費やすこともある。必然的に、採算や生産性といったことは度外視することになる。」と書いてある。

2　×　4、5行目：「採算や生産性といったことは度外視することになる。」と書いてあるので、利益は無視するということ。

3　○　2、3行目：「自分の価値観、自分の信念にしたがって、自分自身が満足のいくものを追い求める。」と書いてある。

4　×　3、4行目：「人が理解できないものを生み出すこともあるし」と書いてある。

66　4

1　×　11行目「もちろん創造性ということを一番大切にしている。」と書いてある。

2　×　10、11行目「だからといって作曲をビジネスライクに考えているわけではない。」と書いてある。

3　×　11行目「もちろん創造性ということを一番大切にしている。」と書いてある。

4　○　10行目「僕の音楽家としての現在のスタンスは、後者である」つまり7、8行目「需要と供給を意識し」ている。そして、11行目「もちろん創造性ということを一番大切にしている。」

67　2

1　×　12、13行目「内容を別にすれば、世間的には自分が決めればいいだけのことだ。」と書いてあるので、自分で決めなかったら芸術家とはいえない。

2　○　14行目「「私は芸術家です」と規定したら、その瞬間からその人は芸術家である。」と書いてある

3　×　14、15行目：「極端な話、まだ何一つ作品をつくっていなくたっていい。」と書いてある。

4　×　「作品の数より質のほうが重要だ」とは書かれていない。

1　×　22、23行目：「つねに創造性と需要の狭間で揺れながら、どれだけクリエイティブな
　　　ものができるかに心を砕く。」と書いてあるので、創造性だけが大事なわけではない。

2　○　24、25行目：「どちらも、いいものをつくりたいという気持ちは同じだ。要は、何に
　　　価値と意義を感じて生きるかの違いだと思う。」と書いてある。

3　×　24、25行目：「何に価値と意義を感じて生きるかの違いだと思う。」と書いてあるの
　　　で、芸術家タイプの人が、商業ベースの人のように考えるべきだとは言っていない。

4　×　24、25行目：「何に価値と意義を感じて生きるかの違いだと思う。」と書いてある
　　　ので、商業ベースの人が芸術家タイプの人のように自信を持つべきだとは言っていな
　　　い。

□ 出展：exhibit　□ 連帯：solidarity　□ 搬入出：carry in/out

69 **4**

1　×　「オ. 他の奨学金を受けている者」は応募できない。

2　×　3年生は70単位以上でないと応募できない。

3　×　「エ. 交換留学生」は応募できない。

4　○　1カ月以上欠席しているわけではないので、応募できる。

70 **1**

1　○　(1)申込書、学生証のコピー、誓約書と、(2)居住歴を証明できる書類、(3)口座番号等が分かる通帳のコピー

2　×　(1)誓約書がない。

3　×　(1)学生証のコピーがない。

4　×　(1)申込書がない。

問題1
もんだい

※ 例の解説は本冊のp.115 ～ 117にあります。
れい　かいせつ　ほんさつ

□ 4　　　　　　　　　　　　　　　　　　　　　　　　　🔊 093

1　男の学生と大学の先生が話しています。男の学生はこのあとまず何をしなければな
おとこ がくせい だいがく せんせい はな　　　　おとこ がくせい　　　　　　　なに
2　りませんか。

3　M：先生、お忙しいところすみません。
せんせい　いそが

4　F：はい。

5　M：先日お送りした文化祭のゲーム大会の企画書、ご確認いただけましたでしょう
せんじつ おく ぶんかさい たいかい きかくしょ かくにん
6　か。

7　F：あ、見ましたよ。おもしろそうな企画ですね。気になったのは、えっと、なん
み　　　　　　　　　　きかく　　　　き
8　だったけな。あ、そうそう、グループ戦っていうことなんですけど、一緒に参加
せん　　　　　　　　　　いっしょ さんか
9　するメンバーがいない人は参加できないっていうことですか。
ひと さんか

10　M：いえ、その点はまだ話し合っているところなので、企画書には書かなかったんで
てん はな あ きかくしょ か
11　すけど、メンバーが見つからない人のために事前にネット上の掲示板を用意し
み ひと じぜん じょう けいじばん ようい
12　て、そこで見つけてもらおうかと思っています。
み おも

13　F：なるほど。それは大会の前にしないといけないから、いつごろ掲示板を作って、
たいかい まえ けいじばん つく
14　いつから募集を始めるのか、準備のスケジュールをなるべく早く考えておいてく
ぼしゅう はじ じゅんび はや かんが
15　ださい。それで、予算についてなんですけど、ゲームの機械は持参なので予算
よさん きかい じさん
16　はいらない、と。必要なのは景品だけですね。
ひつよう けいひん

17　M：はい、ゲームの公式グッズをあげればいいかなと思います。
こうしき おも

18　F：ではその単価とか必要な個数とか計算して企画書に追記しておいてください。
たんか ひつよう こすう けいさん きかくしょ ついき

19　M：はい。

20　F：まぁこれは参加人数が決まってからでもいいですね。それから、具体的な時間
さんか にんずう き ぐたいてき じかん
21　配分は決まっていますか。
はいぶん き

22　M：まだです。

23　F：ほかのイベントとの兼ね合いもありますから、タイムテーブルは最優先で作って
か あ さいゆうせん つく
24　ほしいんですよね。

25　M：はい、分かりました。では担当の山下さんに伝えておきます。
わ たんとう やました つた

26　男の学生はこのあとまず何をしなければなりませんか。
おとこ がくせい なに

1 × 14、15行目「準備のスケジュールをなるべく早く考えておいてください。」と言っているが、まずすることではない。

2 × 18行目「ではその単価とか必要な個数とか計算して企画書に追記しておいてください。」20行目「まぁこれは参加人数が決まってからでもいいですね。」とあるので、まずすることではない。

3 × 23、24行目「タイムテーブルは最優先で作ってほしいんですよね。」とあるが、この男の学生がするわけではない。

4 ○ 25行目「では担当の山下さんに伝えておきます。」と言っている。

② 1   🔊 094

```
1   会社で男の人と女の人が話しています。女の人はこのあとまず何をしなければなりま
2   せんか。

3   M：来週の社内セミナーの準備、進捗状況を教えてもらえますか。
4   F：はい、参加者はもう締め切りまして、会場の予約も済んでいます。あとは講師
5       の先生からの配布資料を待つだけです。
6   M：次回以降のために、セミナー終了後にアンケートを取ったほうがいいと思うんだ
7       けど。前回もやったよね。質問項目は前回と同じような感じでいいよ。
8   F：はい、では前回のものを確認しておきます。ちなみに紙媒体がよろしいでしょう
9       か。それともインターネット上のフォームに入力していただく形にしましょうか。
10  M：最近はうちの会社もペーパーレス化を進めてるから、電子媒体のほうがいいん
11      じゃない？
12  F：そうですね。電子媒体ですと、ミスがあっても直前まで直せますし、こちらとし
13      ても気が楽です。
14  M：そうだね。じゃ、当日の朝最終チェックするから、出来次第教えてください。
15  F：あ、そうすると、講師の先生からの配布資料のほうも、紙媒体ではなく各自イ
16      ンターネット上で閲覧していただく形にしたほうがよろしいでしょうか。
17  M：そうだねぇ。会社としてはそのほうがいいけど、講師の先生のご意向もあるだろ
18      うから、至急確認取ってもらえるかな。
19  F：はい、分かりました。ではご連絡しておきます。
20  M：はい、よろしく。

21  女の人はこのあとまず何をしなければなりませんか。
```

1　○　18行目「至急確認取ってもらえるかな。」とあるので、講師の先生に、配布資料を紙媒体ではなく電子媒体にするかどうかまず確認する。

2　×　8行目「はい、では前回のものを確認しておきます。」とあるが、まずすることではない。

3　×　配布資料を閲覧するのではなく、インターネット上で閲覧する形にするかどうかが問題になっている。

4　×　4行目「会場の予約も済んでいます。」とある。

③ 1　　🔊 095

```
1   大学で職員が話しています。学生図書委員はまず何をしますか。

2   M：学生図書委員になられたみなさん、これからどうぞよろしくお願いします。学生
3     図書委員の役割というのは、教職員と協力しながら、図書館の活性化をする
4     ことと、図書館の利用者を増やすために学生目線で様々な企画を提案したり、
5     新刊図書のPOP広告を書いたりすることです。POP広告ってみなさん見たこ
6     とがありますよね。本屋とかスーパーでよく見かけるような、短い紹介文のこと
7     です。といってもすぐには書きづらいと思うので、日常的に本屋に足を運んで
8     POP広告を観察しながら、イメージを掴んでおいてください。それからもう一
9     つ。図書館を活性化するとか利用者を増やすといっても、急にはアイデアは浮
10    かびませんよね。ということで、現時点で利用者が伸び悩んでいる理由を全員
11    で整理する機会を設けたいと思います。来月の打ち合わせの一週間ぐらい前
12    になったらネット上の掲示板に意見を書き込んでもらいますので、具体的なこと
13    はまた改めて連絡します。

14  学生図書委員はまず何をしますか。
```

1　○　7、8行目「日常的に本屋に足を運んでPOP広告を観察しながら、イメージを掴んでおいてください。」とある。

2　×　活性化のためのアイデアを練るのは学生図書委員の目的であって、まずすることではない。

3　×　10〜13行目「現時点で利用者が伸び悩んでいる理由を全員で整理する機会を設けたいと思います。来月の打ち合わせの一週間ぐらい前になったら〜」とあるので、まずすることではない。

4　×　11、12行目「来月の打ち合わせの一週間ぐらい前になったらネット上の掲示板に意見を書き込んでもらいます」とある。

4 3

1　大学で男の学生と先生が話しています。男の学生はこのあとまず何をしますか。

2　M：卒業論文についてご相談があるんですが、今ちょっとよろしいですか。

3　F：はい、いいですよ。

4　M：先行研究をいろいろと調べてみたんですが、テーマがなかなか決まらないんで
5　　　す。

6　F：そうねぇ。先行研究を読むのはいいことだけど、逆にアイデアが狭まってしまうこ
7　　　とも多いんですよ。

8　M：え、そうなんですか。

9　F：今の段階はとにかく自分と向き合うこと。自分が日々の生活の中で関心を持っ
10　　ている内容だとか、解決したい問題って、きっとあるはずなんですよね。そうい
11　　うのをテーマに選べば、研究したいっていうモチベーションも自然に湧いてくる
12　　と思いますよ。

13　M：はい、分かりました。でも、自分と向き合うって、一体どうすればいいんでしょ
14　　う。

15　F：まずは自分が昔からずっと思ってきたこととか、長い間経験してきたこととか、
16　　自分の過去を振り返ってみるのがいいんじゃないでしょうか。公園を散歩すると
17　　かカフェに行くとか、とりあえず何かリラックスできることをしてみてください。

18　M：はい、分かりました。ありがとうございます。

19　男の学生はこのあとまず何をしますか。

□ 先行研究：prior research　□ 狭まる：narrowing　□ モチベーション：motivation

1　×　「自分の過去を振り返ってみる」とは言っているが、「思い出の場所に行ってみる」とは言っていない。
2　×　9、10行目「自分が日々の生活の中で～解決したい問題」とは言っているが、「不便なこと」とは言っていない。
3　○　9行目「今の段階はとにかく自分と向き合うこと。」と言っている。
4　×　6、7行目「先行研究を読むのはいいことだけど、逆にアイデアが狭まってしまうことも多いんですよ。」と言っている。

1　会社で男の人と女の人が話しています。男の人はラベルをどうしますか。

2　M：課長、ちょっとよろしいですか。

3　F：はい、何ですか。

4　M：こちら、来年春に発売するお酢ドリンクのラベルなんですが、ご意見いただけな

5　　　いでしょうか。

6　F：はい。えっと、ターゲットの層は30から40代の女性でしたよね？ 全体的にオ

7　　　シャレでかわいくて、いいですね。

8　M：ありがとうございます。ターゲット世代の社員さんたちにいろいろとご意見をうか

9　　　がって、花を基調にしたデザインにしたんです。

10　F：なるほど。それで、この商品って薄めて飲むタイプですよね。それはどこに書い

11　　　てありますか。

12　M：こちらの丸の中ですが、ちょっと分かりにくいでしょうか。

13　F：そうですね。花がちょっと邪魔になってますね。字の大きさは問題ないし、色

14　　　も目立ってるから、配置の問題かな。これはお客さんにとって一番大事な情報

15　　　なので、パッと見て分かるようにしないと。

16　M：はい。直しておきます。

17　男の人はラベルをどうしますか。

□ ラベル：label　□ ターゲット：target　□ 層：layer　□ 基調：base　□ 配置：arrangement
□ パッと見る：glance at

1　×　13、14行目「字の大きさは問題ないし、色も目立ってるから、」とあるので、色は問題ない。

2　×　13行目「字の大きさは問題ないし」とあるので、文字の大きさは問題ない。

3　×　「配置の問題」だとは言っているが、花を「文字の下に動かす」とまで具体的には言っていない。

4　○　配置の問題で、丸が問題になっている。

※ 例の解説は本冊のp.120 ～ 121にあります。

1　1 　🔊 100

1　レポーターが男の人にインタビューしています。男の人が新しい玄米茶のアイデアを
2　得たきっかけは何ですか。

3　F：現在ヒットしている新たな玄米茶の生みの親である安田さんにお話をうかがいま
4　　　す。人気の秘密は何だとお考えですか。

5　M：やっぱり今までになかった新しい玄米茶を作り出したことだと思います。一般
6　　　的には玄米茶には炒り米をブレンドするものなんですが、我々の商品では炒り
7　　　餅をブレンドしているんです。

8　F：お餅ですか。

9　M：ええ。お餅なのでお米より大きい分、お湯を注いだ時の香りのインパクトが強
10　　　くて、炒り米にはない香ばしさが楽しめるんですよ。

11　F：へー、確かに、おせんべいのような香りがしますね。

12　M：そもそも玄米茶のルーツは炒り米じゃなくて炒り餅だったと言われているんで
13　　　す。昭和初期に、京都のある方が鏡開きで割った鏡餅のかけらを見て、なんと
14　　　かうまく使えないものかと知恵を絞って、炒ってお茶に混ぜたことが原点なのだ
15　　　そうです。まぁ諸説あるんですが。

16　F：へー、知りませんでした。

17　M：昔から「茶柱が立つと縁起が良い」って言われてきましたよね。でも、今では
18　　　茶柱を見る機会なんてほとんどないんじゃないでしょうか。

19　F：そうですね、私自身も恥ずかしながらお茶を飲むといえばペットボトルばかりで
20　　　す。

21　M：そんな現代だからこそ、一杯の玄米茶で一服する、そんなお茶を楽しむ時間を
22　　　持ってほしいなって思ったんです。それで、玄米茶のルーツを調べたところ、炒
23　　　り餅にたどり着いたんです。

24　F：なるほど。それで新しい玄米茶が誕生したっていうわけですね。

25　男の人が新しい玄米茶のアイデアを得たきっかけは何ですか。

模擬試験

□ 玄米茶：green tea with brown rice　□ 炒り米：oasted rice　□ ブレンド：blend
□ インパクト：impact　□ 香ばしさ：fragrance　□ ルーツ：roots　□ 鏡開き：sake barrel opening
□ かけら：fragment　□ 諸説：various theories　□ 茶柱：upright-floating tea stalk
□ 縁起が良い：auspicious　□ 一服する：take a break

1　○　22、23行目「それで、玄米茶のルーツを調べたところ、炒り餅にたどり着いたんです。」と言っている。

2　×　21、22行目「一杯の玄米茶で一服する、そんなお茶を楽しむ時間を持ってほしいなって思ったんです。」と言っているので、この男の人がお茶を楽しむ時間を持ったわけではない。

3　×　9、10行目「お餅なのでお米より大きい分、お湯を注いだ時の香りのインパクトが強くて、炒り米にはない香ばしさが楽しめるんですよ。」と言っているが、これはこの玄米茶の特徴で、アイデアを得たきっかけではない。

4　×　13〜15行目「鏡開きで割った鏡餅のかけらを見て、〜炒ってお茶に混ぜたことが原点なのだそうです。」と言っているが、これは男の人がアイデアを得たきっかけではなく、玄米茶のルーツの説明である。

② 2　◀))101

```
 1    大学の先生が話しています。分かりやすい文章を書くコツは何ですか。

 2    F：みなさんはレポートや論文を書く時に、いい文章が書けないな、と思うこと、
 3       あるでしょう。いい文章にはいろいろな定義があると思いますが、私は、誰が
 4       読んでも分かりやすい文章なのかどうかが一番大事だと思っています。よく、自
 5       分の知識をひけらかしたくて、難しいことを偉そうに書いたり、やさしいことを小
 6       難しく書く人がいますよね。でも、文章というのは書き手と読み手のコミュニ
 7       ケーションなわけですから、書き手の意図がきちんと読み手に伝わらなければ
 8       意味がないんです。ではどうやって書けばいいのか。簡単です。新たな言葉が
 9       出てきたらその都度定義するんです。どんなに簡単な用語だと思っていても、
10       新たな概念を出すときには定義を説明する。読み手はこれぐらいのことは分
11       かってて当然、と勝手に解釈せずに丁寧に書くことが一番重要なんです。

12    分かりやすい文章を書くコツは何ですか。
```

□ ひけらかす：brag　□ 小難しく：difficult　□ その都度：each time　□ 概念：concept
□ 解釈：interpretation

1　×　8、9行目「新たな言葉が出てきたらその都度定義するんです。」と言っているが、「新たな言葉」の難しさについては言っていない。

2　○　8、9行目「新たな言葉が出てきたらその都度定義するんです。」と言っている。

3　×　10、11行目「読み手はこれぐらいのことは分かってて当然、と勝手に解釈せずに丁寧に書くことが一番重要なんです。」と言っているので、読み手の気持ちを想定せずに丁寧に書くことが重要である。

4　×　11行目「丁寧に書くことが一番重要なんです。」と言っているが、この「丁寧」は言

葉遣いの丁寧さではなく、注意深く念入りにという意味の「丁寧」である。

③ 2　　　　　　　　　　　　　　　　　　　　🔊 102

1	会社で同僚が話しています。セミナーで一番不満だったのはどんな点ですか。
2	Ｆ：きのうオンラインでビジネス力アップのセミナー受けたんでしょう？ どうだった？
3	Ｍ：完全にお金と時間の無駄だったよ。
4	Ｆ：なんで？ 講師は有名だし、すぐ予約でいっぱいになる人気のセミナーでしょう。
5	Ｍ：それがさぁ、３時間のうち、最初の２時間はただ動画を流されただけだったん
6	だ。あれで２万円はぼったくりだよ。
7	Ｆ：え、２万円？ 高すぎ。
8	Ｍ：それもそうだけど、少人数だからほかの会社の人とも仲良くなれるかなって期待
9	してたのに、全然交流の機会がなかったんだよね。最初に自己紹介の時間も
10	なかったし、講師の話を一方的に聞くだけで、あれじゃあ一人で動画サイトを
11	見るのと変わらないよ。
12	Ｆ：それは期待外れだったね。
13	Ｍ：一番頭に来たのがあれ、自己紹介シート。睡眠時間削って一生懸命受講動機
14	とか経歴とか書いて提出したのに、当日はそれに一切触れられなかったんだ。
15	俺は何のために自分の個人情報をさらけ出したんだろうって、本当に嫌な気分
16	だったよ。
17	セミナーで一番不満だったのはどんな点ですか。

□ ぼったくり：rip off　□ 頭に来る：get mad　□ さらけ出す：expose　□ 根掘り葉掘り：inquisitive

1　×　9行目「全然交流の機会がなかったんだよね。」と言っているが、一番の不満ではない。

2　○　13行目「一番頭に来たのがあれ、自己紹介シート。」と言っている。

3　×　7行目「え、２万円？ 高すぎ。」に対して、「それもそうだけど」と言ってほかの不満について言っているので、一番の不満ではない。

4　×　自己紹介シートに個人情報を書いたとは言っているが、根掘り葉掘り聞かれたとは言っていない。

④ 1　　　　　　　　　　　　　　　　　　　　🔊 103

1	女の人が俳優にインタビューしています。役を受け入れられたのはなぜですか。

2 　F：現在公開中の映画『とうもろこし父さん』の次郎がはまり役だと好評ですが、

3 　　　ご自身ではどうお考えですか。

4 　M：そうですね、これまでもこの次郎のように、やんちゃで人懐っこいキャラクターを

5 　　　演じさせていただくことが多かったんですけれども、とことんこの役になりきろう

6 　　　と思って、一生懸命役作りしたので、そこを評価していただけたのは本当にう

7 　　　れしいです。

8 　F：去年も理想の弟ナンバーワンに選ばれていらっしゃいますし、やんちゃで人懐っ

9 　　　こいっていうのはやっぱり浜田さんの代名詞というか、世間のイメージになって

10 　　　いるのではないかと思いますが。

11 　M：そうですね。それがつらい時期も実はありました。というのも、20代前半の頃

12 　　　は、いただく役がいつもそういう似たようなキャラクターだったんで、もっといろ

13 　　　んな役がやりたいのにとか、自分の色が勝手に決められてやだなとか思って、

14 　　　演技するのが嫌になったりもしたんです。

15 　F：それはどうやって乗り越えられたんですか。

16 　M：ある時、先輩に相談したんです。そしたら、先輩も同じことで悩んだことがあっ

17 　　　たっておっしゃっていて。世間の方がそういう風に求めてくださっているのであれ

18 　　　ば、徹底的にそのキャラクターになりきって、極めるのがプロってもんだよって。

19 　　　目から鱗でした。それで考え方ががらりと変わって、役を受け入れられるように

20 　　　なってからは、すごく楽になったんです。

21 　F：その時の先輩の助言が今回のはまり役にもつながっているっていうわけですね。

22 　役を受け入れられたのはなぜですか。

□ やんちゃ：mischievous　□ 人懐っこい：amiable　□ とことん：the whole way
□ 徹底的：thorough　□ 極める：go to extremes　□ 目から鱗：see the light　□ がらりと：entirely
□ はまり役：well-suited role

---

1 ○ 17、18行目「世間の方がそういう風に求めてくださっているのであれば、徹底的にそのキャラクターになりきって、極めるのがプロってもんだよって。」という先輩の助言を聞いて「考え方ががらりと変わって、役を受け入れられるようになっ」たと言っている。

2 × 本当の自分を見せることについては言っていない。

3 × 先輩の助言のおかげだとは言っているが、先輩と同じようになろうと思ったとは言っていない。

4 × 「その役を好きになろうと思った」とは言っていない。

1 　女の人が和紙の職人にインタビューしています。この和紙はなぜ人気なのですか。

2 　F：世界一薄い和紙で有名なこちらの和紙ですが、人気の秘訣はどこにあるとお考
3 　　　えですか。

4 　M：やっぱり薄いのに破れにくいというところだと思います。薄い和紙は多くても、
5 　　　丈夫さを兼ね備えたものってなかなかないんですよ。

6 　F：そうなんですね。聞くところによると、海外のお客様も多いとのことですが。

7 　M：そうですね。近年、日本の歴史的書物や絵画の保存状態が海外のものより圧
8 　　　倒的によいことが注目されまして、和紙が脚光を浴びるようになったのがきっか
9 　　　けです。現在、海外の多くの博物館や美術館で、劣化した展示物の修復や保
10 　　　護のためにお使いいただいています。和紙は弱アルカリ性になっているので、酸
11 　　　による劣化を抑える効果があるんです。

12 　F：なるほど。それが人気の理由なんでしょうか。

13 　M：いえいえ、それはあくまで付随的な理由であって、一番はなんといっても強度で
14 　　　しょうね。この伝統の技術は後世に伝えていかないとと思っています。

15 　この和紙はなぜ人気なのですか。

□ 兼ね備える：combine 　□ 脚光を浴びる：enjoy the limelight 　□ 劣化する：degrade
□ 弱アルカリ性：weak alkaline 　□ 付随的：incidental 　□ 強度：strength 　□ 後世：later life

---

1 　○ 　4行目「やっぱり薄いのに破れにくいというところだと思います。」、13、14行目「一
　　　番はなんといっても強度でしょうね。」と言っている。

2 　× 　10、11行目「和紙は弱アルカリ性になっているので、酸による劣化を抑える効果が
　　　あるんです。」と言っているが、13行目「それはあくまで付随的な理由であって」と
　　　言っている。

3 　× 　展示しやすいのではなく、展示物の修復や保護のために使えると言っている。

4 　× 　弱アルカリ性なので保存状態をよく保てると言っているが、これはあくまで付随的な
　　　理由である。

---

1 カフェで男の人と女の人が話しています。男の人は何が心配だと言っていますか。

2 M：実は俺、転職が決まって。

3 F：え、ちょっと何、急に。聞いてないよ。

4 M：アメリカ勤務から帰ってきてから、英語を活かした仕事がしたいなってずっと
5 　　思ってて、こっそり転職活動してたんだ。

6 F：そっか。まぁなんとなく今の仕事に不満がありそうだなぁとは思ってたけど。寂
7 　　しくなるな。先月、佐々木さんも辞めちゃったし。

8 M：ただでさえ人手不足なのに、今の時期転職するって、みんなに自分勝手に思わ
9 　　れるかな。まぁそう思われて当然だし、それは覚悟の上で転職するんだけど。

10 F：部長には伝えたの？

11 M：それがさ。今の部長には入社の頃からお世話になってるし、念願の海外転勤も
12 　　させてもらったし、言い出しにくいんだよね。部長のがっかりしてる姿想像する
13 　　だけで胃が痛むよ。

14 男の人は何が心配だと言っていますか。

□ 覚悟：preparedness　□ 念願：long-held desire

1　×　8、9行目「みんなに自分勝手に思われるかな。」と言っているが、「まぁそう思われ
　　て当然だし、それは覚悟の上で転職するんだけど。」と言っているので心配はしてい
　　ない。

2　×　今後、海外転勤制度がなくなるかどうかについては言っていない。

3　○　12、13行目「部長のがっかりしてる姿想像するだけで胃が痛むよ」と言っている。

4　×　8行目「ただでさえ人手不足なのに」と言っているが、会社の人手不足については
　　心配していない。

※ 例の解説は本冊のp.125 〜 126にあります。

① 2   🔊 107

1　ラジオで男の人が話しています。

2　M：みなさん、しっかり休めていますか。がんばりすぎていませんか。疲労を回復す

3　　る最も効果的な方法として最近話題なのが「おうち入院」です。おうち入院と

4　　はその名の通り、入院生活を自宅で再現することです。入院しているつもりで

5　　ぼーっとしてとにかく眠ります。もちろん仕事はしません。入院中に医師に怒ら

6　　れることはしてはいけないのです。逆に入院中に許可が出ること、例えば多少

7　　の読書や音楽を聞くといったことはしても構いません。家事もしない。スマート

8　　フォンも見ない。基本的にただぼーっとして眠ります。これによって、心も体も

9　　リセットされて、蓄積された疲労が解消できるのです。疲れたあと休むのではな

10　　く、疲れる前に休めば、回復も早くなります。自分のためにたまには立ち止

11　　まって、自分自身を整える時間を作ってみてはいかがですか。

12　男の人は主に何について話していますか。

13　1　おうち入院の体験談

14　2　おうち入院の内容と効果

15　3　疲労と睡眠の関係

16　4　おうち入院中にしてもよいこと

□ おうち：home　□ ぼーっとする：spaced out　□ リセット：reset　□ 蓄積：accumulate

1　×　実際におうち入院をしてどうだったかという話はしていない。

2　○　おうち入院とは何か、するとどうなるのかについて話している。

3　×　疲労とおうち入院の関係については言っているが、睡眠については「入院しているつ
もりでぼーっとしてとにかく眠ります。」「基本的にただぼーっとして眠ります。」としか
言っていない。

4　×　6、7行目「逆に入院中に許可が出ること、例えば多少の読書や音楽を聞くといっ
たことはしても構いません。」と言っているが、それ以外の部分では言っていない。

1　ビジネスセミナーで女の人が話しています。

2　F：野球スタジアムで一番いい席ってどこでしょうか。バックネット裏の一番よく見え
3　　　るところですか？　あそこ、一番盛り上がりますよね。キャッチャーの背中越しに
4　　　バッターが見えて、その先のピッチャーが投げる時の表情まで見えて、確かにい
5　　　い席です。さて、そこに富裕層の人はいるでしょうか。あそこにいるのは熱狂的
6　　　なファンなんです。では富裕層はどこで見ているかというと、外野の奥の奥にあ
7　　　る個室で見ています。ソファのある個室でシャンパンを飲みながらモニターで5、
8　　　6人で観戦するんです。彼らにとって大事なのは、VIPの個室に来ているとい
9　　　う満足感と、そこで仲間と過ごす特別なコミュニケーションの時間なんです。記
10　　　念品などいりません。物に大金を支払いたいわけではないのです。富裕層の気
11　　　持ちを理解した上でどんなサービスを提供できるのか考える。これが、VIP戦
12　　　略に必要なことなんです。

13　女の人は主に何について話していますか。

14　1　野球スタジアムの席の種類

15　2　ファンと富裕層の気持ちの違い

16　3　VIP戦略のために考慮すべき点

17　4　野球スタジアムに個室を設ける重要性

□ バックネット：back net　□ キャッチャー：catcher　□ 背中越し：behind one's back
□ バッター：batter　□ 富裕層：the wealthy　□ 熱狂的：enthusiastic　□ シャンパン：champagne
□ モニター：monitor　□ 観戦：spectate

1　×　7行目「個室で見ています。」までは席の種類について言っているが、後半では話し
　　　ていない。
2　×　富裕層の気持ちについては言っているが、ファンの気持ちについては言っていない。
3　○　10～12行目「富裕層の気持ちを理解した上でどんなサービスを提供できるのか考え
　　　る。これが、VIP戦略に必要なことなんです。」と言っている。
4　×　野球スタジアムの個室の重要性は、富裕層の気持ちを理解することの重要性を説明
　　　するための一つの例である。

1　ラジオで女の人が話しています。

2　F：土用の丑の日にうなぎを食べることはみなさんもちろんご存じですね。では、関
3　　　東と関西でうなぎの開き方が違うというのもご存じでしたか。関東は背中から
4　　　開く背開き、関西はお腹から開く腹開きなんです。この違いですが、江戸時
5　　　代、関東は武士の文化で、お腹を開くのは切腹をイメージさせるため、縁起が
6　　　悪いと思われたことから、背中から開くようになったそうです。一方の関西は商
7　　　人の文化で、お客さんと腹を割って話せるようにとのことから、お腹から包丁
8　　　を入れていたんだそうです。さらに関東では、一度焼いてから蒸したものをタレ
9　　　につけて焼きますが、関西では蒸さずに直火で焼きます。関東の江戸っ子は
10　　　せっかちで気が短いので、注文を受けてから少しでも早く出せるようにとの思い
11　　　から、こうなったそうです。諸説あるそうですが、興味深いですね。

12　女の人は主に何について話していますか。
13　1　地域別のうなぎのおいしい食べ方
14　2　武士の文化とうなぎの関係
15　3　関東でうなぎを蒸す理由
16　4　関東と関西のうなぎの食べ方の違いとその由来

□ 土用の丑の日：midsummer ox day　□ 切腹：suicide by disembowelment
□ 縁起が悪い：inauspicious　□ 商人：merchant　□ 直火：open fire　□ せっかち：impetuous
□ 気が短い：short-tempered

1　×　おいしい食べ方ではなく、その地域の一般的な食べ方について説明している。
2　×　5、6行目「関東は武士の文化で、お腹を開くのは切腹をイメージさせるため、縁起が悪いと思われたことから、背中から開くようになったそうです。」と言っているが、関西の商人の文化についても説明している。
3　×　9〜11行目「関東の江戸っ子はせっかちで気が短いので、注文を受けてから少しでも早く出せるようにとの思いから、こうなったそうです。」と言っているが、前半ではうなぎの開き方についても説明している。
4　○　背開き、腹開きや蒸すかどうかの違いとその理由について説明している。

模擬試験

1　ラジオで女の人が話しています。

2　F：四季がはっきりしている日本では、春夏秋冬それぞれに祭りがあります。例え
3　　　ば春は田植えの季節ですから、豊作を願うための祭りがありますし、秋は収穫
4　　　の季節ですから、豊作に感謝するための祭りがあります。夏はというと、台風が
5　　　来たり、害虫や疫病などが発生しやすい季節ですので、祭りによって厄除けを
6　　　願っていました。これが本来の夏祭りの目的だったわけですが、お盆の季節と
7　　　重なったこともあって、現在では先祖への供養も兼ねて行われています。また、
8　　　祭りは地域の人との絆や仲間意識を深める貴重な機会となっています。

9　女の人は主に何について話していますか。

10　1　祭りの本来の意味

11　2　祭りと農業とのつながり

12　3　季節と祭りとの関係

13　4　祭りの目的や効果

□ 豊作：good harvest　□ 害虫：pest　□ 疫病：pestilence　□ 厄除け：talisman
□ お盆：mid-summer festival　□ 供養：offering　□ 兼ねる：combine

1　×　4〜6行目に「夏はというと、〜祭りによって厄除けを願っていました。これが本来
　　　の夏祭りの目的だったわけですが、」とあるが、それ以外は本来のではなく現在の祭
　　　りの目的について言っている。

2　×　農業と関係があるのは春と秋のみである。

3　×　7、8行目の「また、お祭りは地域の人との絆や仲間意識を深める貴重な機会と
　　　なっています。」は季節とは関係がない。

4　○　春、秋、夏の祭りの目的と、8行目「地域の人との絆や仲間意識を深める貴重な
　　　機会となっています。」という効果について言っている。

1　授業で大学教授が話しています。

2　M：日本には一体いくつの言語があると思いますか。日本語以外に、例えば沖縄語
3　　　がありますよね。でも沖縄語って、一つの言語として数えていいんでしょうか。
4　　　それとも日本語の方言なんでしょうか。言語か方言かを判断する際の一つの根
5　　　拠になるのは、聞いてどの程度理解できるのかという点です。調査方法の一つと
6　　　しては、一度も聞いたことのない1分程度の話を聞いて、その話の内容に関す
7　　　る20の質問に答える。その点数が半分以下であれば、理解できない、別の言
8　　　語というふうに判断します。では試しに聞いてみましょう。これは沖縄語の音声
9　　　です。

10　教授は主に何について話していますか。
11　1　言語と方言を区別する方法
12　2　沖縄語の理解のしづらさ
13　3　日本にある言語の数
14　4　言語と方言の類似性

□ 根拠：basis

1　○　4、5行目「言語か方言かを判断する際の一つの根拠になるのは、聞いてどの程度
　　　理解できるのかという点です。調査方法の一つとしては、〜」と言っている。
2　×　沖縄語は理解しづらいとは言っておらず、沖縄語が一つの言語か方言かを問題にし
　　　ている。
3　×　2行目「日本には一体いくつの言語があると思いますか。」と言っているが、その答
　　　えについてではなく言語とは何か、方言と何が違うかについて話している。
4　×　類似性ではなく、どう区別するかということについて話している。

模擬試験

※ 例の解説は本冊のp.128 〜 129にあります。

1 **2** 🔊 113

F ： 納期が短く、急かしてしまい、申し訳ありません。

M ： 1 いえいえ、余裕を持たせてくださりありがとうございます。

2 いえ、早急にご対応いたします。

3 ちょっと耳が早いんじゃありませんか。

□ 納期：delivery date　□ 耳が早い：have quick ears

1 × 商品を納める期限が短いので、余裕はあまりない。

2 ○ 早く用意するという意味。

3 × 納期が短いことと、うわさを聞きつけるのが早いこととは関係がない。

2 **1** 🔊 114

M ： あの常連さん、最近ぱったりだね。

F ： 1 何かあったんでしょうかね。

2 へー、どこで会ったんですか。

3 そうですね。元気そうですね。

□ 常連：regular customer　□ ぱったり：abruptly

1 ○ よく来ていた客が来なかったので、何か起こったのかと言っている。

2 × 「あの」常連さん、ぱったりだ「ね」と言っているので、女の人も知っている人のはずである。

3 × よく来ていたのに急に来なくなったと言っているので、元気かどうかは分からない状態である。

3 **3** 🔊 115

F ： まさかそんなものあげるんじゃないよね？ 子どもじゃあるまいし。

M ： 1 そう？ 子どもにはまだ早いか。

2 え、気まずいかなぁ。

3 え、似合うと思うんだけどなぁ。

1　×　子どもではないのだからあげないほうがいいのではないかと言っているので、子ども以外にあげている。
2　×　「気まずい」は互いの気持ちが合わず不快な時に使うので、物が人に合わない時には使わない。
3　○　女の人は子どもではないのだから似合わないのではないかと思っているが、男の人は似合うと思っている。

4 3　🔊 116

M：　この商品、もっと人気が出てもよさそうなものなのに。
F：　1　これから人気がうなぎのぼりでしょうね。
　　2　色が好評だからでしょうかね。
　　3　今いちパッとしないですね。

1　×　男の人は思ったより人気が出ていないと言っているので、人気が急に増えるだろうという予想は不正解。
2　×　評判がいいのであれば、もっと人気が出ているはずである。
3　○　特に目立った点がなく、今一つという感じがするという意味。

5 1　🔊 117

M：　来週の送別会、出ないわけにはいかないよね。
F：　1　うん、もう会費払っちゃってるし。
　　2　うん、強制参加じゃあるまいし。
　　3　うん、出なくてもどうせ誰にもバレないよ。

1　○　送別会のためのお金を既に支払っているので、参加しないことは不可能だという意味。
2　×　男の人が参加しないことは不可能だと言っているが、女の人は参加しなければならないわけではないと言っているので、不正解。
3　×　男の人が参加しないことは不可能だと言っているが、女の人は参加しなくても誰にも気づかれないと言っているので、不正解。

模擬試験

M：　やれるだけのことはやってくれたと思うので、あとは吉報を待ちましょう。
F：　1　はい、あとは朗報を待つのみですね。
　　　2　ええ、あとは野となれ山となれですね。
　　　3　おめでたいことづくしですね。

□ 吉報：good news　□ 朗報：good news　□ 後は野となれ山となれ：the rest will take care of itself

1　○　今後はいい結果を待つだけだという意味。
2　×　あとはどうなってもいいという意味なので、男の人の「いい結果を待ちましょう」とは違う。
3　×　祝うべきことがたくさんあるわけではない。

M：　いやぁ、一本取られたなぁ。
F：　1　まだ5歳なのにこんなに強いとはね。
　　　2　まったく手のかかる子だよね。
　　　3　二本じゃなくてよかったね。

□ 一本取られた：be beaten　□ 手がかかる：takes effort

1　○　相手が5歳なのに負けてしまったという意味。
2　×　負けることと子どもが世話がやけるということとは関係がない。
3　×　一本取られたというのは負けたという意味で、何かを一本取られたという意味ではない。

F：　申し訳ありませんが、それちょっと貸していただけないでしょうか。
M：　1　あ、これ、私のなんです。
　　　2　はい、拝借します。
　　　3　はい、どうぞお使いください。

□ 拝借：borrow

1 ×　女の人は、男の人に貸してほしいとお願いしているので、男の人のものだと分かっているはずである。

2 ×　「拝借」は「借りる」の謙譲語だが、男の人は貸す人なので、借りる人ではない。

3 ○　貸してほしいとお願いされて、承諾している。

9 1　　　　　　　　　　　　　　　　　　　　　　　　🔊 **121**

M：　万全を期して、プレゼン資料をもう一度確認しておきましょうか。

F：　1　そうですね。念には念を入れましょう。

　　　2　はい、一か八かですね。

　　　3　そうですね、完璧を目指してどうするって話ですよね。

□ 万全を期す：use all means　□ 念を入れる：be careful

1 ○　十分に注意を払って慎重に確認するという意味。

2 ×　運を天に任せて思い切りやるという意味なので、「もう一度確認する」とは反対の意味である。

3 ×　もう一度確認するのは完璧を目指すためである。

10 1　　　　　　　　　　　　　　　　　　　　　　　🔊 **122**

F：　こちらの商品は返品・返金はいたしかねますがよろしいでしょうか。

M：　1　はい、このまま購入で結構です。

　　　2　はい、では返品でお願いします。

　　　3　いえ、保証はつけていただきたいのですが。

□ いたしかねます：cannot do it

1 ○　買ったあとに商品を返したり支払ったお金を戻してもらうことはできないと知った上で買うという意味。

2 ×　返品はできないと言っている。

3 ×　保証と返品・返金は関係がない。

M：　最近(さいきん)ちょっとバタバタしてるんだ。

F：　1　早(はや)く病院(びょういん)行(い)ったほうがいいよ。

　　　2　へー、いいお店(みせ)見(み)つかった?

　　　3　じゃあ落(お)ち着(つ)いたら会(あ)おうか。

□ バタバタ：commotion

1　×　忙(いそが)しいという意味(いみ)なので、病院(びょういん)に行(い)く必要(ひつよう)はない。

2　×　忙(いそが)しいこととお店(みせ)を見(み)つけることは関係(かんけい)がない。

3　○　忙(いそが)しさが収(おさ)まってから会(あ)うのはどうかという意味(いみ)。

1 2　　　　　　　　　　　　　　　　　　　　　🔊 **125**

1　会社で二人が相談しています。

2　F：来月の取引先の接待だけど、お店選んでくれた？

3　M：会社の近くの和食のお店をいろいろ探しまして、4つにまでは絞ったんですけ
4　　　ど。

5　F：どんなお店？

6　M：一つ目は、しゃぶしゃぶのお店です。先方はお肉がお好きだとお聞きしましたの
7　　　で。それで、しゃぶしゃぶとすき焼きで迷ったんですが。

8　F：海外のお客さんってことは、生卵が苦手かもしれないから、しゃぶしゃぶのほう
9　　　がいいかもしれないわね。

10　M：すき焼きは網焼きステーキに変更も可だそうです。あとは、お寿司か、懐石料
11　　　理か。

12　F：お寿司だともし苦手だった時に替えが利かないんだよね。懐石料理だったらい
13　　　ろんな種類が食べられるから、無難っちゃ無難だけど、ちょっとずつしか出てこ
14　　　ないから、そういうのが苦手な方だったらイライラさせちゃうかもね。ちなみに全
15　　　部個室？

16　M：すき焼きのお店と懐石料理のお店は個室が確実に抑えられます。

17　F：そっか。やっぱり個室っていう条件は外せないわね。まぁお肉がお好きというこ
18　　　とだし、ここがいいかな。

19　M：はい、では予約しておきます。

20　二人はどの店を選びましたか。

21　1　しゃぶしゃぶ
22　2　すき焼き
23　3　寿司
24　4　懐石料理

□ 接待：entertainment　□ 網焼き：grilled　□ 懐石料理：kaiseki course meal
□ 替えが利く：replaceable　□ 抑える：suppress

1 × 16行目「すき焼きのお店と懐石料理のお店は個室が確実に抑えられます。」と言っていて、個室ではないので不正解。

2 ○ 16行目「すき焼きのお店と懐石料理のお店は個室が確実に抑えられます。」と言っていて、17行目「やっぱり個室っていう条件は外せないわね。まぁお肉がお好きということだし、ここがいいかな。」とあるので、すき焼きが正解。

3 × 12行目「お寿司だともし苦手だった時に替えが利かないんだよね。」とあるので不正解。

4 × 13、14行目「ちょっとずつしか出てこないから、そういうのが苦手な方だったらイライラさせちゃうかもね。」とあるので不正解。

2 2　🔊 126

1		会社で三人が相談しています。
2	F1	：従来通りの講義型の新人研修に加えて、新しい新人研修の形を考えるっていう
3		うことですけど、何かアイデアはありますか。
4	F2	：調べてみたのですが、ほかの企業ではおもしろい研修がいろいろと実施されて
5		いるようです。例えば、演劇研修とか。
6	F1	：演劇？　どういうこと？
7	F2	：演劇を通じてコミュニケーションの本質を理解していく研修です。
8	F1	：なるほど。対人スキルを学ぶことは大事だよね。
9	F2	：最後は台本を元に実際に演技するそうです。
10	M	：おもしろそうですけど、演技って得意不得意が分かれませんか。誰でも楽しく
11		参加できそうなものを選ぶのであれば、ゲーム型の研修もいいと思います。
12		ボードゲームとか、オンラインゲームとか。
13	F1	：そうねぇ。グループで一緒にゲームすればチームワークも高まりそうだし。
14	M	：あと個人的におもしろいなって思ったのが、農業研修です。農業を通して人
15		間力を高めるだけじゃなくて、段取りや効率性を考えながら実行する能力も
16		身につくんだとか。
17	F1	：へー、それ、おもしろいね。共同作業だからチームワークにもよさそう。
18	F2	：確かにおもしろそうですけど、虫が苦手な人には辛いですよね。それに、1回
19		の体験で身につくんでしょうか。
20	F1	：1回だけじゃなくて、季節ごとに体験してもいいかもしれないね。そしたら新人
21		研修じゃなくて、定期的な研修でやったほうがいいかも。
22	F2	：楽しい、おもしろい、も大事ですけど、きちんとスキルが身につく研修にする
23		としたら、ロールプレイもいいんじゃないかと思います。電話対応とか営業訓

24 　　　　練などを疑似体験しながらスキルを習得していく研修です。

25 　F1 ：あぁ、ロールプレイは今までも何回か試してきたんだけどね、なかなか身につ

26 　　　　くところまでいかなくて。従来の講義型の研修は今まで通りするんだから、斬

27 　　　　新な研修を新たに提案するってことで、みんなが楽しめそうなこれを提案する

28 　　　　ことにしようか。

29 　F2 ：そうですね。

30 　M 　：はい、そうしましょう。

31 三人はどの研修を提案することにしましたか。

32 　1 　演劇研修

33 　2 　ゲーム型の研修

34 　3 　農業研修

35 　4 　ロールプレイ

□ 本質：essence 　□ 対人スキル：interpersonal skills 　□ ボードゲーム：board game
□ チームワーク：teamwork 　□ 段取り：course of action

1 　× 　10行目「おもしろそうですけど、演技って得意不得意が分かれませんか。」と言っているので不正解。

2 　○ 　10、11行目「誰でも楽しく参加できそうなもの」と言っていて、27行目に「みんなが楽しめそうなこれ」と言っているので正解。

3 　× 　20、21行目「新人研修じゃなくて、定期的な研修でやったほうがいいかも。」と言っており、18行目「虫が苦手な人には辛いですよね。」とも言っているので不正解。

4 　× 　25、26行目「ロールプレイは今までも何回か試してきたんだけどね、なかなか身につくところまでいかなくて。」と言っているので不正解。

1 大学のオリエンテーションで4つのゼミについて説明しています。

2 F1 ：みなさん、2年生からゼミに入ってもらいますが、よく説明を聞いて、自分に

3 合ったゼミを選んでください。高橋ゼミは日本語の多様性について学ぶゼミで、

4 言葉を通して時代や社会を捉えていきます。特に流行語や新語などに興味を

5 持っている人におすすめです。川上ゼミは教科書や遊び、メディアの中から、

6 普段は気づかない日本文化について考えていきます。発表が多いので、自然

7 にプレゼンスキルも高まるでしょう。堀ゼミでは鎌倉時代の文学作品を読んで、

8 前後の時代や東アジアとの関連を見ていきます。古文が苦手な人でも大丈夫

9 です。佐久間ゼミは、人間とロボットは会話できるのか、イルカは言語を話せ

10 るのかなど、言語の本質について考えていきます。やる気のある学生を募集し

11 ます。

12 F2 ：どれもおもしろそうだな。私、今までずっと、自分の飼い犬と会話できるって

13 言っても誰にも信じてもらえてなかったんだけど、このゼミに入れば本当に会

14 話できるって証明できる気がする。

15 M ：でも、やる気のある学生を募集しますって、ちょっと厳しいゼミなんじゃない

16 の？

17 F2 ：私はサボったりしないし、真面目だから問題ないでしょう。そっちこそ、決めた

18 の？

19 M ：うーん、迷ってるんだよね。中国語取ってるし、東アジアに興味があるんだけ

20 ど、古文は高校の時から苦手で。

21 F2 ：でも苦手な人でも大丈夫って言ってたでしょう。

22 M ：それはそうだけど、ゼミのほかの人達がみんな古文大好きですみたいな人だっ

23 たらやりにくいなぁと思って。それよりも、流行語に興味があるから、こっちに

24 する。

25 F2 ：あ、そういえばプレゼン力が伸びるゼミってどれだったっけ。就職のためにはプ

26 レゼン力伸ばすのが一番いいと思うけど。

27 M ：あ、これだよ。

28 F2 ：あ、そうそうこのゼミ。迷うなぁ。でもやっぱり自分の興味のあるテーマを勉

29 強したいから、こっちにする。

30 質問1：女の人はどのゼミを選びましたか。

31 質問2：男の人はどのゼミを選びましたか。

質問（しつもん）1

1　×　特（とく）に何（なに）も言（い）っていない。

2　×　プレゼンスキルを伸（の）ばすゼミがいいと言（い）っているが、最後（さいご）には別（べつ）のゼミを選（えら）んだ。

3　×　特（とく）に何（なに）も言（い）っていない。

4　○　12〜14行目（ぎょうめ）動物（どうぶつ）が話（はな）せるかどうかに興味（きょうみ）があって、28、29行目（ぎょうめ）で「でもやっぱり自（じ）分（ぶん）の興味（きょうみ）のあるテーマを勉強（べんきょう）したいから、こっちにする。」と言（い）っているので正解（せいかい）。

質問（しつもん）2

1　○　23、24行目（ぎょうめ）「流行語（りゅうこうご）に興味（きょうみ）があるから、こっちにする。」と言（い）っているので正解（せいかい）。

2　×　特（とく）に何（なに）も言（い）っていない。

3　×　22、23行目（ぎょうめ）「ゼミのほかの人達（ひとたち）がみんな古文大好（こぶんだいす）きですみたいな人（ひと）だったらやりにくいなぁと思（おも）って。」と言（い）っているので不正解（ふせいかい）。

4　×　特（とく）に何（なに）も言（い）っていない。

模擬試験

作問協力

文字・語彙・文法
山本晃彦　流通科学大学　特任准教授

読解・聴解
アドゥアヨム・アヘゴ希佳子　宝塚大学　専任講師

日本語能力試験対策 これ一冊 N1 ［別冊］
にほんごのうりょくしけんたいさく　いっさつ　べっさつ

2024年3月25日初版　第1刷　発行

編　　　著　　アスク編集部
イ ラ ス ト　　花色木綿
カバーデザイン　　岡崎裕樹
翻　　　訳　　株式会社アミット
ナレーション　　村上裕哉、吉田聖子
Ｄ　Ｔ　Ｐ　　朝日メディアインターナショナル株式会社
印刷・製本　　株式会社光邦
発　行　人　　天谷修身

発　　　行　　株式会社アスク
　　　　　　　〒162-8558 東京都新宿区下宮比町2-6
　　　　　　　TEL 03-3267-6864　FAX 03-3267-6867

アンケートにご協力ください
PC https://www.ask-books.com/support/　　　 Smartphone